스승의 향기

스승의 향기(香氣)

—해암(海巖) 김형규(金亨奎) 선생님의 학문과 인품—

서울대학교 사범대학 국어교육과 동문회 엮음

한국문화사

스승의 향기

초판인쇄 2007년 10월 10일
초판발행 2007년 10월 13일

엮 음 서울대학교 사범대학 국어교육과 동문회
펴 낸 이 김 진 수
펴 낸 곳 **한국문화사**
등 록 1991년 11월 9일 제2-1276호
주 소 서울특별시 성동구 성수1가2동 656-1683번지 두앤캔B/D 502
전 화 (02)464-7708 / 3409-4488
전 송 (02)499-0846
이 메 일 hkm77@korea.com
홈페이지 www.hankookmunhwasa.co.kr

값 13,000원

잘못된 책은 바꾸어 드립니다.

ISBN 978-89-5726-506-2 03810

문집을 내면서

그리움은 사람다움의 標徵이다. 그리움은 사람과 사회를 아름답고 풍성하게 한다. 그래서 그리움을 마음에 담고 있는 사람은 행복한 사람이다. 海巖 金亨奎 선생님께서는 11년 전 우리를 떠나시면서 선생님의 따듯하심과 곧으심을 그리움으로 바꾸어 우리 마음속에 오롯이 담아 놓으셨다. 세월이 가도 빙긋이 웃으시던 온화하신 선생님의 모습은 여전히 생생하기만 하다. 香遠益淸이라고나 할까! 그러기에 2~3년 전부터 선생님에 대한 그리운 마음들을 모아 문집으로 엮어 보자는 의견들이 나오면서 넓은 공감대가 이루어지기에 이르렀다.

그도 그럴 것이 선생님은 특별한 분이셨다. 이 문집에 담겨 있는 글들을 읽어 보면, 선생님이 어떤 분이셨는지 누구나 짐작할 수 있다. 서슬 퍼렇던 일제 강점기에 국어를 연구 대상으로 삼으시고 주야로 온힘을 기울여 많은 업적을 내신 것과, 일제의 조선어 말살 정책을 강력히 비판하여 결국 파면을 당하신 것도 오로지 우리의 혼을 지키기 위하여 사신 선생님의 결연한 삶을 보여 주고 있다. 호를 海巖이라고 지으신 선생님의 굳건한 정신을 넉넉히 짐작할 수 있는 하나의 예라고 하겠다.

그러나 선생님은 늘 이렇게 강직하고 엄하시기만 한 분이 아니셨다. 언제나 온화하신 표정을 지니셨고, 제자들을 마음깊이 사랑하셨다. 그리고 어머니에 대한 깊고 깊은 효심과 남쪽으로 모시고 오지 못 했던 안타까움은 험한 세상을 살고 있는 우리들의 마음을 뭉클하게 한다. 선생님은 우리 국어학을 개척하신 대 학자이시면서도 수필을 많이 쓰셨는데, 위와 같은 선생님의 마음은 수필에 절절히 나타나 있다. 이 문집의 제목을 '스승의 향기' 라고 붙인 까닭은 선생님께서 '계절의 향기', '인정의 향기', '인생의 향기'와 같은 제목으로 수필집을 내셨기 때문에 우리도 이것을 본뜬 것이다. 그런데 선생님의 향기를 제대로 드러내려면 선생님의 방대한 업적을 다 돌아보아야 하겠으나, 여기서는 선생님에 대한 제자들의 그리움을 주 내용으로 삼았고, 품위 있는 책을 만들려고 애를 썼다.

이 문집을 위해 마음을 모아 주신 동문들과 가족들께 감사드리며, 전 과정을 걸쳐 수고해 주신 이주행 동문, 우한용 동문, 박인기 동문, 서혁 동문, 그리고 많은 일로 힘든 가운데서도 적극 힘써 주신 이상일 선생과 강남욱 선생께 고마움을 표한다. 끝으로 이 문집을 아름답게 만들어 주신 한국문화사 김진수 사장님과 편집진 여러분께 깊은 감사를 드린다.

2007. 10. 13

서울대학교 사범대학 국어교육과 동문회장

최 현 섭 씀

차례

Ⅰ. 해암(海巖) 선생님을 기리며

Ⅱ. 바다처럼 심원한 학덕(學德)

III. 참스승, 선비의 길

IV. 산수 간 넘나드는 기억의 물비늘

V. 해암 선생님의 진면목

VI. 학덕의 물굽이 닿는 언덕

Ⅶ. 멀리 퍼지는 향기

해암 선생님을 기리며

海巖 先生을 追慕하며 – 이응백(李應百)

존귀하신 은사님 – 조희식(曺喜植)

해암(海巖)의 학덕(學德)과 추모비(追慕碑)건립(建立) – 박갑수(朴甲洙)

회상하고 싶지 않은 시절 – 조용란(趙鏞蘭)

해암(海巖) 은사님의 삼색고향(三色故鄕) – 최현섭(崔賢燮)

학문의 향기 – 서덕현(徐德鉉)

불효(不孝) – 김종화(金鍾和)

명사십리 – 황문숙(黃文淑)

海巖 先生을 追慕하며

이 응 백(李應百)
서울대학교 명예교수, 국어교육과 45학번(2회)

海巖 先生이 우리 곁을 떠나신 지 於焉 10년이 넘었다. 年前의 命齋 李鐸 先生 追慕文集에 이어 이번에 海巖 先生 追慕文集을 낸다니 반가운 소식이다.

海巖은 1952년 5월 釜山 避難時節에 서울大 師大 教授로 赴任하시어 1976년에 法定年으로 退任하실 때 國語教育科에서 엮어 드린 停年 退任 紀念論文集 序文에서 本人은 海巖의 人品에 대해 다음과 같이 적었다.

"先生은 安穩히 고여 있는 翡翠빛 水面에 소리 없이 웃음짓는 한 떨기 睡蓮, 그 가느스름한 눈길에 가을물결같이 叡知가 흐른다. 이 티없고 고요한 선비가 자근자근 무어 높이도 이룩한 學問의 塔, 그 根氣의 源泉은 어디서 由來한 것일까. 지금은 갈 수 없는 先生의 고향 元山 앞바다에서 닦여진 水泳에서일까, 아니면 京城大學 豫科時節 단련된 柔道에서일까.

아마도 元山 앞바다 긴 둑 그 끝쪽에 끊임없이 부딪쳐 부서지고 또 부딪쳐 오는 그 억센 물결 속에서 毅然히 버티는 하나의 바위, 그리하여 海巖이라 自號한 그 바위가 가장 큰 根源일시 분명하다."

先生의 大學 時節 친구의 妹氏인 夫人 柳奇珠 女史와는 平生 동안 學生 시절의 愛戀의 心情으로 아드님 5형제를 쭉 뽑아 다 서울大學을 거쳐 國家의 有用한 일꾼이 되게 하시고, 700여 제자들이 教育界와 言論界에서 각기 제 구실을 하고, 先生 자신도 學者로서 最高의 榮譽인 學術院會員으로, 心友와의 圍碁一席으로 悠悠히 生을 걸으셨으니 人生 最高의 境地를 누리셨다 하겠다.

內外분의 冥福을 빈다.

2006. 12. 30

존귀하신 은사님

―해암 김형규(海岩 金亨奎) 박사님 전 상서

조 희 식(曺喜植)
전 배재고, 시조시인, 국어교육과 54학번(11회)

스승님 은사님께 감사 말씀 올립니다.
휴전 후 혼란기에 저희 맞아 길러주신
스승님 가르치심이 하해보다 깊습니다.

인간애 국어 학식 나눠주신 은사님께
계실 때 감사함을 미처 말씀 못 드리고
가신 지 10여 년에 추모의 정 그립니다.

한평생 외길 걷게 교사 자질 실력 키워
문 열어 보내주신 스승님의 은덕으로
교직의 제1선에서 국어교육 폈습니다.

4년 간 은사님의 학문의 길 열과 정성
박사님 국어 사랑 나라 사랑 일러주신
은사님, 교수님께서 등불 되심 기립니다.

해암(海巖)의 학덕(學德)과 추모비(追慕碑) 건립(建立)

박 갑 수(朴甲洙)
서울대학교 명예교수, 국어교육과 54학번(11회)

해암이 타계하신 지(1996.12.6.)도 벌써 10년이 지났다. 나는 해암의 많은 사랑을 받은 사람 가운데 하나다. 그러기에 해암의 추도식전에서 선생의 약력을 소개하며 나는 뜨거운 눈물을 금치 못했고, 목이 메어 말을 잇지 못했다. 그렇게 선생의 타계는 나를 슬프게 했다.

나는 일찍이 두어 번 선생에 대한 글을 썼다. 한 번은 존경하는 스승에 대한 글을 쓰는 경향신문의 칼럼이었고, 다른 한 번은 오늘을 있게 해 주신 스승을 소개하는 교육부의 기관지 "문교월보"에서였다. 이들에서 나는 선생의 학덕과 민족 지사로서의 경륜을 소개하며 칭송을 마지않았다. "문교월보"의 글은 선생이 작고한 뒤의 것이다. 따라서 이는 추모의 글이라 할 수도 있는 것이다. "교육월보"에 연재되었던 칼럼들은 "영원한 그리움, 나의 선생님…"(교육부, 2000)이라는 책으로 묶여 출판되었다. 이 밖에 인문대 국문과의 뉴스레터에 선생의 논저를 소개하는 글도 썼다.

해암에 대해서는 이미 두어 편의 글을 쓴 바 있으니, 이번 추모문집에는 추모비 전후의 이야기를 하기로 한다. 선생의 추모비에 대해 모르는 사람도 많을 것이라 생각되기 때문이다. 해암이 세상을 떠난 지 1년이 되자 선생의 학덕을 기리는 몇몇 후학들이 선생의 추모비를 건립해야 하지 않겠느냐고 의견을 내기 시작했다. 이에 1998년 2월 "해암 선생 학덕 추모비 건립위원회"의 결성을 보게 되었다. 추모비 건립을 위한 자금은 모금을 하되, 구좌제로 하기로 했다. 출연금은 쉽게 목표액을 넘었다. 126명이 동참했다. 그리하여 같은 해 10월 31일 안성의 우성공원 묘소에 오석(烏石)으로 추모비를 세웠다. 비문은 내가 지었는데, 그 내용은 앞에서 회억하고 추모한 글의 내용을 압축한 것이었다. 마치 전의 글은 추모 비문을 쓰게 하기 위해 준비하고 연습하게 한 것 같았다. 추모 비문은 다음과 같다.

1. 海巖金亨奎先生學德追慕碑

海巖金亨奎 先生은 國語學界의 泰斗요, 民族志士이며, 큰 스승이시다. 선생은 남다른 뜻을 세워 京城帝國大學에서 國語學을 전공하여 일찍이 국어학의 개척자가 되셨고, 마침내 學術院 會員의 榮譽를 누리는 學界의 巨木이 되셨다. 선생은 國語學概論, 國語史와 같은 우리나라 初有의 저서와 國語學徒 필독서인 古歌註釋 등 많은 論著를 著述하셨다.

선생은 일제시대에는 朝鮮語를 가르치며, 民族魂을 불러 일으키셨고, 해방 후에는 信託統治 反對運動을 펴다 투옥되는 겨레의 올곧은 指導者

이시기도 하였다. 선생은 또한 고매한 人品으로 講壇에서 後學을 感化하고, 熱과 誠으로 後進을 깨우치신 훌륭한 스승이셨다. 문자 그대로 後學들의 師表가 되는 분이시다. 이에 선생의 學德을 기려 追慕碑를 세운다.

一九九八년 十月 三十一日

門下生 朴甲洙가 짓고, 李相翊이 쓰고
海巖先生 學德追慕碑 建立委員會에서 세우다.

비문에서는 이렇게 해암의 높은 학덕과 고매한 인품을 기렸다. 한정된 비면이라 많은 내용을 담을 수 없었고, 또 내용을 압축해 표현하다 보니 잘 이해되지 않는 곳도 있을는지 모르겠다. 이러한 곳은 선생의 약력을 살펴보거나, 교육월보에 실린 필자의 글을 보면 잘 알 수 있을 것이다. 필자의 글은 본 추모문집에 재록하기로 한다.

제막식은 화창한 가을날 거행되었다. 이날 나는 추모비 건립위원장으로서 내빈들께 인사말을 하여야 했다. 그 때의 인사말도 여기 소개한다. 그것은 추모비 건립과정을 이해하는 데 도움이 되고, 제막식에 참석하지 못한 분들의 아쉬움을 다소나마 덜어 줄 수 있을는지도 모른다고 생각되기 때문이다.

2. 人事 말씀

청명한 하늘, 온 산의 단풍이 꽃보다 붉게 물든 좋은 계절입니다. 이런 좋은 가을날, 우리는 해암(海巖) 김형규(金亨奎) 선생님의 학덕추모비(學德追

慕碑) 제막을 위해 한 자리에 모였습니다.

우선 바쁘신 가운데 이 제막식(除幕式)에 참석해 주신 내빈 여러분께 감사의 말씀을 드립니다. 이렇게 공사(公私)의 바쁜 일을 뿌리치고, 많은 분들이 왕림해 주신 것은 바로 해암이 끼치신 학덕이 넓고 크기 때문이리라 믿습니다. 이에 유명을 달리한 해암 선생의 빈자리가 새삼 허전하게 느껴지고, 우러르는 마음이 간절히 솟구칩니다.

해암은 가셨지만 가신 것이 아니라, 우리 곁에 살아 계십니다. 선생의 가르치신 학덕(學德)이 언제나 우리 주변을 감싸 돌기 때문입니다. 모르는 것을 깨우쳐 주시고, 나아갈 길을 일러 주시며, 어려울 때 따뜻이 감싸 주십니다. 저는 추모비(追慕碑)의 서두에 "해암 김형규 선생은 국어학계의 태두(泰斗)요, 민족 지사(志士)이며, 큰 스승이시다"라 썼습니다. 확실히 선생께서는 해방 후 불모지였던 국어학계를 추슬러 주신 거목(巨木)이었고, 해방 전후를 통해 우리 민족의 갈 길을 일러 주신 지사셨습니다. 그리고 대학의 강의에 그치지 아니하고 어문규범을 제정, 올바른 교육을 하도록 터를 닦은 큰 스승이었습니다. 오늘 후학들이 여기에 조그만 돌을 세우는 것은 이러한 선생의 학덕을 조금이나마 기리고, 선생을 사표(師表)로 하여 길이 잊지 말자는 뜻입니다. 선생께서도 이러한 후학의 갸륵한 뜻을 굽어 보신다면 근엄한 존안에 살짝 미소를 띠지 않으실까 생각합니다.

추모비를 세우는 데 참여해 주신 많은 분들께 감사드립니다. 널리 알리지 않아 참여하시지 못한 분들께는 사죄의 말씀도 아울러 드립니다. 그러나 여러분들의 정성은 이미 참여하신 분들의 손을 통해 돌에 새겨져 있으리라 믿습니다.

끝으로 다시 한 번 추모비 건립에 참여해 주신 분들과 오늘 왕림해 주신 내빈 여러분께 감사를 드립니다. 그리고 해암 선생님의 명복을 빕니다.

1998년 10월 31일
海巖先生學德追慕碑 建立委員會 委員長 朴甲洙

이렇게 추모비는 건립되었고, 성황리에 제막식이 엄수되었다.

해암(海巖) 선생은 참으로 다복한 분이시다. 생전에는 높은 학덕과 고매한 인품으로 칭송을 받았고, 지금은 사랑하는 사모님과 나란히 명복을 누리고 계시다. 그뿐이 아니다. 제자들의 모임에서는 오늘도 선생이 화두가 되고 있으며, 추모비다, 추모문집이다 하며 선생을 그리워하는 사업이 이어지고 있다. 저 세상에서 후학들을 지켜보시며 "기특한 놈들!" 하며 기뻐하고, 행복해 하실 선생을 머릿속에 그리며 이 글을 맺는다.

회상하고 싶지 않은 시절

조 용 란(趙鏞蘭)
인하공전 명예교수, 국어교육과 55학번(12회)

내게는 대학 4년간이 회상하고 싶지 않은 세월이다. 다른 동문이 이 말을 들으면 혹 비웃을지도 모르겠다. 젊음과 낭만이 넘치는 시기인데 왜 회상하고 싶지 않은지 이해하지 못할 것이기 때문이다.

하지만 이는 사실이다. 외롭고 답답하고 서러웠던 때가 나의 대학생 시절이었다. 자취방과 하숙집을 10번 이상 옮겼고 건강도 좋지 않았다. 부모님이 보내 주시는 용돈은 며칠만 지나면 떨어져버리는 형편이었다. 병역 문제는 또 얼마나 나를 괴롭혔던가. 파출소 앞에는 순경이 나와 젊은이만 지나가면 병역수첩(제2국민병 수첩이라고 했던 것 같다.)을 조사하던 시절이었다. 어떤 시조를 변형시켜 "병역 기피자 제 먼저 알고 골목길로 가더라."라는 말을 되뇌면서 자조하기도 하였다. 군 복무를 마치고 나와서는 전역증명서를 당당하게 내밀고 싶어 일부러 파출소 앞길로 갔지만, 순경은 나에게 수첩 보자는 말을 하지 않았다. 그 때는 좀 서운하기까지 했다.

해암 김형규 교수님. 이 분이 가신 지 10년이 되었다니 참 세월은 빠르기도 하다. 나는 김형규 교수님의 은혜를 많이 입은 사람 중의 하나다.

처음은 내가 국어과를 지원한 학생으로서 입시를 볼 때의 일이다. 성격이 원래 차분하지 못하고 다소 덜렁거리는데다가 다른 일에 정신이 팔려 면접이 있다는 사실을 까맣게 잊고 여관(그 때 나는 서울에 친지가 없어 여관 신세를 지고 있었다.)에서 책을 보고 있었는데, 같은 여관에 든 수험생 두 사람이 면접을 끝내고 들어오면서 어떻게 면접을 보았느냐고 묻는다. 큰일이었다. 내가 들어 있는 여관이 학교와 아주 가까운 곳이었기 때문에 단거리 육상선수처럼 국어과 면접장으로 뛰어 갔다. 면접 보는 곳에 들어서니 수험생은 하나도 없고 김형규 교수님이 서류(아마 입학원서철이었을 것이다.)를 챙겨 나오시려고 하고 있었다. 사정을 말씀드리자 아무 말씀도 안 하시고 앉으시더니 몇 가지를 묻고는 가라고 하신다. 서류철을 보니, 면접 결시생의 표시로 내 입학원서가 반으로 접혀 있었다. 그 때는 그 분이 김형규 교수님인 줄 몰랐다. 나중에 합격하여 강의를 듣게 되면서 김형규 교수님이란 사실을 알게 되었다. 수험생으로서 내가 그렇게 철없는 짓을 했는데 무슨 훈계조의 말씀이 한 마디쯤은 있었을 터인데, 아무 말씀도 안 하시고 면접을 끝내도록 해 주신 것이다.

또 한 가지는 1958년 말이나 1959년 초였을 것이다. 근무 희망처로 나는 내 고향 전라남도를 써냈었다. 내가 자란 내 고향으로 돌아가서 후배들을 가르치고 싶었기 때문이다. 그런데 학교로부터 아무 소식이 없었다. 그 때 무슨 일로 학교를 찾았는지 지금은 생각이 나지 않으나 복도에서 김형규 교수님을 뵐 수 있었다. 웃으시면서 "자네 전라남도를 희망했지?"

하신다. 그렇다고 말씀드리자 "인천에 한 곳이 있는데, 인천으로 가 볼 생각은 없는가? 인천은 서울과 가깝기도 하고…." 고향으로 갈 생각만 하고 있던 나에게는 참 뜻밖의 일이었다. 교수님의 서울과도 가깝다는 말씀에 그 자리에서 인천으로 가겠다는 말씀을 드렸다. 원래 말씀이 없으신 분이라, 웃으시면서 그냥 교수 휴게실로 들어가셨다. 이 일이 계기가 되어 맨 처음 '인천여자고등학교'로 발령을 받았고, 인천의 여러 고등학교에서 교편생활을 하다가 결국은 '인하공업전문대학'에서 정년으로 퇴직을 하였다.

나는 인천 밖에서 교편생활을 한 일이 없다. 군대생활 35개월을 제외하고는 인천 밖에서 산 일도 없다. 지금도 인천에서 살고 있다. 교편생활 총 39년, 참으로 긴 세월인데, 앞서도 말했지만, 김형규 교수님과의 만남이 나의 운명을 결정해 버린 것이다.

나는 위의 두 가지 일을 친구는 물론이고 아내에게도 말한 적이 없다. 꼭 이야기해야 할 일도 아닐 뿐만 아니라, 어느 면으로 보면 부끄럽기도 하기 때문이었다. 이 자리에서 처음으로 밝히는 것이다.

언젠가 인천에서 교편생활을 하면서 교수님 댁을 찾은 일이 있었다. 특별히 무슨 상의 드릴 일이 있어서가 아니라 서울에 간 김에 안부나 여쭙기 위해 찾아 뵌 것이다. 그 때 교수님은 종암초등학교 옆에 있는 포도밭 근처에 살고 계셨다. 그 때가 몹시 더운 여름이었는데, 달달달 소리를 내면서 돌아가는 낡은 선풍기를 벗하여 원고를 쓰시다가 반갑게 맞아 주셨다. 특별한 일이 있어 간 것이 아니었기 때문에, 사가지고 간 담배를 책상 옆에 놓고는 곧 일어섰다. 집필하시는 일에 방해가 되고 싶지 않았기 때문이다. 교수님 댁을 나오면서 나는 '학자는 이렇게 더운 날에도 공부를 하는구나.'하는 생각을 하면서 나의 방만했던 생활을 반성해 보았다.

강의실에서 느끼고 겪었던 일을 생각나는 대로 몇 가지 적어 보자. 50여 년이 지났건만 어떤 장면은 엊그제 일처럼 생생하다.

(1) 당신께서 지으신 '국어학개론(國語學槪論)'을 강의하실 때인데, 이런 '개론류'의 저서는 이 책이 처음이란 말씀을 하시던 일.

(2) 당신께서 좋아하시어 가끔 읊조리는 시조가 있는데, 그것은 "태산은 높다하되 하늘 아래 뫼이로다…"라는 양사언(楊士彦)의 시조라고 하시면서 종장까지 읊조린 일

(3) 당신의 손자던가, 막내던가 하여튼 어린애가 '읍사무소'를 '습사무소'로 읽어 그 이유를 물으니, '있읍니다'의 '읍'을 '습'으로 읽으니 나도 그렇게 읽는다고 하여 깜짝 놀란 일이 있다는 말씀을 하신 일.

(4) 국가에 '이바지'한다고 할 때 그 '이바지'는 지금도 가끔 쓰인다고 하시면서, 시집간 딸이 근친할 때 떡이나 음식을 많이 가지고 가는데, 그 음식을 '이바지'라고 하는 데서 뿌리를 찾아 볼 수 있다고 말씀하신 일.

(5) 한 번은 어떤 여학생에게 교재를 읽게 하신 일이 있다. 이 여학생이 '된소리'를 뜻하는 한자어 '경음(硬音)'을 그만 '편음'으로 읽고 말았다. 대한 1학년 때라 한자 실력이 별로 없었던 모양이다. 폭소를 터뜨리시는데, 교수님이 그렇게 크게 웃으시는 걸 처음 보았다. 나도 한자 실력이 없기는 마찬가지여서 교수님이 왜 저렇게 웃으시나 하고 의아하게 여겼다. 지금도 그 동창생인 여학생의 이름을 기억하고 있지만, 이름을 밝히지는 않겠

다. 지금쯤은 아마 친손자나 외손자를 몇씩이나 거느린 할머니가 되어 있을 것이다.

이외에도 몇 가지가 더 회상되지만 이만 적기로 한다.

옛 스승님을 회상하는 이 글을 쓰면서 나는 참담한 심정이 되지 않을 수 없다. 금년은 내가 칠순(고희)이 되는 해이기도 하다. 그 많은 시간은 어디로 흘러가 버렸는가. 내가 이룩해 놓은 일은 무엇인가. 그 동안 무얼 생각하고, 무얼 하고, 무얼 말해왔는가. 허무감, 무상감, 자괴감이 가슴을 누를 뿐이다. 청량대 아래 그 낡은 교사(校舍)에서 김형규 교수님의 강의를 듣던 그 새파란 대학생은 백발에 돋보기 안경이 없이는 글을 읽을 수 없는 노인이 되고 말았다. 우주의 섭리라지만 슬픔만은 어쩔 수 없구나.

옛 스승님들이 새삼 그리워진다.

해암 김형규 은사님의 명복을 빈다.

해암(海巖) 은사님의 삼색고향(三色故鄕)

최 현 섭(崔賢燮)
경인교대 명예교수, 상생화용연구소 소장, 국어교육과 59학번(18회)

해암 은사님, 신통치 않은 제자 최현섭이 땅에서 문안 인사 올립니다. 이렇게 글로나마 인사를 드리자니 하늘로 가신 지 어언 10년이 지나는 동안, 은사님의 은혜를 거의 잊고 지냈구나 하는 생각이 솟아올라 송구한 마음만 앞섭니다. 그렇지만 지금 이 시간에도 빙그레 웃으시며 내려다보고 계시겠지요?

제가 은사님을 처음 뵌 것은 1959년 3월, 1학년 입학을 하고 나서였습니다. 그 땐 아무런 생각도 없이 천방지축으로 지냈지요. 시간을 아껴 가시며 노심초사 연구하신 학문들을 저희들에게 정성을 다해 가르쳐 주실 때에도 저는 그 깊이와 절절함을 전혀 깨닫지 못하고 그렁저렁 시간들을 허비했습니다. 방언론을 들으면서도 그 의미를 통찰하지 못하고, '옥수수'나 '미꾸라지'에 대한 방언이 30~40 가지씩 된다는 사실을 그저 신기하게만 여기고 있었습니다. 학문의 의미, 학문에 대한 자세, 학문의 내용 등을 배울 수 있는 귀하고 귀한 시간들이었는데 말씀입니다. 그런데 지금까지도 은사님을 생각할 때, 먼저 마음 저 깊은 곳에서 떠오르는 부끄러움이 있습니다. 그것은 다른 것이 아니라, 제가 2학년 때 4·19가 일어났었지요. 그 때 저희 사범대학 학생들의 독재 타도 의지는 매우 강렬했었습니다. '경무대'를 향하여 수천의 학생들이 밀고 들어갈 때, 저희 사대생들도 앞장서서 나가고 있었습니다. 저 멀리 경무대 입구에서는 경찰들이 무장을 하고 저희들을 향해 총을 겨누고 있었지요. 처음에는 당시 '중앙청' 안에서 소방차로 붉은 물을 저희들에게 뿌려댔고, 그 다음에는 체류탄을 쏘았으며, 그래도 저희들이 물러나지 않으니까 공포탄을 발사했습니다. 그래도 저희들은 결코 물러나지 않았지요. 긴박감을 느낀 경찰들은 마침내 내무장관 최규하의 명을 받아 저희들에게 실탄을 발사하기 시작했습니다. 처음에는 사람을 조준하지는 않고 얼마쯤 위로 쏘았는데, 그 총알들이 시위대 뒤에 있는 해무청 건물 벽에 박혔습니다. 사태가 여기까지 왔으나 저희들은 역시 조금도 물러나지 않았지요. 마침내 경찰들은 저희들을 향해 무차별 사격을 시작했습니다. 앞에서 실제로 총을 맞아 푹푹 쓰러지기 시작했습니다. 이 때 국어과 선배 손중근(孫重根) 형이 유명을 달리하는 뼈아픈 일이 발생했었습니다.

은사님, 공연히 이런 얘기를 길게 늘어놓았습니다만, 이런 일이 있으면서 일부 학생들 사이에서는 우리 대학 교육과정을 바꿔야 한다는 얘기가 나오고, 교수님들을 경히 여기는 분위기가 감돌았습니다. 학생들이 교육과정을 알면 얼마나 알겠습니까, 우쭐해서 그런 거지요. 그럴 때에 복도에서 은사님과 마주쳤습니다. 은사님께서는 아무 말씀도 하지 않으시고 지나가셨습니다만, 그 때 저는 은사님의 얼굴에서 무거운 분위기를 직감하였습니다. 그 느낌이 오늘까지도 그대로 남아 있어서, 은사님을 생각할 때면 그 표정이 제일 먼저 떠오르곤 합니다. 은사님, 이러한 제 마음을 한번도 말씀드릴 기회가 없었습니다.

"대단히 죄송합니다."

그 후에도 은사님께서는 여전히 저희들을 자애로운 눈빛으로 보아 주시고, 여전히 정성을 다해 가르쳐 주셨습니다. 제가 교수가 되어 가르치던 88년도에 학생들이 학교를 점거하고 학교와 교수들에게 심한 언어를 사용하는 것을 보면서, 저는 적잖이 실망하고 학생들이 미워짐을 느꼈는데, 그 때 은사님은 어떻게 아무 일이 없었던 것 같이 저희들을 여전하게 대해 주셨을까 하고 생각해 보기도 하였습니다.

학생들을 끔찍이 사랑하시되 내색하지 않으시고, 학문을 연구하고 가르치시되 몸을 사리지 않으신 그 깊은 자애와 내적 기개는 어디에서 비롯되셨는지요, 은사님. 제가 감히 멋대로 짐작해 보건대, 은사님의 삼색고향의식(三色故鄕 意識)에 연원이 있지 않으실까 싶습니다. 삼색고향 의식(三色故鄕 意識)이 뭐냐고요? 예, 첫째는 지리적 고향이고요, 둘째는 육신적 고향이고요, 셋째는 인격적 고향이지요. 그렇지만 이 세 가지 요소는 따로 있지 않고 완전히 하나로 융합되어 있다고 저는 생각합니다.

첫째 고향을 생각해 보면, 은사님께서는 함경남도 원산 항구에서 태어나셨습니다. 거친 물과 싸우면서 굳건히 서 있는 바위를 보시고 스스로 해암(海巖)이라는 호를 지으셨습니다. 해암(海巖)! 여기에는 넘치는 기개와 굳은 의지가 응결되어 있습니다. 분명 이 호를 지으실 때, 은사님의 마음은 용솟음치는 기개로 충만하셨을 것입니다. 그러하셨으므로 국어 연구에 뜻을 두셨을 것이고, 남다른 열정으로 국어학을 연구하셨던 것으로 생각됩니다. 전주사범학교 교유(教諭)로 계시던 1939년 7월에는 조선어 말살 정책을 비판한 '조선어(朝鮮語)의 과거(過去)와 미래(未來)'라는 글을 조선일보에 게재하시어 파면까지 당하셨지요. 광복 후에는 신탁통치를 반대하시어 또다시 파면되시었습니다. 학자로서는 남다른 험로를 걸으셨는데, 이 정신이 다 해암(海巖), 이 두 글자에 새겨져 있는 것이 아니겠습니까.

둘째 고향을 생각해 보면, 은사님께서는 몸을 나아 주시고 길러 주신 어머니를 몽매에도 잊지 않으셨지요. 그 마음이 얼마나 절절하셨는지는 은사님께서 쓰신 글에 여실히 나와 있지 않으십니까. 10회 정우상 교수를 잘 아시지요? 그 선배의 글에도 다음 글이 인용되어 있는 걸 보았습니다.

> "明沙十里 가까이 果樹園을 구입해서 해방이 되면 서울에 올라가 교단 생활을 하며 여름 방학 때를 이곳에 돌아와 지내려는 계획이었다. 그러나 38선이 생기고 6.25전쟁이 일어나 오늘과 같은 세월이 될 줄이야 어찌 생각할 수 있었으랴. 만일 이 과수원만 없었으면 어머니는 우리를 따라 오셨을 것이다. 참으로 한스러운 일이다. 듣자하니 어머니의 묘를 과수원 한 곳에 모셨다고 한다. 나는 거기를 찾아가야 한다. 차편이 없으면 걸어갈 것이요, 걷지 못하면 기어서라도 찾아가야 한다. 그리고 그 묘 앞에 엎드려 한없이 한없이 통곡하고 싶구나! 그러나 북쪽 하늘은 아득히 멀고 길은 꽉 막혔으니 이를 어찌하랴."

살아서 뵙지 못한 어머님을 그 묘소에라도 가서 뵈어야겠다는 마음이 얼마나 사무치셨으면, 기어서라도 가시고야 말겠다고 하셨을까 싶습니다! 어머님에 대한 은사님의 애절한 마음에 비교되지는 않습니다만, 저도 저의 어머님에 대한 정(恨)이 남아 있습니다. 저는 8남매 중 막내로 태어났습니다. 부모님의 사랑은 물론, 형들의 사랑도 많이 받으며 살았습니다. 그러나 집안이 너무나 가난해서 모두들 고생들이 막심했고, 그 중에서도 어머님의 고생이 혹심했습니다. '내가 어른이 되면 어머님을 잘 모셔야지, 여기저기 좋은 곳을 많이 구경시켜드려야지.'하고 늘 생각했었습니다. 저는 사회에 나오자 생활을 절약하여 어머님 여행 경비를 모으기 시작을 했습니다. 어느 날 제가 어머님께 여행 이야기를 꺼냈지요. 그런데 이게 웬 청천에 벽력입니까! 어머님은 여행을 안 가시겠다는 것이었습니다. '차를 타면 자동차 냄새가 나서 멀리 못 가.' 하시면서 말입니다. 저는 제가 얼마나 어리석고, 어머님에 대해 아는 것이 이렇게도 없는가 싶어 더욱 송구한 마음만 들었지요. 저는 저의 방식대로 어머님을 위로해 드리려 했을 뿐, 어머님의 마음은 거의 헤아리지 못했던 것입니다. 나중에서야 통절히 깨달은 사실입니다만, 어머님을 위로해 드리는 최고의 효도는 돈으로 하는 것이 아니라, 직장에 나가 일하는 동안에 있었던 이러저러한 일이며 느낌들을 자세히 말씀드리는 것, 바로 이것이었습니다. 돈으로 효가 되는 것이 아니라, 사랑하고 높이는 마음으로 정다운 이야기를 많이 많이 해드리는 것 말고는 더 어머님을 기쁘게 해 드리는 것이 없음을 어머님이 세상을 떠나신 후에야 깨닫게 되었으니 얼마나 후회가 되던지요. 정말 저는 어리석은 사람이었습니다. 그러나 은사님의 경우는 저의 경우와 비교도 되지 않을 만큼 절통하셨습니다. 남북 분단으로 오도가도 못하는 상황이 발생되어 도저히 어찌할 수 없으셨으니까요.

그래서 은사님의 두 번째 고향 색깔은 어머님에 대한 절절한 그리움과 송구함에서 온다고 저는 나름대로 생각하였습니다.

셋째 고향을 생각해 보면, 은사님은 한없이 자애로우셨습니다. 모든 제자들이 한결같이 말하는 것이 바로 은사님의 자애로우심입니다. 저의 동기인 심영자 선생의 글을 보니까 더욱 그 마음이 분명해짐을 느낍니다. 제가 우둔해서 뒤늦게, 76학년도에 대학원에 입학을 했는데, 은사님의 강의를 들으러 종암동 자택으로 가곤 했었습니다. 그 때 이런 일이 있었습니다. 은사님께서는 한글 표기 원칙으로 현실음을 중시해야 한다는 지론을 가지고 있으셨습니다. 그 때 저는 그런 사실도 모르고 제 의견을 편답시고 '형태소를 밝혀 적지 않으면 혼란이 올 수 있고, 읽기 속도에도 문제가 있지 않겠습니까?'라는 취지로 말씀을 드렸었습니다. 은사님의 지론에 정면으로 맞선 꼴이 되고 말았습니다. 이상적인 표기는 물론 소리나는 대로 적는 것이지요. 그러니까 우리 한글을 소리글자라고 부르는 것 아니겠습니까. 그래서 은사님은 제1의 원칙으로서의 현실음 중시 주장을 전개하신 것이라고 생각되었는데, 저는 당시 표기 이론에 대해 사실 잘 알고 있지도 못하면서 위와 같은 말씀을 드렸던 것이었습니다. 그런데 은사님은 화를 내지 않으시고 다만,

"대학까지 나온 사람이……" 라고 말씀을 하셨습니다.

은사님, 은사님께서는 물론 이런 시시콜콜한 이야기들은 다 잊고 계시겠지요. 그러나 당시 저에 대해 무척 답답하게 생각하셨을 것으로 생각됩니다. 저는 그 때 은사님의 그 말뜻을 알아듣지 못했었으니까요.

학부 시절부터 회고해 보아도 은사님께서는 휴강을 하시거나 강의 시

간에 늦는 법이 없으셨고, 끝내시는 시간도 정확히 지키시어 저희들은 아예 다른 생각을 감히 하지 못했었습니다. 성적도 아주 엄하게 하셔서 좋은 성적을 받는 친구들이 매우 적었다고 생각됩니다. 참, 은사님, 신현천 군을 기억하시지요? 저희 동기들 중에서는 제가 알기로 가장 머리가 좋았고, 학문에 뜻이 있어서, 은사님께서 수제자로 삼으실 의향이 있으셨던 걸로 기억하고 있습니다. 애석하게도 그 친구는 학문을 포기했고, 지금은 세상을 떠난 지도 여러 해가 되었습니다. 신현천 군을 포함한 몇몇의 동기들을 제외하면 많은 친구들이 좋은 성적을 받지 못했던 걸로 지금 기억되고 있습니다. 그 때 저야 아예 공부를 안 했으니까 학교 성적이 모두 꼴이 아니었으니 말할 게 없습니다만요. 어쨌든 은사님께서는 모든 면에서 원칙을 고수하시고 강직하게 하셨지만, 저희들에게 대하시는 모습은 자애롭기만 하셨습니다. 제 기억으로는 은사님께서 화를 벌컥 내시거나 면박을 주신 일이 한번도 없으셨습니다. 늘 저희들을 잘 대해 주셨지요. 이러한 은사님의 따듯하신 인격적 성품은 어머님으로부터 물려받으신 건가요?

은사님, 이제 두서없는 글을 마무리해야겠습니다. 앞에서도 언급하였습니다만, 위의 삼색고향 의식(三色故鄕 意識)은 하나의 인격체로 융합되어 언제 어디서나 아름다운 무지개로 나타나셨습니다. 은사님께서는 학생들과 여행을 가신다든지 해서 여흥 시간이 되면 언제나 '학도가'를 불러 주셨습니다. 학생들도 모두 으레 그러하시려니 했고, 역시 학도가가 나오면 모두들 웃으면서 따라하기도 했지요.

學徒야 學徒야 젊은 學徒야
壁上의 괘종을 들어 보시오
한 소리 두 소리 가고 못 오니
인생의 백년 가기 走馬같도다

그 때는 은사님의 이 노래 소리를 들으며, 역시 이 노래를 또 부르시는구나 하며 그냥 즐거워하기만 했지, 이것이 저희들을 깨우쳐 주시려는 은사님의 피어린 절규임을 땅띔도 못했습니다.

이 어리석은 제자, 많이 부끄러우나 그래도 하늘에서 대견한 듯 내려다 보시며 미소 짓고 계실 줄 알고 있습니다. 모시고 테니스 하던 때가 한번만이라도 다시 있었으면 좋겠습니다.

뵙고 싶습니다. 은사님 !!

2007. 3. 30

학문의 향기

서 덕 현(徐德鉉)
서경대 교수, 국어교육과 69학번(29회)

내가 미아리 삼거리 인근의 서울 북 공업고등학교에 재직하던 시절이었으니까 지금으로부터 대략 이십여 년 전의 일이다. 석사 학위 논문을 들고 후배와 함께 해암 선생님 댁을 방문한 시간은 방과 후 해가 서산마루에 걸릴 즈음이었다. 선생님 댁은 북공고에서 걸어갈 정도로 가까운 종암동 뒷산 자락 비탈진 곳에 자리하고 있었다.

학부 시절에 한두 번 세배를 간 적이 있어서 찾기는 그리 어렵지 않았다. 좁은 골목길을 지나서 산 쪽으로 비탈진 길을 올라 현관에 들어서니 선생님께서 그 특유의 환한 웃음으로 우리를 반갑게 맞아주시었다. 요새는 그런 웃음을 접하기가 어려운 세상이 되었지만, 안온하며 여유가 있고 초탈한 웃음, 그래서 홀가분하기까지 한 웃음이었다.

그런데 내가 왜 굳이 해암 선생님을 찾아뵙고자 했었을까.

까마득히 먼 학부 시절 악동(惡童)이었던 내가, 정년퇴임도 한참 지나신 선생님에 대한 관심을 갖기에는 세속의 조건이나 인연에 얽매어 잠시도

뒤돌아 볼 겨를이 없었거나 나태할 나이가 되지 않았던가. 그럼에도 불구하고 나를 기억도 하지 않으실는지 모를 선생님을 뵈러 간 것이다.

80년대 초반이다. 학생들에게 설문을 하기 위해 배낭에 설문지 뭉치를 가득 담아서 짊어지고 경기도 화성군에 있는 발안의 발안농업고등학교와 화성여자상업고등학교에 간 적이 있었다. 학문을 한답시고 땀을 흘리며 화성여상의 정문을 들어서는 순간, 조용한 교정에 "일송정 푸른 솔이 늙어 늙어갔어도 한 줄기 해란 강은……"하고 운동장 건너 어느 교실에서 피아노 반주에 맞추어 여학생들의 코러스가 은은하게 흘러나오고 있었다. 때는 연초록빛으로 물든 오월의 오전이었다.

그때 마치 내가 선구자라도 된 양 우쭐한 기분이 들었던 기억이 지금도 생생하다. 이런 체험이 해암 선생님을 그리게 한 동인이 아니었을까.

비바람, 눈보라를 맞고 온갖 풍상을 다 겪으며 그 연륜을 드러내는 산중의 청태 낀 바위처럼 검버섯이 돋은 선생님의 용모는 그대로 자연의 일부가 아니었던가.

가만히 눈을 감고 회고하자니 선생님께서는 흰 창호지 문 안에서 그윽한 향기를 풍기는 멋쟁이 선비시다. 계절이 바뀌면 바뀌는 대로 계절에 따른 향기가 있으셨고, 일제 치하에서부터 온갖 풍파를 다 헤쳐 나오시면서도 인생의 향기를 잃지 않으신 분이셨다.

거실에서 논문을 드릴 때 하신 말씀은 잘 생각나지 않는다. 다만 논문을 보시면서 흐뭇한 감정을 감추지 못하시는 모습이 눈에 선할 뿐이다. 인사를 하고 나와 비탈길을 내려오면서 무슨 큰일이라도 한 양 그렇게도 가슴이 뿌듯했던지.

이제 다시금 생각해 보니 선생님을 방문하게 된 것은 당신의 여러 향기 중에 아마도 학문의 향기 때문이 아니었나 싶다.

그 향기 영원하리.

차제에 이 지면을 빌려 삼가 선생님의 명복을 빕니다.

불효(不孝)

김 종 화(金鍾和)
해암 선생의 삼남(三男)

태어난 인간(人間)은 죽음을 면할 수 없다.

아버님께서도 그 생멸(生滅)의 법칙을 여실(如實)히 보여 주시고 우리 곁을 떠나셨다. 다섯 아들 중 내가 의사여서 부모님의 건강을 돌봐드렸는데 큰 도움을 드리지 못하고 단지 금생(今生)의 삶을 홀로 마치시는 모습을 연민과 슬픔을 안고 곁에서 지켜보았을 뿐이다.

득병(得病)하셔서 세상을 떠나실 때까지 약 5개월간은 투병(鬪病)이라기보다는 병고(病苦)도 당신의 삶의 일부로 받아들이시며 금생(今生)에서 얽힌 모든 인연(因緣)을 정리하시고 삶의 끝자락에서 임종에 이르기까지 담담히 걸어가셨던 아버님을 그리움 가득 담아 돌이켜 본다.

아버님께서 떠나신 지 벌써 10년이 지났다.

1996년 7월 아침, 병원에 출근하고 얼마 되지 않아 "어머니께서 속이 안 좋으시다."는 아버님 전화를 받았다. 평소에도 위장에 탈이 잘 나시는 분이라 별 걱정하지 않고, 주치의처럼 가족 건강을 돌봐 주시는 이 박사님께 진료 받으시도록 하고 편안한 마음으로 내 환자들을 진료했다.

점심 무렵 이 박사에게서 전화가 왔다. 대뜸 "야! 너 아들 맞아?"하는 소리에 '아이쿠, 어머니께 무슨 일이 생겼구나.' 하는 생각으로 앞이 캄캄했다. 그러나 걱정했던 어머님은 체한 정도여서 별 문제 없으신데 엉뚱하게도 아버님께 심각한 문제가 발생했다는 사실을 직면했다.

평소 가벼운 당뇨와 노인성 요통 말고는 건강하던 분이시라 별로 신경을 안 썼는데, 초음파 검사에서 간에 큰 혹이 있는 것을 발견한 것이다. 연세나 그전의 병력으로 볼 때 간암일 수밖에 없다. 게다가 원발성(原發性)이 아니고 다른 부위에서 전이(轉移)된 암이어서 원발 부위를 찾는 것이 시급한 문제였다. '원발 부위를 찾으려면 여러 가지 검사를 해야 하는데 아버님께 뭐라 말씀을 드려야 할지…….'

숙부님과 형제들이 상의하여 어머니와 아버지께는 말씀 안 드리고 검사를 하는 것으로 결정했다. 나는 '난치병은 본인에게 알려야 한다.'는 원칙을 지금까지 고수해 왔는데 본의 아니게 아버님의 경우, 거짓으로 둘러대고 몇 가지 힘든 검사를 하는 아이러니에 빠졌다. 검사를 했지만 원발 부위를 찾지 못했기 때문에 원발 부위를 찾기 위해서는 더욱 고통스러운 검사 몇 가지를 더 해야 한다는 과제가 주어졌다.

당시 아버님은 86세이시고, 간의 절반 이상이 상했는데도 매일 저녁이면 반주를 하실 정도로 별다른 자각 증상이 없었다. 이렇듯 외형적으로 건강하신 아버님에 대해 우리 집안의 유일한 의사인 내 의사(意思)에 모두들 따르겠다니 참으로 괴롭고도 힘든 결정을 해야 했다. 나는 모든 정황을 종합하여 치료가 불가능하니 지켜보는 도리 밖에는 어쩔 수가 없다는 결정을 내렸다. 그런데 이 상황을 부모님께 알려드려야 할지 말아야 할지가 또 하나의 난제로 등장했다. 어떤 것이 효란 말인가. 공자님 말씀에 효는 모든 것의 근본이라고 하셨는데, 그러고 보면 자식이라는 게 아버님의 병환 걱정보다는 자기 입장을 생각하고 있는 것 아닌가 하는 생각이 들어 죄송함이 더욱 컸다.

이제 아버님 진료에 대한 모든 결정은 내려졌고, 앞으로 서너 달 정도 생존하실 아버님께 과연 자식으로서 해드릴 수 있는 최선의 효에 대해 집사람과 의논한 끝에 여름휴가를 부모님 모시고 설악산 가까운 동해안으로 가기로 했다. 건강하실 때 모시지 못하고 이생의 인연이 얼마 안 남아서야 모시고 가게 되니 이 얼마나 큰 불효인가. 지금도 그때 일을 생각하면 죄송하고 부끄러운 마음으로 얼굴이 붉어진다. 부모는 전생에 자식에게 많은 빚을 졌다지만, 부모님께서 안 계신 지금 살아생전에 잘 모시지 못한 나는 부모님께 더 큰 빚을 지고 무거운 업을 안고 산다.

1996년 8월 초순.

지루한 장마가 끝나고 본격적인 더위가 기승을 부리는 날, 부모님과 함께 설악산으로 피서를 왔다. 아버님께서는 평소에도 설악산에 오시면 늘 신흥사 밑 설악관광호텔에 묵길 원하셔서 이번에도 그 곳에 여장을 풀었다. 객실이 많지 않아 시끄러운 나이트클럽이 없고 깨끗해서 가장 마음에 들어 하시는 곳이다. 마침 막내 동생이 강릉대학 교수로 있어서 이동 수단은 동생이 책임을 지니 더욱 편안하게 모실 수 있었으므로 피서지로는 최고인 셈이다.

아버님 고향은 명사십리(明沙十里)로 유명한 원산이다.

그 해 여름만 해도 저녁식사에 반주를 곁들이실 정도였지만, 아버님 건강을 위해 술을 드시지 못하게 하는 것이 자식으로서 옳은 일이다. 하지만 그날 밤은 약간의 취기에도 행복감을 누리는 애주가 아버님을 훼방 놓을 수 없어 조용히 지켜드리기로 했다. 어차피 영겁의 윤회 속에서 이승의 인연이 다해 가는데 약간의 목숨 연장이 무슨 큰 의미가 있을 것인가…….

취기가 오르신 아버님께서 어둠이 내리는 동해바다를 한참 바라보시다가 지그시 눈을 감으신다. 고향이 손에 닿을 듯 펼쳐진 푸른 바다 물길을 이생에서 마지막으로 보시기엔 너무나 눈부실까, 아님 어느새 푸른 바다 위를 미끄러지듯 달려가 명사십리 모래밭을 맨발로 걷고 계실까? 아버님의 모습을 조용히 지켜드려야 하는 그해 여름휴가는 슬픔을 속으로 삭이면서 웃는 얼굴로 보낸 아버님과의 마지막 여행이었다.

극성을 부리고 뜨겁던 여름도 흐르는 시간 앞에선 속수무책, 서늘한 바람이 불고 초록빛이 바랜 나뭇잎들이 힘없이 떨어지는 11월 초순의 토요일, 앞당겨 준비한 내 생일을 축하해 주시기 위해 아버님께서 우리 집에 오셨다. 그런데 그렇게 좋아하시는 바둑도 두지 않으시고 좀체 눕지 않으시던 분이 긴 소파에 누우셔서 자손들이 노는 모습을 힘없이 바라보시며 식사도 거의 안 하셨다. 그 때 쯤, 간 기능이 나빠져 황달이 나타나기 시작한 아버님께서는 내게 묻진 않으셨지만 당신의 병세를 알고 계셨을 것이다.

그리고 초겨울 날씨답지 않게 눈발과 강추위를 동반한 11월 말, 아버님의 병세가 악화되어 입원하셔야 하는 상황이 되었다. 종암동 고려대학교 뒷산 기슭에 자리한 우리 집, 40여 년 전 경제적 어려움 속에서도 아버님께서 손수 지으신 땀방울이 밴 우리 가족의 터전. 아버님은 당신 손으로 직접 지으신 그 집에서 계절마다 정취를 뽐내는 앞산을 바라보시며 40여 성상 동안 희로애락을 나누셨다. 그런데 119 구급차에 몸을 맡긴 채 삼성의료원으로 가시기 위해 당신의 삶이 밴 정든 집을 말없이 나서셨다.

그때서야 어머님께 아버님 병세를 귀띔해 드렸다. 입원 첫날 아버님의 의식은 또렷하셨다. 그리고 그날 밤은 내가 병원에서 당번을 서는 날이다. 아버님께서 어머님과 두 분만이 계시고 싶어 하시는 눈치여서 한 시간 정도 자리를 피해드렸다. 아마 두 분이 길고 긴 세월을 살아오는 동안 구슬처럼 꿰어온 수많은 사연들을 돌아보시면서 뒷일들을 얘기하시고 싶으신가보다. 밤새워 얘기해도 끝이 없겠지만 한 시간으로 충분한 것은 두 분 사이 긴 말씀이 필요 없는 이심전심이셨으리라.

다음 날 오전 대학 선배인 외과 과장이 진찰을 한 후, 간 상태가 워낙 나빠 황달을 빼는 처치도 할 수가 없다고 했다. 이제는 임종만 기다리는 삶이 되셨기에, 형제들이 의논하여 평소 아끼고 사랑하는 제자 분들께 연락을 드려 떠나시기 전에 뵙도록 하였다. 기력이 쇠하셔서 오래 말씀하시기 힘들어 하신 모습을 보면서, 진즉 아버님께 상태를 말씀드려서 당신의 생(生)을 정리하실 시간을 드리지 못한 불효가 내 가슴을 아프게 짓눌렀다. 그러한 내 마음을 아시고 마지막 힘을 내셨는지 아버님께서는 쇠잔한 몸으로도 일가친척들과 몇몇 제자 분들을 더 만나셨다. 그리고 입원 4일째부터는 의식 상태가 흐려지고 기력이 극도로 쇠약해지셔서 말씀도 거의 못하시며 혼수상태로 들어가셨다.

12월 6일 오후 3시를 조금 지나 심전도의 그라프가 요동치기 시작했다. 심장이 더 이상 견뎌내지 못하고 생의 마감을 앞장서고 있다. 얼마 지나지 않아 아버님은 86세를 일기로 가족들의 슬픔 속에 금생의 인연을 뒤로 하시고 조용히 아무도 모르는 길을 홀로 떠나셨다.

그리고 10년 후 어머님께서도 우리 곁을 떠나셨다. 두 분이 어느 세상에서 다시 만나셨을까, 두 분의 왕생극락을 빌며 두 손 모은다.

낙산사 의상대 앞에서

낙산사 의상대 앞에서

명사십리

황 문 숙(黃文淑)
해암 선생 셋째 며느리

푸른 물길 이불에 잔잔히 젖어 있는
붉은 등짐 애틋한 길벗 되어
가슴에 제 그림자 품고
꽃잎 가슴 붉은 울음 쏟아버린 곳
원산에 명사십리
가슴 가득 메운 북에 두고 오신 어머님을
시린 그리움 가슴에 묻으시고
내일을 향한 새하얀 들국화 지는 소리
고요히 당신 가슴에 파랗게 멍이 되어
어머님의 그리움 품으시고
고갯마루 넘어 하늘을 당기며
아스라이 날아간 가슴 가득한 그리움 하나
무심으로 앉아 감은 눈 속에도

불 밝힌 꽃 창살 넘어
마음 갈피 속 어머님의 그리움 풀어 적요로 남으셨으리라.
한 세상 벗지 못하신 사모곡을 가슴에 품으신
오랜 세월 시리고 욱신거리는 그리움에
차라리 그것만이 당신의 골 깊은 상처였으리
가슴 환한 봄날 같은 연둣빛 햇살 품으시고
어머님의 절절한 그리움 샛별로 뜬 날
남겨진 흔적들만 열매 영근 세상 꽃들
속마음 밭 향기로 품으셨을까
혹여 여린 가슴 아늑한 꽃술로
해맑은 청초가 외롭지 않으셨는지
아직도 명사십리 모랫길에
푸른 이파리 얹어주신
언제나 토방에서 기다리시는 어머님의 기억마저
새털처럼 가지런히 접지 못하셨으리.
약속 없이 흐드러지게 피어 있는 기억 저편 해당화
은하수 저 너머 뵙지 못한 어머님의 모습에
차라리 가슴앓인 그리움에 목이 메인 날
기억을 맴도는 눈부신 물살의 손금처럼
하늘 붙은 지평을 진초록 한줄기로 고이시고
곧은 목신의 맑은 등불 밝혀
아직도 붙이지 못한 서랍속의 편지처럼

무표정으로 더 먼데 하늘 바라보시던 모습에
살며시 지으신 소심의 미소마저도 인색하셨습니다.
그리운 낮달처럼 하늘 맴돌다 햇살조차 아픈 기억 속 그곳
명사십리 모랫길 멀리
떨어져 나간 세월 구름 조각
햇볕 속을 걷는데도 등 굽은 시린 그림자로
당신의 가슴 아린 어머님 계신 곳
여린 가슴 아늑한 꽃술로 꾸며
바위 밑 푸른 이끼 맑은 물에 헹궈
초록 비단 수놓은 명사십리 모래 위에
이제는 그리운 어머님 내려놓으시고
하늘피리 손잡고 걸으시옵소서
어둔 하늘 위 돌아오는 빛 조각들
등꽃 꽃망울 터지는 푸른 소리 들리는 듯
망막 가득 담아내려 고개 젖히면
지금도 당신의 빈자리 명상처럼 아스만 빛으로
들리는 듯한 목소리
하늘 가득한 맘 흩날리며
낯설지 않은 소리가 고요의 길이 되고
세월 저편 시간 속으로 아버님의 걸으신 발자취를
언제나 푸른 그네 되어 새깁니다.
황문숙(셋째 며느리) 효를 다 하지 못한 후회를 올립니다.

60년 입학생들과

63년 신입생들과

69년도 신입생들과

을지로 사대부고 교정, 교육실습 기념

이희승, 이순영 선생님들과 함께

바다처럼 심원한 학덕

부급종사(負笈從師)의 길 — 전영우(全英雨)

초대 국어연구소장 김형규 선생님 — 정준섭(丁濬燮)

해암(海巖) 김형규(金亨奎) 선생의 학문 세계 — 이광정(李光政)

명사십리 해암(海巖)이 되어 — 민현식(閔賢植)

부급종사(負笈從師)의 길

전 영 우(全英雨)
수원대 명예교수, 수원과학대학 초빙교수, 국어교육과 53학번(10회)

나는 1962년 KBS-TV에서 교양프로그램 제작 책임을 맡았다. 이 해 봄 해암 선생이 서울대에서 명예의 문학박사 학위를 취득하자 나는 담당 프로듀서에게 인터뷰 코너 제작을 지시하였다. 사모님과 자녀들이 동행하여 당시 남산 텔레비전 스튜디오는 축하 일색의 분위기로 바뀌었다. 잔잔한 미소에 환한 해암 선생 얼굴이 퍽이나 인상적이었다.

사범대학 국어과 재학 시절 '국어학개설', '국어학사', '고가 주석' 등을 배웠다. 처음의 성적은 좋지 않았으나 점차 학업에 전념하여 학년이 올라갈수록 성적이 나아지자 선생님 사랑도 받게 되었다. 특히 2학년부터 서울중앙방송국 아나운서로 근무하게 되어 사랑이 각별하게 된 것 같다. 대학 재학 중 방송을 겸직한 탓에 조금이라도 학교 수업에 소홀할까봐 나는 매우 애가 탔다.

다행히 졸업과 동시에 서울특별시 교육감이 지정하는 바에 따라 복무하라는 문교부 발령이 났다. 이 때 선생님이 나를 불러 방송국 직장이 있으니 교사직을 안 할 생각이 있으면 지금이라도 괜찮으니 양보하는 게 어떠냐고 나의 의사를 타진했다. 한 사람 제자라도 더 교직을 갖게 하려는 배려가 담긴 종용이었으나 끝내 뜻에 응하지 못해 아쉬움이 남는다. 하기사 이 때 양보하지 않아 후에 경기고 교사로 부임할 수 있었다.

1981년, 해암 고희기념 논문집에 '스피치 음성 표현의 유형 분류'라는 나의 논문이 게재될 수 있어 다소나마 위안이 된다. 방송에 종사하는 한편 계속 국어학 연구의 미련을 버리지 못하다가 '스피치' 분야에 눈이 번쩍 띄여 학문하는 길에 들어섰다.

석사 과정에 들어가 도남 조윤제 박사를 스승으로 모시고 '국어교육의 당면 문제', '국문학 개설', '국문학사' 등을 연찬하고, '스피치 교육의 역사적 진전 소고'로 학위를 성균관대에서 받았다. 이 때 심사위원 세 분이 앞으로 박사 논문을 쓸 때 우리 나라 자료를 섭렵하고 써 보는 것이 어떠냐는 조언을 들려주었다. 하여 박사 과정을 국어학으로 결정하고 중앙대에서 정인섭 박사의 지도를 받아 음성학의 소양을 쌓게 된 것이 이 무렵이다. 30년 아나운서 직을 수행하며 그 때마다 당면하는 문제가 '국어발음'인데 이 방면의 기준서가 거의 전무한 실정이었다. 그러나 부분적으로 음운 관련 논문은 더러 나와 있었다.

관형격 조사 /의/를 [에]라고 발음해야 한다는 사실을 방송에서 처음 알았다. 국어과 전공 학생이 어째서 현대 표준발음을 모른 채 역사적 음운 변화만 배웠느냐는 신랄한 비판의 소리를 들었어도 나는 일단 유구무언일 수밖에 딴 도리가 없었다. 하기는 국어 어문의 새 규정이 제정 공표된 것이 1988년 이후의 일이요, 더욱이 표준 발음법은 이 때 처음 선을 보인 것이 아닌가. 왜 /의/를 [에]로 발음하는가 하고 의문을 제기할 당시 분위기가 아니어서 나는 다만 이 때 '표준 한국어 발음사전'을 단독으로 편찬해 보리라 속으로 다짐할 뿐이었다.

그러다가 1판, 1962년 정부에서 출간하고 수록 표제어 수가 5천, 2판, 1984년 KBS에서 출간하고 수록 표제어 수가 8천 5백, 3판, 1992년 집고당에서 출간하고 수록 표제어 수가 만, 4판, 대폭적인 개정 증보로 2001년 민지사에서 신판을 출간하고 수록 표제어 수가 6만 5천에 이른다. 5판, 외래어 표기와 실제 발음에 괴리 현상이 보여 이를 현실에 맞게 바로잡고, 일부 방송인이 표기와 발음의 차이를 인식하지 못하고 표기대로 발음하는 극히 자연스럽지 못한 현상이 발견되어 이를 정확히 반영하는 한편 신어 천여 개를 보충하여 최신 증보판을 냈다. 방일영 문화재단이 재정지원을 하고 문화부가 우수 학술도서로 정해 주니 기쁘기 그지없다.

'고등학교 화법', '방송통신대 국어화법', '신국어화법론', '화법개설' 등 화법 관련 저서를 쉬지 않고 출판한 끝에 1998년 한국화법학회를 발기 창립하였다. 잠시 뒤를 돌아보니 그 근원이 해암 김형규 박사의 지도 때문임을 깨닫고 새삼 선생님에게 머리를 조아리게 된다.

초대 국어연구소장 김형규 선생님

정 준 섭(丁濬燮)
전 문교부 국어편수관, 문학박사, 국어교육과 61학번(18회)

1. 머리말

선생님께 들은 강의 중, 지금도 기억에 생생한 것이 "국어사 연구"이다. 물론 학점도 A를 받았다. 또 선생님의 회갑연이 의대 구내에 있는 함춘원에서 열렸는데, 그 때 내가 학생으로서 축시를 낭독하였다. 어른이 되어서의 인연은, 내가 문교부에서 국어과 편수업무를 담당하고 있을 때, 선생님을 초대와 제2대(1984. 3~1988. 3) 국어연구소장으로 모시게 된 것이었다. 1985년 정초 선생님 댁에 세배를 갔다가 정우상 선배님의 충고에 따라 첫 자식을 서울교대에 진학시킨 것도 내 기억을 새롭게 한다.

지금은 어문정책을 문광부에서 담당하고 있지만, 1990년 문화부가 새로 생기기 전까지는 문교부 편수국의 국어편수관이 그 실무를 담당하고 있었다. 물론 형식적으로는 문교부의 편수국장(후에는 편수총괄관 또는 편수관리관)이 대외적으로 그 책임자였지만, 대부분의 경우 편수국장은 국어 전문가가 아니었다. 그랬기 때문에 국어편수업무 담당자가 국어과

교육과정과 교과서편찬 업무 외에 어문정책에 관한 업무도 실무책임을 지고 있었다. 물론 국어심의회와 그 심의회 소속의 전문위원들의 도움(후에는 국어연구소)을 받아 일을 처리하였지만, 정책을 계획하고 입안하고 확정하는 일, 또 그 확정된 정책의 시행과 그 결과에 따른 책임 등은 국어편수관의 몫이었다.

해암 선생님께서 국어연구소장으로 재직하시는 동안에 오늘날 사용되고 있는 한글맞춤법과 표준어규정을 고시(1988년 1월 고시, 1989년 3월1일 시행)할 수 있었다. 1968년부터 시작된 표준말 및 어문관계 표기법 사업이 20년 만에 그 결실을 보게 되었던 것이다. 그것이 해암 선생님의 국가에 대한 마지막 봉사이었다.

이제 선생님께서 돌아가신 뒤, 10년이 지나 '추모문집'을 발간하다고 한다. 여기에 선생님의 땀과 열정이 배어 있는 한글맞춤법과 표준어규정 등의 고시, 그리고 초대 연구 소장이셨던 국어연구소 설립의 뒤에 숨어 있는 이야기를 밝혀, 기록으로 남겨두는 것도 뜻있는 일이 될 것 같다.

2. 한글맞춤법과 표준어규정안 연구

1968년 10월 대통령의 '알기 쉬운 표기 방법'을 연구하라는 지시로 시작된 소위 표준말 및 표기법 관계 어문정책 사업은 문교부 장관의 자문기관이던 '국어심의회'를 중심으로 1970년 2월부터 본격적으로 시작되었다. 1979년 12월에 이르러 최종 시안까지 마련되었으나, 10.26 박정희 대통령 시해 사건 등의 정치적, 사회적 혼란 상황으로 확정이 보류되었다. 당시 국어편수관은 최현섭이였다. 79년 안의 심의위원과 전문위원은 다음과 같다.

* 위원장 허 웅(서울대 교수), 위원은 장하일(전 국어조사연구위원회 주간), 이응백(서울대 교수), 이기문(서울대 교수), 이용주(서울대 교수), 김민수(고려대 교수), 유창균(한국정신문화연구원 어문연구실장), 이현복(서울대 교수), 홍웅선(연세대 교수), 김석득(연세대 교수), 서정범(경희대 교수), 김성배(동국대 교수), 이병호(한국교육개발원 도서개발 조정실장), 정재도(소년 조선 주간), 박용규(서울신문 편집 부국장).

* 전문위원: 지춘수, 이주행, 전철웅.

1981년 5월에 이르러 어문 표기법 개정사업을 학술원으로 이관하였다. 10년이나 걸려 마련된 이 79년 안이 그대로 공포 실시되기에는 여러 미비점이 있다는 학계의 여론 때문이었다. 학술원은 1982년 1월 인문과학부의 제2분과회 회원을 중심으로 어문연구위원회를 구성하고 그 밑에 3개 소위원회(맞춤법, 표준어, 외래어 · 로마자 표기)를 두어 79년 개정안을 검토 수정토록 하였다. 그리고 1984년 12월에 이르러 학술원은 어문 표기법 개정사업 결과보고를 문교부에 하였다. 이 때, 문교부의 어문정책 담당 국어편수관은 최현섭(1982년 2월까지)과 이상용(82년 3월부터 83년 2월까지)이었고, 1983년부터는 정준섭이 1990년에 새로 생긴 문화부로 어문 정책 업무가 넘어갈 때까지 담당하였다. 학술원의 심의기관인 어문연구위원회와 소위원회의 위원과 전문위원은 다음과 같다.

* 어문연구위원회 위원장 심종섭(학술원 회장), 위원은 여석기(고대 교

수, 학술원 정회원), 이희승(학술원 원로회원), 정인승(학술원 원로회원), 손우성(학술원 원로회원), 권중휘(학술원 원로회원), 이숭녕(학술원 원로회원), 김형규(학술원 원로회원), 차상원(학술원 원로회원), 차주환(학술원 원로회원), 김동욱(학술원 정회원), 조성식(학술원 정회원), 강두식(학술원 정회원), 정명환(학술원 정회원), 이기문(학술원 정회원), 김완진(학술원 정회원).

* 맞춤법 소위원회 위원장 이기문(학술원 정회원), 위원은 이희승(학술원 원로회원), 정인승(학술원 원로회원), 김형규(학술원 원로회원), 홍웅선(덕성여대 학장), 허웅(서울대 교수), 이응백(서울대 교수), 이병호(한국방송통신대 교수).

* 표준말 소위원회 위원장 김동욱(학술원 정회원), 위원은 이숭녕(학술원 원로회원), 정명환(학술원 정회원), 이익섭(서울대 교수), 이현복(서울대 교수).

* 외래어 및 국어의 로마자 표기법 소위원회 위원장 여석기(고대 교수, 학술원 정회원), 위원은 차주환(서울대 교수 학술원 정회원), 강두식(서울대 교수, 학술원 정회원), 조성식(고대 교수, 학술원 정회원), 박옥줄(서울대 교수), 남기심(연세대 교수).

전문위원: 강수길, 정제문, 권인영, 김기혁, 한영균, 강창석.

1984년 5월 '국어연구소'가 문을 열었다. 그리고 초대 소장으로 해암 김형규 선생님께서 부임하시었다. 문교부에서는 한글맞춤법 및 표준어규정 문제가 건국 후 최초로 국책사업으로 다루어지며, 국민의 언어생활 및 문화활동에 막대한 영향을 끼치게 될 것이므로 신중에 신중을 기하지 않을 수 없었다. 그래서 학계, 언론계 등 일반의 여론을 재수렴하여 '국민적 합의'를 얻을 필요가 있었다. 그리하여 1985년 2월에 이 사업을 국어연구소에 위촉하였다. 국어연구소에서는 맞춤법 개정안 심의위원회와 표준어 개정안 심의위원회를 구성하여 '한글맞춤법통일안', '79년 개정안', '84년 학술원 개정안'을 검토·심의하였다. 1987년 4월에 '한글맞춤법 개정안'과 '표준어 개정안'이 완성되자, 이 두 안을 널리 알려 국민의 여론을 듣고자 언론기관의 보도를 통하여 세상에 발표하였다. 이러한 과정을 통하여 널리 국민의 여론을 수렴함은 물론, 동시에 사회 각계에서 이 방면에 관심과 식견이 높은 인사들의 검토를 받고자 각 관계 기관에서 추천된 인사들과 각 개정안 심의위원이 합동으로 검토위원회를 개최하였다. 그리고 여기서 합의를 못 본 문제의 조절을 위하여 조절위원회를 구성, 국어연구소의 최종안을 확정지었다. 국어연구소의 개정안을 만드는 데 참여한 분들은 다음과 같다.

* 맞춤법 개정안 심의위원회 위원장 김형규(국어연구소장, 87년 2월부터 위원장), 위원장 이기문(서울대 교수, 87년 1월까지 위원장), 위원은 김민수(고대 교수), 강신항(성균관대 교수), 이승욱(서강대 교수), 이용주(서울대 교수), 유목상(중앙대 교수).

* 표준어 개정안 심의위원회 위원장 이숭녕(백제문화연구원 원장), 위원은 김형규(국어연구소 소장), 남광우(인하대 교수), 이응백(서울대 교수), 이익섭(서울대 교수), 박갑수(서울대 교수), 이병근(서울대 교수).

* 검토위원회(각 개정안 심의위원이 아닌 사람의 명단): 〈학계〉 한글학

회 이사장 허웅, 서울대 어학연구소장 이현복, 〈교육계〉 잠동국민학교 교사 김맹규, 영동중학교 교감 이영위, 서울사대 부고 교사 한연수, 〈출판계〉 대한교과서주식회사 상무이사 이승구, 동아출판사 전무이사 장기영, 〈언론계〉 경향신문 교열부장 김유동, 동아일보 편집위원 안태양, 서울신문 논설위원 박갑천, 조선일보 논설위원 이홍우, 중앙일보 교정부장 조벽래, 한국일보 주간국 정리부장 정소문, 연합통신 출판국 연감부장 이민우, 한국교열기자회 회장 양사겸, 한국방송공사 방송위원 이규향, 문화방송국 아나운서실장 김용.

* 조절위원 명단: 김형규(국어연구소 소장), 〈학계〉 이현복, 〈교육계〉 한연수, 〈출판계〉 이승구, 〈언론계〉 안태양, 〈방송계〉 이규향, 〈맞춤법 분과〉 김민수, 유목상, 강신항, 〈표준어 분과〉 이응백, 남광우, 〈초청 학자〉 고영근(서울대 교수), 서정수(한양대 교수).

* 국어연구소 담당 연구원: 이은정, 김희진.

이렇게 하여 국어연구소는 1987년 9월에 '한글맞춤법 안' 및 '표준어규정 안'을 문교부에 보고 하였다. 문교부는 1987년 10월 23일부터 12월 3일까지 7차에 걸쳐 동 개정안을 국어심의회(한글분과위원회)에서 심의하여 확정하였다. 해암 선생님께서는 연구기관의 대표로서 회의에 참석하여 개정안의 작성경위 및 개요에 대해 설명하셨다. 그리고 12월 중에 그 시행안을 마련하여 1988년 1월 19일에 고시하였다. 개정안을 심의 확정하는 데 참여했던 국어심의회의 한글분과위원 명단은 다음과 같다.

* 위원장 이응백(서울대 교수), 부위원장 김석득(연세대 교수), 위원은 김계곤(인천교대 교수), 김민수(고대 교수), 김승곤(건국대 교수), 남풍현(단국대 교수), 서정수(한양대 교수), 성기철(서울시립대 교수), 안병희(서울대 교수), 이현복(서울대 교수), 이승구(대한교과서주식회사 상무이사), 김갑재(서울시교육청 장학사), 김용(문화방송 아나운서실장), 김유동(경향신문 교열부장), 박갑천(서울신문 논설위원), 안태양(동아일보 편집위원), 이규항(한국방송공사 방송위원), 이민우(연합통신 출판국 연감부장), 이흥우(조선일보 논설위원), 조벽래(중앙일보 교정부장), 진영생(한국교열기자회 회장).

해암 선생님께서는 국어연구소장을 하시면서, 당신과 다른 여러 의견들을 수렴하여 반영하시느라고 무척 고생하셨다. 특히 문교부 심의 기간 중에 국어연구소에서 올라온 몇 가지 사안들이 수정·보완되는 것을 보시면서 속상해 하시기도 하였다.

나도 문교부에서 어문정책 업무를 보면서, 깊이 깨달은 것은 학자와 행정가의 역할은 매우 다르다는 점이었다. 특히 국어에 관련된 업무를 담당한 행정가는 국어나 국어교육의 전문가이어야 하면서도 학자로서의 자기 학설을 주장하거나 고집하면 안 된다는 것을 알았다.

3. 국어연구소의 설립

해방 후 한글전용론과 국·한혼용론의 대립 갈등, 1950년대의 한글파동, 1960년대의 문법 파동, 1980년대 후반부터 1990년대 중반까지의 초등학교 국정 국어교과서 국한혼용 주장과 헌법소원 등은 우리의 국어생활을 크게 흔들었으며, 2세의 교육에도 여러 가지 어려움을 안겨 주었다.

이러한 국어문제는 나라의 정책적인 해결을 필요로 하지만, 그 밑받침이 될 전문적 연구는 국어 전문 연구기관에서 하여야 한다. 그러나 1984년 국어연구소가 설립되기 전까지는 비상설 자문기구인 국어심의회와 국어순화운동협의회 등만이 있어 사업의 계속성 및 일관성을 유지하기 어려워 국어편수관이 효율적인 어문정책을 시행할 수 없었던 것이다. 가령 프랑스의 한림원(교육성 소속)이나 영국의 언어과학연구소(교육과학성 소속), 일본의 국립국어연구소(문부성 소속)와 같은 연구기관이 있었더라면, 좀 더 빠른 시일 안에 통일된 어문정책을 시행할 수 있었을 것이다.

물론 우리나라에서도 오랫동안 뜻있는 학자나 관련 학회, 국어편수관 등이 국어연구소의 설립을 위하여 노력하였으나, 매번 작은 정부의 구현 또는 국가정책의 중요성 순위에 밀려 물거품이 되고 말았다. 그리고 문교부 내에서는 조직과 인사, 재정의 실권을 쥐고 있는 일반직의 협조를 받지 못하여 일의 추진에 진전이 없었다. 그러던 중, 내 선임자인 최현섭 교수와 만나 이런저런 이야기를 나누다가 편수관리관실의 김상동 서기관이 전문직에 대한 이해가 깊고, 한번 결심이 서면 철저히 뒤를 밀어준다는 반가운 소식을 들었다.

나는 결심을 하고, 김상동 서기관과 상담을 시작하였다. 1983년 내가 어문정책을 맡은 후였다. 나는 어문정책의 수립과 그 시행에 있어, 국어연구소가 얼마나 중요한가를 그분에게 진지하게 설명하였고, 한강에 다리를 하나 더 놓는 것보다도 우리 민족과 국가를 위해서 더 중요하다고 설득하였다. (당시에는 군사적 이유 등으로 한강에 다리를 건설하는 것이 국가정책의 우선순위라고 들었다.) 마침내 그분은 나의 설명에 동의를 하였고, 처음부터 정식 기구로 만드는 것은 어려우니, 학술원 내에 임의기구로 만들자고 하였다. 일단 만들어지면, 시일을 두고 정식 기구로 발전시키는 것은 그리 어려운 일이 아니라고 하였다. 그해 10월에 국어연구소 보조금으로 1억 4천여만 원을 확정하고, 1984년 학술원 인문과학 제2분과위원회를 중심으로 학술원 안에 임의기구인 국어연구소 설치에 대한 규정 및 사업계획을 논의하여 3월 학술원 임원회에서 국어연구소 규정을 통과시켰다. 이 규정에 따라 초대 국어연구소장으로 학술원 원로회원인 김형규 선생님을 선임하고 세부 사업 계획을 확정지었다.

이제, 해암 선생님이 돌아가신 지 벌써 10년이 지났다. 비록 임의기구였지만, 국어연구소를 설립하고, 해암 선생님을 초대 국어연구소장으로 모시는 데 있어 큰 공을 세웠던 편수관리관실의 김상동 서기관도 고인이 된지 22년이 되었다. 1984년 5월 10일 국어연구소 개소식이 끝나고 모두 헤어진 다음 김상동 서기관과 나, 그리고 편수관실에서 같이 국어과를 맡고 있었던 김갑재, 정귀생(편수관실 부임 순) 편수관이 근처의 중국집에서 고량주를 마셨다. 감기에 걸렸다는 김상동 서기관에게 억지로 술을 권했다. 달포 후, 나는 서울대 병원에서 간경화 증세로 입원했다는 김상동 서기관의 손을 붙들고, 그의 쾌유를 비는 기도를 간절히 하였다. 그리고 얼마 후에 그의 부고를 받았다.

국어연구소 현판식을 하면서 기뻐하시던 해암 선생님의 모습, 그 뒤에서 미소를 머금고 있던 김상동 과장의 모습이 함께 어른거린다.

해암(海巖) 김형규(金亨奎) 선생의 학문 세계

이 광 정(李光政)
경원대 국어국문학과 교수, 국어교육과 61학번(18회)

1. 서론

해암(海巖) 김형규(金亨奎)(1911-1996. 12) 선생은 원산 출생으로 고향에서 보통학교와 중학교를 졸업하고 서울로 유학하여 '경성제국대학 법문학부 조선어문학과'를 1936년에 졸업하였다. 그해에 전주사범의 교유(敎諭:교사)로 취임한다. 이후 고려대학교에서 8년간, 서울대학교 사범대학에서 24년간 교수로 봉직하였다. 평생을 교육에 헌신한 성실한 교육자이며, 국어학 분야의 연구에 선편을 잡은 뛰어난 국어학자이다.[1)]

정년 후에도 대학 강단에서 강의는 물론 학술원회원으로, 초대 국립국어연구소장으로 활약한 업적은 선생의 말년을 장식하는 또 하나의 영예가 된다.

---

1) 일본인의 손으로 세워진 경성제국대학 조선어문학과는 1930년부터 광복이전까지 여러 인재들을 배출하였다. 국어학자로 입신한 사람은 李熙昇, 李崇寧, 方鍾鉉, 金亨奎(졸업순서) 등을 손꼽을 수 있다. (고영근 2001.15-18)

선생의 생애는 간략한 연보에서도 살필 수 있듯이 교육자로서, 학자로서 일관한 순편하면서도 성공적이며 명예로운 일생이었다고 할 수 있다.

> …진정한 행복! 이것을 나는 해암형에게서 발견한다. 석숭(石崇)의 부는 없다 할지라도, 그러나 조석을 난기(難期)할 지경은 아니다. …곽자의(郭子儀)의 자복(子福)에는 미치지 못한다 할지라도 그러나 오남(五男)의 용과 봉을 슬하에 거느리고 있다. 이 위에 금슬이 진진한 현부인의 반려를 해우하고 있음에랴. …(중략)… 이밖에 해암형이 누리는 또 한 가지 복이 있으니, 그것은 형의 인격을 숭앙하고 형의 학통을 이어 받드는, 제자・후배 또는 동료들의 편편 주옥같은 논문집의 증정이다.
>
> (「김형규박사송수기념논문집」序 이희승 1971년)

그러나 일제의 강점기를 살아가야 했던 다수의 식민지 백성 중에서도 첨단의 식민지 교육을 받은 소수의 지성인인 해암. 그리고 6. 25동란이란 민족분단의 격랑기를 살아야 했던 교육자로서의 해암 선생의 시련은 결코 작은 것이 아니었을 것으로 짐작할 수 있다.

선생은 1939. 7 조선일보에 발표한 "조선어의 과거와 미래"라는 글[2)]로 인하여 전주사범의 교유직을 파면 당한다. 당시 일제강점기에 나라를 걱정하는 우국지사들이 국내외에서 군사적 무력항쟁을 하였듯이, 비록 식민지교육을 받았을지언정 뜻있는 엘리트 지성인들은 여러 가지 방법으로 민족혼을 지키는 일에 혼신의 노력을 기울이던 시대였다. 선생은 "우리어

---

2) 해암의 졸업논문은 "조사 '의'의 연구"다. 김형규는 "조선어의 과거와 미래"(1939)를 통하여 국어사 전반에 대한 이해체계를 세웠다.(고영근 1995.16) 그러나 이 논문으로 인하여 전주사범 교유직을 파면 당한다.

문연구회" 란 모임 아래 우리말과 글을 지키는 학문적 노력으로 구국의 대열에 일원이 되었다고 하겠다.

해방 후인 1946년에는 모교인 원산중학교를 재건하여 교장으로 취임한다. 이후 공산주의에 반대하는 신탁통치반대운동을 펼치다가 체포되어 1개월간 옥고를 치르고는 월남하게 된다. 이는 선생의 자유민주주의적 사상을 짐작케 하는 대목이다.

"일제의 발악이 극도에 달하여 압박은 날로 심해지고, 내가 맡은 조선어 시간도 깎고 줄어들어 이제는 그 명이 풍전등화같이 깜박거리고 있을 때, 학교에 가는 것이 마치 전쟁터에 나서는 심정이요, 시간에 들어가면 울분을 참기 어려웠던 그 때 일이다. 우리말, 우리 글자만을 가르치는 것이 목적이 아니요, 어떻게 하면 빼앗긴 조국과 민족의 운명을 깨닫게 하고, 또 그를 사랑하는 마음을 북돋아 줄 수 있을까 하는 생각에서 가끔 옛 시조와 또 시도 적어 주고 가르쳐 준 일이 있었다. …(중략)… 20년 전 조국을 잃은 백성이 마음속에 숨은 슬픈 뜻을 붙여보던 고향의 시가, 조국을 찾은 오늘날 정말로 고향을 빼앗긴 사람의 슬픈 시로 바뀌어 질 줄은 몰랐었다. 잃어버린 고향! 쪼개진 조국! 갈라진 겨레의 운명!

(수필 '고향은 생각해서 무엇하리' 중에서)"

이후 선생께서는 경성제국대학을 나온 엘리트로서 국어사와 관련된 수많은 학문적 업적을 이룩하게 된다. 그의 연구는 순수학문적인 상아탑적 연구에만 몰두한 것이 아니라 국어교육 및 어문정책에도 앞장서서 실천한 분이었다. 국어과 관련 심의위원으로 16년이 넘게 국어교육의 방향을 제시하였고, 교육과정심의위원, 출제위원 등 각종 국어 관련 위원으로 활약한 공로는 지대한 것이다. 24년간 서울대학교 사범대학에서 한국어교육을 실천하는 일꾼을 길러낸 것도 큰 공적의 하나라고 하겠다.

2. 간략한 연보

1911. 7. 21.(음) 함경남도 원산 출생

1920. 4.~1926. 3. 원산 제일보통학교 졸업

1926. 4.~1931. 3. 원산중학교 졸업

1931. 4.~1933. 3. 경성제국대학 예과 문과 수료

1933. 4.~1936. 3. 경성제국대학 법문학부 조선어문학과 졸업

1936. 6. 전주사범 교유에 취임

1939. 7. 조선일보에 발표한 "조선어의 과거와 미래"로 인하여 교유직을 파면 당함.

1945. 9. 원산중학교 교장에 취임

1946. 1. 반탁운동으로 말미암아 1개월 간 투옥과 동시에 위의 직을 파면 당함.

1946. 3.~54. 8. 고려대학교 교수

1952. 5.~76. 8. 서울대학교 사범대학 교수

1979. 11. 서울대학교 명예교수

1952. 10.~1961. 중학교 및 고등학교 국어과교원자격시험위원

1953. 5.~1958. 4. 한글학회 이사

1953. 7.~1969. 12.까지 4차례에 걸쳐 국어심의회위원

1962. 10. 문교부 학교교육문법통일 제정위원회위원

1967. 8. 하와이 소재 미국동서문화연구소(East-west Center)초청 특별연구원으로 10개월간 연구.

1968. 3.~4. 미국필라델피아에서 열린 국제동양학자회의에 참석. 11월에 한글전용 연구위원회 위원으로 임명

1969. 1. 서울대학교 Harvard-Yenching Institute의 New program위원에 임명

1963. 3. 삼일문화상을 수상

1973. 12. 정부로부터 동백장을 수여

1974. 9. 학술원상 "한국 방언 연구"

1970. 7. 학술원회원

1981. 8. 학술원 회원 재임용

1984. 3. 초대 국어연구소장 취임

1986. 3. 2대 국어연구소장 취임

1988. 3. 국어연구소장 사임

3. 연구업적

1) 저서(내용별)

(1) "국문학개론" 구자균 손낙범 김형규 (1948) 일성당서점

(2) "국어학개론" (1949) 일성당서점

"개정국어학개론" (1962, 1971) 일조각

"증보판 국어학개론" (1975) 일조각

(3) "국어학사" (1954) 백영사

"국어사" (1955. 3) 백영사

"국어사연구" (1962. 4) 일조각

"증보국어사연구" (1969, 1978) 일조각

"국어사개요" (1975. 8) 일조각

(4) "고가주석" (1955. 8) 백영사

"고가요주석" (1965) 일조각

"고가요주석" (1968. 8) 일조각

(5) "한국 방언 연구" (1980) 서울대 출판부 (5종 13권)

2) 논문(연대순)

'자음동화 연구' (1946. 9) "한글"97

'훈민정음과 그 이전의 우리 문자' (1947. 3) "한글"99

'겸양사 연구' (1947. 10) "한글"102

'ㆁ, 음고' (1948. 3) "조선교육"Ⅱ-3

'ㅸ음고' (1948. 5) "조선교육"Ⅱ-4

'ㅿ음고' (1948. 6) "조선교육"Ⅱ-5

'삼국사기 지명연구' (1949. 6) "진단학보"15

''용가(龍歌)', '월인(月印)'에 있는 '니'에 대하여.'(1950. 1) "어문"Ⅱ-1

'주격토 '가'에 대한 소고' (1954. 11) "최현배선생환갑기념논문집"

'국어에 나타난 사회성' (1954. 4) "한글" 108

'정읍사 주석' (1955. 6) "서울대논문집(인문사회)"2

'한글의 본질' (1955. 10) "한글 112"

'일본인의 한국어 연구'(1956. 1) "국문학(고대)"1.

''계집'에 대하여'(1956. 10) "한글" 119

'묵음화현상'(1957. 12) "일석이희승선생송수기념논총"

'구개음화의 연구' (1959) "서울대논문집" 9

'겸양사와 '가' 주격토 문제'(1960. 2) "한글" 126

'국어학에서 본 문헌상 몇 가지 문제' (1961. 9) "서지"Ⅱ-1

'국어 강음화 현상에 대한 고찰'(1961. 10) "국어국문학"24

'오/우 삽입모음고'(1961. 11) "조선학보" 21-22

'겸양사 문제의 재론'(1962. 5) "한글"129

'ㆆ 말음체언고'(1963. 5) "아세아연구"Ⅳ-1

'경상남북도 방언연구'(1964. 10) "서울대논문집(인문사회)"10

'고전교육의 문제점'(1965. 9. 30) "새국어교육"회보7 한국국어교육학회

'고전해독의문제점－악학궤범을 중심으로'(1966) "이하윤선생화갑기념논문집"

'국어품사분류의 문제점'(1968. 6) "이숭녕박사송수기념논문집"

'Modernization of the Korean Language in the Light to the Experiences of the Japanese, Chinese and the Other Countries'(1968. 12) "아세아연구" Ⅵ-1 / '제주도 방언'(1971. 1) "국어교육연구"2

'전라남도 방언 조사연구'(1971. 10) "학술원논문집"10

'충청남북도 방언연구'(1972. 11) "학술원논문집"11

'경기, 강원도 방언연구'(1973. 11) "학술원논문집"12

'국어조어연구'(1974. 9) "학술원논문집"13

'경상도방언과 함경도방언'(1975. 6) "김계숙 박사 고희기념논총"

'국어경어법연구'(1975. 6) "동양학제5집"

'표준말 및 어문관계 표기법 개정안의 문제점'(1981. 5) "세종대학논문집"8

(총 34 편)

4. 학문 세계의 재조명

선생은 생전에 많은 학문적 업적을 남기었다. 5종의 저서에 증보에 증보를 거듭하여 13권의 독창적인 저서를 남기었고, 국어를 위주로 하여 크고 작은 43편의 논문을 남기었다. 학문 외적으로 수필집도 4권을 남기었다.

선생의 대표적인 학문 분야는 우리말의 역사에 관한 '국어사'다. 이 '국어사'를 구체화하는 연구로 '고어연구'와 '방언연구'에 많은 심력을 기울였다. '고어연구'가 문헌에서 잠자는 국어의 역사라면 '방언연구'는 살아 숨쉬는 국어의 역사다. 선생의 학문 세계를 기술의 편의상 대략 5가지로 분류하여 검토하기로 한다.

1) 국어사 2) 음운 및 문법연구 3) 방언연구 4) 국어학 개론 5) 국어교육 및 어문정책. 이들에 관한 구체적인 논의는 지면 관계로 자세히 논의할 수 없다. 대표적인 것만 살피기로 한다.

1) 국어사

우리 국어사와 관련하여 처음으로 연구하기 시작한 것은 일본인 학자이고 이들의 뒤를 이어 더욱 발전시킨 분은 해암이다. 고영근(1995)에 의거 당시 학계의 국어학 연구사를 살펴보자.

> "오구라 신페이(小倉進平)는 「조선방언의 연구」(1944)에서 우리의 방언을 조사하여 음운, 문법, 어휘에 걸쳐 연구하였는데 이는 한국어의 역사적 연구를 뒷받침하는 것이었다. 그의 뒤를 이어 고노(河野六郎)는 「조선방언학시고」(1945)를 통하여 한국어방언학을 언어지리학적방법으로 정립시키게 된다. 이들의 뒤를 이어 이론과학으로서의 국어학연구의 역할을 수행한 사람은 식민지 시대 경성제국대학에서 학문적 터전을 닦은 이희승, 이숭녕, 방종현, 김형규 등이다." (고영근 1995. 14-18)…김형규의 졸업논문은 "조사 '의'의 연구"이고, 뒤에 나온 "조선어의 과거와 미래"(1939)를 통하여 국어사 전반에 대한 이해체계를 세웠다. 김형규는 「국어학사」(1954)를 내었지만 내용은 국어사적 내용이 대부분이었다. '국어사'란 이름을 주는 것이 옳다고 하겠으나 이전의 「조선어학사」, 「조선문자급어학사」, 「한글갈」, 「훈민정음통사」, 「정음발달사」 등과 비교해 보면 " '국어학사'란 이름을 붙인 것만 해도 커다란 발전이 아닐 수 없다."

국어사는 선생의 학문 영역의 대표적 분야다. 단행본으로 4권이 출간되었는데 이 중 대표적인 것이 "증보국어사연구"(1969)이다.[3] 이는 1962년의 "국어사연구"를 증보한 것으로 선생의 그 동안의 학문적 업적을 집대성한 역작이다. 이 책의 학문적 의의는 이희승 선생의 서문에 잘 나타나

3) 「국어학사」(1954) / 백영사 「국어사」(1955) 백영사 / 「국어사연구」(1962) 일조각 / 「증보국어사연구」(1969) 일조각 / 「국어사개요」 (1985) 일조각

있다.

"이 호한(浩瀚)한 저서는 〈국어어휘의 역사적 연구〉가 본저로 되고, 〈국어변천 문제 논고〉와 〈국어사 개설〉이 부편으로 되어, 국어의 통시적 고찰을 다각적으로 천명하였다. …(중략)… 저자의 독보적인 창견(創見)이 다다(多多)하므로 우리 국어학 개척에 있어서 김 교수의 공이 큰 것은 아무도 부인할 수 없을 것이다."

이 책의 내용은 세 부분으로 되었다. 이들 내용의 목차를 보면 선생의 국어사에 관한 관심주제와 연구의 업적을 쉽게 개관할 수 있다. 먼저 목차를 살펴보자.

Ⅰ. 국어어휘의 역사적 연구

1. 서론 : /남방계언어와 북방계언어/
2. 음운탈락에 의한 어형변화 : /어간 ㄱ음의 약화탈락/어간 ㅂ음의 약화탈락/어간 ㅅ음의 약화탈락/어두자음군의 형성과 강음화 현상/ㅎ말음 탈락현상/어말모음탈락현상/
3. 국어외형의 변화:/어휘 장형화 현상/접미사와 복합어/한자어 침투와 소멸어휘
4. 어휘의미의 변화 :/어의변화에 대한 고찰/가족 · 인척관계 어휘/

Ⅱ. 국어변천 문제 논고

1. 히아투스(Hiatus) 회피현상
2. 구개음화고
3. '-오/-우'삽입모음고

4. '가'주격토에 대한 고찰

5. 겸양사고

6. 고전문학 주석에 대한 문제

7. ㆆ말음체언고

8. 경상남북도 방언연구

Ⅲ. 국어사 개설(시대구분을 주로 해서)

1. 총론

2. 상고어(신라시대)

3. 중고어(고려시대)

4. 중기어(이조전기)

5. 근개어(이조후기)

6. 현대어

이들 세 분문 가운데서 가장 비중을 둔 부분은 제 일편이다.

우리말 어휘의 변천을 규명하는 데 있어 세 가지 관점을 염두에 두었다고 하였다.

(1) 언어 일반적 변천 현상과 어떤 대조를 이루고 있는가.

(2) 비교적 관점에서 우리와 같은 계통이라고 생각되는 Altai 제어와 어떤 대조를 보이는가.

(3) 언어는 그 사회의 반영이라고 하는데, 국어어휘가 형성변천해온 역사적 현상과 우리 사회의 형성변천해온 과정과 어떤 대조를 보이는가.

즉, 이들 연구는 한국어어휘 자체의 변천을 규명하는 데 그치는 것이 아니라, ① 일반언어학이나 알타이어 연구에 도움이 되는 자료를 제공할 수 있다는 믿음과 ② 역사학·사회학·경제학 등 여러 사회과학에서, 언어를 통해 우리 사회의 역사적 변천 사실을 파악하려는 노력에도 도움을 주고 싶다고 부가적인 연구목적을 밝히었다.

위의 내용 가운데 세 가지 주제에 대해서만 간략히 살펴보기로 하겠다.

첫째, 우리 국어의 형성과정인 〈북방계와 남방계언어〉에 대한 것이다.

이 논문에서는 고대어를 규명하기 위해서는 문헌연구도 중요하나, 고대어의 흔적을 많이 간직하고 있는 지명연구의 중요성을 역설하였다. 지명연구의 중요성과 원칙은 뒤에 "삼국사기의 지명연구"에서 더욱 구체화된다. 북방계인 고구려 언어는 만주-퉁구스어에 가깝고, 남방계인 신라어는 한민족(韓民族)어라는 결론이다. 사실을 규명하지 위하여 지명접미사 〈忽 : 홀, 골 火: 벌, 夫里 :부리〉를 통하여 증거사례를 들고 있다. 그뿐 아니라 고구려 지명에 많이 나타나는 〈奴·內·惱〉의 용례를 검토함과 함께 함경도, 평안도 방언에 나타나는 고구려어의 북방계적 특성을 여러 가지를 예시하고 있다. 이들의 예증으로 여러 문헌에서 나타나는 사실들과 방언에 나타나는 수많은 사례들을 지방에 따라 면밀하게 예시하고 있다. 또한 람스테트(Ramstedt) 저서의 용례와 이론에 근거하여 알타이제어, 특히 퉁구스-만주어와의 근친성을 밝힌 주요논문이다.

둘째, 〈음운탈락에 의한 어형변화〉는 가장 많은 지면과 노력을 기울인 핵심논문이다. 이 논문의 핵심은 "모음이나 개음 사이에 있는 자음이 약화 되어가는 것은 언어 일반적 현상이다. 그 예로 라틴어에 〔p,t,k〕가

약화되는 현상이 있다."는 블룸필드(Bloomfield)(1933, p.374)의 주장을 우리 한국어에 원용한 논문이다. 우리 한국어에는 [ㄱ,ㅂ,ㅅ] 음이 모음이나 개음사이에서 약화 탈락하는데, 소노리티(sonority)가 큰 ㄱ에서 시작하여 ㅂ과 ㅅ의 순서로 진행이 되었다는 논지다. ㄱ의 경우는 고려시대에 이미 약화현상이 끝났고, ㅂ은 세종·세조 때에, ㅅ은 임진란 때에서야 끝났다고 하였다. ㅂ의 약화로 과도음이 ㅸ이고, ㅅ의 약화된 과도음이 ㅿ이라고 설명하고 있다. 이들 주장은 모두 타당한 것으로 판단된다.

이러한 이론적 근거는 그동안 우리 학계에서 많은 논란을 불러왔던 이른 'ㅎ말음체언'의 문제도 자연스럽게 설명할 수 있는 근거가 된다. 즉 과거로 거슬려 갈수록 많았던 'ㅎ'음이 개음절 사이에서 일찍이 약화탈락을 끝냈고, 현재에도 표기상으로는 존재하는 'ㅎ'음이 개음사이에서 묵음되는 것이 일반적 현상이라고 설명할 수 있다.

소창진평 ("조선방언의 연구" 하권 91-124)에서 우리말 방언에 나타나는 'ㄱ'음은 히아투스(Hiatus)를 회피하기 위한 ㄱ음의 개입으로 설명하고 있는데 잘못된 결론임을 쉽게 알 수 한 논문이다. 이는 개별언어의 변천도 언어일반현상의 변천과 관련하여 규명해야 한다는 주장을 입증한 논문의 하나라고 하겠다.

셋째, 언어현상이란 한 방향으로만 진행되는 것이 아니고, 역류되어 교차 진행하는 형상이 있다는 원리에 따라 진행된 연구가 '국어어휘의 외형의 변화'라 할 수 있다. 이들 현상에 대표적인 논문의 하나가 "어휘 장형화 현상"이다.

해암은 블룸필드(Bloomfield)와 방드리에(Vendryes)와 예스페르센(Jespersen)

의 아래와 같은 주장을 바탕으로 하여 국어어휘의 축소와 장형화에 대하여 논하고 있다.

> "인간의 언어의 변해가는 커다란 경향의 하나는 노력을 절약하려는 경제적 본능에 의한다."
>
> —Bloomfield (1933: 370-391)
>
> "언어는 1음절어가 되면 어형이 불안정하고 또 동음어가 되기 쉬워 이를 피하기 위하여 어형을 길게 하려는 경향이 있다."
>
> —Vendryes (Languagep: 53,213)
>
> "언어의 어휘는 처음엔 다음절어로 된 장형에서 단형의 길을 걸어왔다."
>
> —Jespersen (Language: 53, 213)

국어의 음운변화 현당은 대부분 어휘외형을 축소시키는 방향으로 진행되어 왔다고 하고 그 근거로 "① 음절사이의 ㄱ ㅂ ㅅ 또는 ㄷ 자음의 약화탈락현상 ② Hiatus를 피하기 위한 모음의 축약 ③ '-개'접미사와 ㅎ 말음의 탈락 ④ 말음 모음의 약화탈락 ⑤ 어두자음군의 형성"을 들고 있다. 어형의 축소는 결국 단음절의 어휘를 이루게 되어 불안정하게 되는데, 이를 극복하기 위하여 다시 장형화된다는 것이다. 그 원인을 어휘의 이면성(二面性), 즉 어휘의 형식과 내용으로 설명하고 있다. 어휘의 형식인 음운이 줄어들어 짧아지는 편리함 대신 여기에 담기는 의미가 단음절어에서는 불완전하기 때문에 반발을 일으켜, 어형의 보강현상 즉 어형의 장형화 현상이 일어난다는 것이다. 아래와 같은 예들을 출전과 함께 밝히고 있다.

"굴→구들, 결→물결(波), 긷→기둥, 노→노끈(繩), 담→담뇨(氈褥),돗→

돗자리(席), 돝→돼지(豚), 말→말뚝(橛), 물→무리(群), 벽→벽돌(煉瓦), 보→들보(樑)언→언덕(堤), 오히양→외양→외양간, 울→울타리, 잇→이끼, 쟐→자루, 채→채찍, 톱→손톱, 발톱, 낟다→나타나다, 엿다→엿보다, 들다→들어가다, 디다→떠디다→떨어지다, 닐다→일어나다, 뭋다→마치다, 밋다→미치다, 앗다→빼앗다, 업시우다→업수이 너기다, 므르다→물러가다, 일→일즙→일찍이"

이들 언어변화의 이론적 근거로 블룸필드(Bloomfield) (1933:370-391)의 "인간의 언어의 변해가는 커다란 경향의 하나는 노력을 절약하려는 경제적 본능에 의한다."와 예스페르센(Jespersen) (Language, 53, 213)의 "언어의 어휘는 처음엔 다음절어로 된 장형에서 단형의 길을 걸어왔다."는 주장과 방드리에(Vendryes) (Languagep: 53,213)의 "언어는 1음절어가 되면 어형이 불안정하고 또 동음어가 되기 쉬워 이를 피하기 위하여 어형을 길게 하려는 경향이 있다."를 들고 있다. 이들 주장에 근거하여 국어어휘의 외형적 변형을 이 논문은 여러 가지로 중요한 의미를 가진다고 할 수 있다. 즉 해암의 연구는 언어일반론에 이론적 바탕을 두고, 문헌에 나타나는 사례의 고증과 방언연구를 논하여 실증을 하는 학문적 자세로 하여 한층 설득력을 갖는다고 할 수 있다.

2) 음운 및 문법연구

(1) 고시가의 주석

해암은 국어사를 해결하려는 한 방편으로 소실문자의 음운에 대한 연구를 비롯하여 고대시가에 대한 주석에도 많은 힘을 기울였다.

먼저 고대시가 부문에 대한 연구를 살펴보면 단행본으로 "고가주석"(1955)과 "고가요주석"(1968)이 있다.

고전문학의 주석은 고전 문학자에게 맡길 것이 아니라, 고어를 연구하는 국어학자들이 주석이 선행되어야 한다고 서문에서 밝히고 있다. "고가요주석"에 수록된 고가(古歌)는 ① '龍飛御天歌'와 ② "樂學軌範"에 수록된 시가 4편('井邑詞', '動動', '處容歌', '鄭瓜亭')과 ③ "樂章歌詞"에 실린 시가 14편('한림별곡', '서경별곡', '청산별곡', '쌍화점', '정석가', '가시리', '사모곡', '만전춘', '감군은', '능엄찬', '이상곡', '유림가', '신도사', '어부가')와 ④ '賞春曲', ⑤ "松江歌辭"의 시가 5편('관동별곡', '사미인곡', '속미인곡', '성산별곡', '장진주사'), ⑥ "蘆溪歌辭"7편('태평사', '사제곡', '누항사', '선상탄', '독락당', '영남가', '노계가'), ⑦ '農家月令歌' 등 모두 33편의 대표적인 시가에 대하여, 철저하게 전거를 제시하며 문법적 설명과 함께 어휘의 의미를 주석하고 있다.

이는 고전문학연구자들이 우리 고전을 해독하는 데 있어 자의적인 어구해석으로 시가의 본질을 그릇 해석하는 잘못을 바로 잡아주려는 것이 1차적인 목적이지만, 선생께서 가졌던 우리 시가에 대한 애정에서 이루어진 연구의 결과물이라고 생각된다. 선생께서는 국어학을 정통으로 하는 국어학자이지만 수필문학에 남다른 애정과 소양을 가지시어 수필가로도 일가를 이루었음은 널리 알려진 사실이다.[4)]

(2) 음운 연구

음운에 대한 연구는 '자음동화연구'를 시작으로 하여 소실문자(ㆁ,ㆆ,ㅸ,ㅿ)에 대한 음가의 규명과 변천과정을 상세히 밝히었다. 이어서 국어발전사에 나타나는 묵음화 현상, 강음화 현상, 구개음화 현상을 다양한 사례를 들어 심도 있게 밝히었다. 이 중에서도 '구개음화현상의 연구'는 통시적인 입장에서 구개음화 현상이 나타나는 과정을 상세히 밝힌 논문으로, 문헌연구와 더불어 방언에 나타나는 구개음화현상까지 자세히 조사한 논문이다. 관계논문은 아래와 같다.

'자음동화 연구' (1946. 9) "한글"97

'ㆁ, 음고(音考)' (1948. 3) "조선교육"Ⅱ-3

'ㅸ음고' (1948. 5) "조선교육"Ⅱ-4

---

4) ▶ 김형규(金亨圭, 1911～1996. 12. 6) 국어학자. 호는 해암(海巖). 함남 원산 출생. 경성제대 법문학부 졸업. 서울대 교수를 역임하였다. 1957년 수필 <버드나무>를 발표한 이래 계속 작품 활동을 하였으며, 심적 회오(悔悟)를 표현한 것들이 많다. 아울러 그의 수필은 체험을 통한 인생기록으로서의 성격이 강한데, 지은이의 개성이나 사람됨을 고스란히 드러내는 개성의 향취에 그의 수필의 묘미가 있다. 주요 저서에 ≪국어사 연구≫, ≪고가 주석≫이 있으며, 수필집에 ≪계절의 향기≫, ≪인생의 향기≫, ≪인정의 향기≫등이 있다.(인터넷 네이버에 수록된 내용임) 이 뒤에 타계하시던 해에 수필집 <세월이 가면> 출간함.

'ㅿ음고' (1948. 6) "조선교육"Ⅱ-5

'묵음화현상'(1957. 12) "일석이희승선생송수기념논총"

'국어강음화 현상에 대한 고찰'(1961. 10) "국어국문학"24

'구개음화의 연구'(1959) "서울대논문집"9

(3) 문법연구

문법관련 연구논문은 '가'주격토와 '겸양사'에 대한 연구가 대표적이다. '가'주격토의 문제를 맨 처음 제기한 것은 "최현배선생환갑기념논문집"(1954)에서다. 이를 시발점으로 하여 국어의 '가' 주격토의 문제가 여러 학자들에 의해 연구와 논의가 거듭되었다. 비록 고려가요 ('동동(動動)'과 '서경별곡(西京別曲)')에 '가'주격토가 존재를 주장한 오류는 있었으나 이는 훗날 '가'주격토의 용례 및 시기, 조건 등을 해결하는 단초를 제공한 논문으로 의의가 크다. 이후 주격토 문제는 겸양사와 더불어 "한글" 126(1960)에서 재론되고 논의는 마무리 된다.

심혈을 기울인 또 하나의 논문은 '겸양사' 즉 '국어경어법'에 대한 연구다. 해암이 처음 겸양사 문제를 제기함으로 인하여, 허웅, 안병희 등의 반론과 논의가 뒤따르게 된다. 선생의 주장은 우리말은 경의(敬意)의 표현이 중요한 언어요소이기 때문에 어사 또는 문법표현을 고찰함에 있어 마땅히 중요시 되어야 한다고 전제하고, 국어의 경어법 체계는 존대어·예사말·겸양어의 세 가지로 나누어야 한다고 주장하였다. /숩/ 형태소는 존대접미사 /시/ 에 대립되는 겸양접미사라고 하고 이른바 주체존대·객체존대·상대존재의 체계화를 주장하는 이론의 모순점을 지적하였다. 현재 정

론처럼 되어 있는 15세기 국어의 경어법의 체계인 주체존대, 객체존대, 상대존대의 개념은 존대와 겸양, 그리고 예삿말의 체계로 성립되어야 함을 촉구한 논문이다. 실제로 우리가 대화의 함에 있어서나 문장을 씀에 있어서 주체, 객체, 상대를 구분 인식하여 문법요소를 선택하기보다는 자기보다 손위의 사람에게는 존대와 더불어 스스로를 낮추는 겸양으로 표현하는 것이 더 일반적이고 합리적인 방식이다. 발화된 언어현상을 주체니, 객체니 상대니 하는 결과분석은 가능할지 몰라도 경어법 수행과정을 놓고 볼 때 무의미하다는 지적이다. 언어현실을 기반으로 한 현행의 체계처럼 15세기국어의 경어법체계에 대한 논의는 재론되어야 할 것이다.

이외에 문법과 관련된 논문들이 있다.5)

(4) 문자론 및 기타

문자론에 관한 논문으로 훈민정음 이전의 우리 문자 생활의 실상과 훈민정음의 우수성을 찬양한 논문 두 편이 있고, 지명연구의 방법을 밝힌 "삼국사기 지명연구" (1949)가 있다. 문헌연구의 문제점과 그 실제를 보여준 "정읍사 주석"도 국어사를 밝히려는 연구의 단면이다.6)

---

5) "겸양사연구" (1947. 10) 「한글」102 / "겸양사 문제의 재론"(1962. 5) 「한글」129 /"국어경어법연구"(1975. 6) 「동양학」 제5집 "'용가(龍歌)', '월인(月印)'에 있는 '니'에 대하여." (1950) 「어문」Ⅱ-1 "오/우 삽입모음고"(1961) 「조선학보」21-22/"ㅎ 말음체언고"(1963. 5) 「아세아연구」Ⅳ-1 / "국어조어연구"(1974) 「학술원논문집」13

6) "훈민정음과 그 이전의 우리 문자" (1947) 「한글」99 / "한글의 본질" (1955) 「한글 112」/ "정읍사 주석" (1955) 「서울대논문집(인문사회)」2 / "국어학에서 본 문헌상 몇 가지 문제" (1961) 「서지」Ⅱ-1

선생께서는 일찍부터 언어의 사회성, 달리는 언어를 통하여 당시의 사회상을 밝히려는 사회언어학에 적지 않은 관심을 가졌고, 그 결과의 하나가 아래의 두 편의 논문이다. 이들 논문은 사회언어학이란 입장에서의 언어의 사회성을 밝히려한 선구적인 입장의 논문이 될 것이다.

"국어에 나타난 사회성" (1954) 「한글」108 / "'계집'에 대하여"(1956) 「한글」119

3) 방언

해암 선생의 방언연구는 국어사 해결의 한 방편이었다고 생각할 수 있다.

1964년 경상도방언을 연구를 시작으로 하여 그간의 연구를 집대성한 것이 「한국방언연구」(1974)가 된다. 이 책은 본문으로 상권(468면)과 하권(428면)과 방언지도(10면)와 색인(19면) 등 모두 925면으로 이루어진 방대한 저술이다.

내용의 구성을 보면 상권은 모두 28개 항으로 구성되어 있는데, 1항의 천문에서부터 24항까지는 물명(物名)에 해당하는 것으로 모두 676개의 명칭에 대하여 전국의 시와 군을 대상으로 하여 조사하였다. 26항의 형용사-39개, 27항 동사-60개, 28항의 종결어미-의문, 평서, 응락, 명령, 청유 등 663개 등 모두 1458문항으로 구성되었다.

상권은

1.천문 2.지리, 하천 3.시후 4.방위 5.인륜, 인사 6.신체 7.배설물, 질병,

행동 8.가옥 9.복식 10.음식 11.농경 12.목축, 방적 13.화과 14.채소, 해초 15.곡물 16초목 17.금석(金石) 18.비금(飛禽) 19.주수(走獸) 20.곤충, 파충(爬蟲) 21수족(水族) 22.기구(器具) 23.주차(舟車), 유구(遊具) 24.수(數), 도량형(度量衡), 기타 25.부사, 동사, 어미 26.형용사 27.동사 28.종결어미

하권은

1. 중간자음현상 : 중간 〔g〕/중간 〔b〕/중간 〔s〕
2. 구개음화와 강음화현상
3. 전설고모음화현상
4. 체언에 붙는 접미사
5. 장형화 현상과 복합모음
6. 특수방언문제 : 특수방언/고어/ 방언에서 본 일본어의 영향
7. 특수 음운현상 : 〔 · 〕 음/ 〔h〕 음/ 〔ng〕 음/ 〔n〕 음/ 〔ㄹ〕 음 등
8. 지역별 방언 : 경상도/전라도/충청도/강원도/함경도/평안도/황해도/ 경기도/제주도.

이 저서에 바탕이 되었던 논문은 "경상남북도 방언연구"(1964) 「서울대 논문집(인문사회)」10 / "제주도 방언"(1971) 「국어교육연구」2 / "전라남도 방언 조사연구"(1971) 「학술원논문집」10 / "충청남북도 방언연구"(1972) 「학술원논문집」11 / "경기, 강원도 방언연구"(1973) 「학술원논문집」12 등이고, "경상도방언과 함경도방언"(1975)이 후속되었다.

이 가운데 경상도 방언에 대한 연구내용을 간단히 살펴보자.

음운조사는 1) 모음체계 2) 전설모음화 현상 3) 어간 자음 약화탈락현상

4) 강음화 현상을 조사하였는데, 이들은 선생께서 관심을 기울였던 국어사의 연구과제들이다.

어휘조사로는 1) 고어의 자취 2) 접미사 첨가 3) 기타 등 1,000여개의 조사자료를 질문지에 의한 간접조사와 현지방문 확인조사로 이루어진 연구다. 이들은 국어가 변천해온 과거의 고증이 될 재료이거나 장차 변해갈 방향에 대한 암시를 주는 자료로 구성되었다. 국어의 역사성과 비교대조하여 연구의 방향에 초점을 맞춘 이들 연구는 국어사에 정통한 선생의 연구였기에 큰 성과를 이루었다고 판단된다.

이 가운데 모음체계의 경우를 살펴보면 경상도 방언은 /어/ : /으/의 구별과 /애/ : /에/의 구별이 안 되는 6모음 체계라는 종래의 주장의 잘못을 지적하였다. 소수의 지방, 소수의 단어에서 나타나는 것을 가지고 단정함에 대한 지적과 함께 여러 용례와 경상도 각 지방의 현상을 밝혀 수정하였다.

"함경도방언과 경상도방언"은 가장 가까운 방언군으로 국어의 옛 형태를 가장 많이 지니고 있음을 밝힌 논문이다. 간략히 개요를 살펴보면 /g/음은 한 낱말에서 모음이나 개음 사이에서 약화 탈락하는 현상이 있다. 현재 표준어에 없는 /g/음이 함경도방언에 많이 나타나며, 함경도 방언에 용언어간에 /g/음을 개입시키는 현상은 강원도와 충북 경북에도 파급되었다.

/b/음도 모음이나 개음 사이에서 약화 탈락하는 현상이 있다. 이들은 함경도, 경상도방언에서만 나타나는 현상으로 경북의 북부와 함남 남부에는 희소하다. /s/음의 문제에서는 두 지방 방언의 공동특징으로 제시할 자료가 되지 못한다. 함경도 방언에는 만주어가 많이 들어와 있고, 러시아

말도 들어왔으며, 경상도 방언에 일본을 통해 들어온 포르투갈어의 외래어가 있음도 밝혔다.

4) "국어학개론"

해암은 국어학과 국문학 관련 개론서를 몇 권 출판하였다.[7)] 1949년에 출판한 "국어학개론"은[8)] 최초의 국어학 개론서라는 이유에서만 아니라 체제의 구성뿐 아니라 내용적으로도 훌륭한 기술을 하고 있다. 차례를 살펴보면 아래와 같다.

1. 총론: ① 국어의 뜻 ② 우리민족과 국어 ③ 국어와 국문 ④ 비교연구와 역사적 연구
2. 음운론: ① 국어의 음성과 모음 ② 국어의 자음 ③ 연음과 음의 변화

---

7) 「국문학개론」(구자균 · 손낙범 · 김형규) (초판 1948.10.30 일성당서점. 수정판 1958): 세 사람의 공저로 출판되었다. 재판의 서문에 의거하면 6년 전인 1942년에 일사 방종현과 함께 '우리어문학회' 이름으로 출판하였으나 6.25병란으로 동지들이 납치당하는 등 부득이하게 3인의 이름으로[1)] 몇 군데 틀린 자구를 수정하여 재판을 내게 되었다고 해암은 밝히고 있다. 일사 방종현의 첨부된 서문에 의하면 "국문학사"란 책을 처음으로 '우리어문회'의 이름으로 간행하였고 이어 이듬해인 1949년에 우리나라에서 처음으로 "국문학개론"을 여러 사람이 참여하여 만든 것으로 기술하고 있다. 해암 선생이 담당한 곳은 2장의 '국어학과 국문학' 부분이라 추정된다.

8) 초기의 공저인 "국어학개론"의 출판사는 일성당, 백영사 등으로 다른 기록이 있는데 1958년 일성당서점 발행 (정정 4판) 간기에 의거하면 1949.12월로 되었다.
서문에서 이 책자를 낸 동기로 1. 국어학연구를 하는 이들에게 분명한 연구태도를 가지게 하기 위하여. 2. 필기로 인한 시간 낭비를 줄이게 하기 위하여 강의안을 정리하여 출판한 것이라고 하였다. (1954. 8.15) 초판은 5년 전인 1949년에 출판되었으나 병화로 불타버리어, 새로 재판한 것이라고 하였다.

3. 어휘론: ① 어휘의 성격 ② 음성과 어의
4. 어형론: ① 과거의 문법연구 ② 우리 문법론
5. 문자론: ① 훈민정음 이전의 문자 ② 훈민정음 ③ 훈민정음의 글자 ④ 우리 문자론
6. 표준어와 방언: ① 표준말 ② 방언 ③ 우리 방언론
7. 계통론: ① 세계어의 계통 ② 우리말의 계통
8. 고어론: ① 고어관 ② 고어의 변천 ③ 고어와 사회
9. 국어교육과 국어정책: ① 국어교육론 ② 국어학과 국문학 ③ 한자폐지론 ④ 외래어문제

국어의 개념에서부터 연구방법론, 음운론, 어휘론, 형태론, 문자론, 방언론, 계통론, 고어론, 정책론 등 기본적인 것은 물론 전반적인 내용을 고루 다루고 있다. 이중 고어론은 국어사의 영역이 되며 국어학개론서에 '국어교육과 국어정책론'이 포함되어 있음에 대한 일부 논란이 있었으나 이는 응용과학으로서의 국어교육과 정책의 중요성을 갈파한 선견이라고 할 수 있다.

1955년에 간행된 국어학개론서로 정평을 받고 있는 이희승 선생의 "국어학 개설"과 현재 국어학 개론서로서 가장 많이 읽히고 대표되는 2000년판 이익섭의 "국어학 개설"의 목차를 비교하여 보자.

♣ 이희승 : "국어학개설"(1955) 민중서관

1. 서설 :

① 국어학의 건설(국어/국어학/국어에 대한자각/국어학의 성립)

② 국어연구의 방법(국어학과 언어학/공시적 연구/통시적 연구)

③ 국어학의 부문(음성의 연구/단어의 연구/문법의 연구)

④ 연구자료와 참고학술

2. 음운론 :

① 음의 생태와 그 종류(음성/발음기관/음성실험/구체음성과 추상음성/화음.어음.통음/음소/음운론과 음성학)

② 국어의 음운조직(모음자음/유성음과 무성음/ 파열음의 체계)

③ 음의 연결(음절/음절의 연결)

④ 음의 동화(모음과 모음 사이의 동화/자음과 자음 사이의 동화/모음과 자음 사이/동화의 종류)

⑤ 사이 ㅅ 의 소리⑥받침규칙

3. 어휘론 :

① 단어(정의/의의요소와 형태요소/단어의 분류/단어의 생멸. 변천/음운의 변화—음의 탈락/첨가/변환)

② 어의의 연구(의미의 본질/어의의 변화-확대, 축소, 전환/)

③ 어의 변화의 이법-어형론(단음절어와 다음절어/단일어와 합성어-복합어, 첩어, 파생어)

④ 음상과 어의. 어감(모음의 음상/자음의 음상)

⑤ 어의의 계급성-경어와 비어(평어와 경어/평어와 비어)

4. 문법론 :

① 국문법 발달의 개관(문법의식의 발달/문법서의 출현)

② 품사의 분류(각 문법서에 나타난 품사의 명칭과 그 내용/품사의 통

계적 고찰/품사분류에 대한 비판 수종)

♣ 이익섭 : “국어학개론”(2000) 학연사

1. 국어와 국어학 : 언어와 국어/언어란 무엇인가/국어의 영역과 방법
2. 음운론 : 발음기관/음성의 분류/음소/음운규칙
3. 문법론 : 형태소/단어/품사/굴절과 문법범주/구성/문장의 접속과 내포
4. 의미론 : 의미의 의미/단어간의 의미관계/의미장과 의미분석/의미의 변화
5. 문자론 : 문자의 발달/한글의 구조와 특성/국어 정서법
6. 국어사 : 국어의 계통/국어의형성과 시대구분/고대국어/중세국어/근대국어
7. 방언론 : 언어와 방언/방언학의 과제/방언지도와 등어선/방언경계와 구획/국어방언의 주요특징/방언조사방법/사회방언
8. 국어학과 인접과학

이희승의 “국어학개설”은 일관성 있는 이론과 정비된 체계로 대표적인 개론서라는 정평을 얻고 있다.[9] 목차에서 볼 수 있듯이 음운론, 어휘론, 문법론에 걸쳐 체계적이면서도 다양하고 내용을 상세하게 기술하고 있다. 그러나 병화로 참상을 입은 6.25사변 뒤 강의안을 서둘러 공간하게 하였던 관계로 국어학개론서로서 전반적인 내용을 수록하지 못하였음이 아쉬

9) 국어학입문서로는 1949년에 나온 김형규의 “국어학개론”이 처음이지만 일관성 있는 이론과 정비된 체계를 고려할 때 이희승의 국어학개설(1955)을 꼽지 않을 수 없다. 고영근(1995.19-20)

운 점으로 남는다. 이익섭의 "국어학개설"은 처음 출판된 1986년판(수정판은 2000) 이래 현재까지 국어학개론의 대변서 역할을 하고 있다. 앞으로도 당분간은 이를 능가하는 개론서가 쉽게 출간되지 않을 것이라 생각된다. 김형규의 "국어학개론"은 이들과 비교하여 장단점을 말할 수 있다. 체제상으로 볼 1949년에 출간된 이 개론서가 27년 뒤에 발간된 이익섭의 것과 대동소이하다. 이후 세 차례에 걸쳐 증보판이 발간되었는데 마지막 개정판(1981)에서는 '의미론'이 추가되고 일부 논란이 있던 '국어교육과 국어정책론' 부분이 삭제된 것이 특색이다. 그러나 국어정책론은 응용과학으로서의 국어교육정책을 논한 선구적인 견해라고 입장에서 재평가되어야 한다.

5) 국어교육 및 어문정책

해암은 국어교육과 어문정책에 많은 심혈을 기울였다. 교사 양성기관인 서울 사대에서의 24년간의 재직과 오랜 동안 어문정책의 자문, 심의위원으로 활동한 것과 국립국어교육원원장으로서 어문정책의 책무를 맡았던 연유에서 그랬으리라 쉽게 짐작할 수 있다.

선생의 어문정책은 이론을 앞세우기보다는 언어의 사회적 현실 특히 다수의 언중들의 편의를 기반으로 하는 실용성이 돋보이는 사고와 언어관이다. 특히 표준말 및 표기법 문제에서 그러했다.

국어교육의 문제점으로 지적한 논문은 ① '고전교육의 문제점', ② '고전해독의 문제점', ③ '품사분류의 문제점'이고, 어문정책의 문제점으로 지적한 ④ 논문은 '표준말 및 어문관계 표기법 개정안의 문제점'이다. 이들에 대하여 주요 내용을 살펴보기로 한다.

① 고전 교육의 목적은 조상들이 남긴 문화유산을 알아야 한다는 의무감과 문화인의 소양이 되어야 한다는 주장과 함께 고전은 역사적 존재이기에 국문학사·국어사와 표리일체가 되어 교육되어야 한다. 그런 점에서 고전교재를 따로 제정하여 국어·국문학의 변천사실과 합해서 지도하게 하는 것이 올바른 일이라고 주장하였다.

② 품사분류상의 문제점은 학교문법통일안의 제정과정에서 문제가 되었던 품사분류의 기준, 품사체계 등에 대한 견해로 대부분 합리적이고 타당한 주장들이다. 그 예로 접속사의 필요성, 잡음씨 설정의 불가, 조사의 단어 설정의 문제점, 수사의 독립품사 설정의 문제점 등을 지적하고 있는데 이는 모두 타당한 견해로 판단된다.
이 가운데 하나로 접속사의 예를 살펴보자. 접속사는 세계 언어 대부분에 공통되는 품사다. 국어의 경우도 도입 · 수용기 문법에서부터 정착 · 심화기까지 대부분의 학자들이 독립품사로 설정하던 품사다. 최현배 문법에서, 접속사에 해당하는 문법범주를 부사에 포함시키었고, 소수의 문법가들만 이를 수용하였었다. 1963년 학교문법통일안 제정 시 표결에서 1표가 모자라서 학교문법품사체계에서 제외되었으나 이는 본질적으로 잘못된 결과다. 국어에는 접속의 문법적 의미를 담당하고 있는 "그리고, 그러나, 왜냐하면, 또 …"등 독립된 단어들이 있고, 이들은 부사의 수식 기능과는 본질적으로 다른 것이다.

③ 표준말 및 어문관계 표기법에 관한 특징적인 선생의 견해를 보면

♣ 맞춤법

① 한글 자모의 명칭 중 “기윽, 디읃, 시읏”으로 통일에 대한 주장.

② 된소리 표기에 관해 /딱지→딱찌/, /몹시→몹씨/ 등으로 적는 현실적인 편의성을 주장.

③ ‘ㄷ’소리 받침에 관하여 /반짇고리/들은 /ㄷ/받침을 할 필요 없다고 봄. 쉽게 /ㅅ/으로 적을 것을 주장.

④ ‘-오’와 ‘-요’의 문제에 관해서는 발음 나는 대로 적을 것을 주장.

⑤ 어원표시에 관해서는 /싫쯩/, /갈쯩/, /궁금쯩/, /허기쯩/ 들에서 /쯩/으로 표기하자는 주장.

이들 주장 가운데 ⑤를 제외하고는 모두 타당한 것으로 생각된다. 특히 자모명칭의 ‘기역(其役), 디귿(池末), 시옷(時衣)’은 주지하는 바와 같이 ‘기윽, 디읃, 시읏’의 마땅한 한자음 표기가 없어 최세진(崔世珍)이 “훈몽자회(訓蒙字會)”에서 대안으로 표기한 것에 불과하다. 혼란과 전통을 중시하여 그대로 쓰자는 주장은 옳지 않다. 혼란은 당대에만 한한 것이고, 잘못된 전통은 바로 잡아야 한다. 북한에서는 오래전부터 통일명칭을 쓰고 있음도 주목해야 할 일이다. ④ 항도 개정 시행 후 수년이 지난 지금까지 가장 많은 혼란을 가져오는 무의미한 형태표기에 불과하다. 특히 존칭접미사 “요”와의 유사성 때문에 일반대중들이 혼란스러워 하는 표기법의 대표다.

♣ 표준말

표준말 제정은 기본원칙에 따라야 하고, 젊은이의 말로 표준어를 제정

해야 한다고 대 전제를 하였고, 아래와 같은 언어현상을 지적하며 이를 표준말 제정에 반영할 것을 주장을 하였다.

① 예사소리, 된소리, 거센소리에서 국어는 낱말의 어음이 예사소리에서 된소리 또는 거센소리로 변해왔고, 현재도 그런 변천이 있음.

② 'ㅣ'소리 닮음에서는 국어에서는 전설고모음화 쪽으로 변동해가는 경향이 있으므로 바꾸어야 할 것들이 있음.

③ 긴소리에서는 국어에서 음의 장단은 기본음소의 가치를 잃은 지 오램.

이들 지적은 적절한 것이고 마땅히 표준말 제정에 반영되어야 할 사항이다. 특히 젊은이들의 말을 표준어 제정에 기본으로 삼아야 한다는 주장은 언어는 살아 숨 쉬는 생명체와 같이 변화하는 언어의 특성을 중시한 진보적인 견해다. 언어의 보수성을 중시하는 학계의 일반적인 경향에 대한 경종이라 할 수 있다.

"표준말 제정을 위해 국가적 기관을 상설하고, 여기서 부단히 조사 연구한 충분한 자료를 제공하여 이것을 토대로 심의 토의하여 결정을 지어 가야 한다."는 선생의 주장은 오래 전에 현실화되어 오늘에 이른 것은 일은 극히 다행스러운 일이다.

'외래어 표기법'과 '국어의 로마자표기'에서도 여러 가지 타당한 주장을 펴고 있으나 생략하기로 한다.

'고전교육의 문제점'(1965) "새국어교육"회보7 한국국어교육학회 /'고전해독의 문제점-악학궤범을 중심으로'(1966) "연포이하윤선생화갑기념논문집"/'국어품사분류의 문제점'(1968) "이숭녕박사송수기념논문집"/

'표준말 및 어문관계 표기법 개정안의 문제점'(1981. 5) "세종대학논문집"8

'*Modernization of the Korean Language in the Light of the Experiences of the Japanese, Chinese and the Other Countries*'(1968. 12) 「아세아연구」VI-1

5. 결론

해암 선생의 학문적인 연구는 '국어사연구'가 주된 관심사이었다. '국어사'를 밝히기 위해 '고어연구'와 '방언연구'에 심력을 기울였는데 '고어연구'는 문헌 속에 잠자는 국어의 역사로서, '방언연구'는 변모된 채 살아있는 국어의 역사라는 표리관계란 관점에서 연구되었다고 판단된다. 선생의 학문 세계는 정리 요약하면 대략 다음과 같다.

(1) 국어사는 선생의 학문영역의 대표적 분야로, "국어사연구"란 저서를 통해 국어의 변천을 통시적 입장에서 다각적으로 고찰하였다. 이 저서에서 언어 일반론의 이론적 원리를 바탕을 국어의 음운, 어휘, 의미의 변화를 탐색한 독창적인 저술이다.

(2) 음운 및 문법연구 분야에서는 1)고시가의 주석 2) 소실문자의 음가 규명과 더불어 국어발전사에서 나타나는 묵음화 현상, 강음화 현상, 구개음화 현상을 다양한 사례를 통해 밝히었다. 이중에서 "구개음화현상의 연구"는 문헌연구와 방언조사연구도 덧붙인 대표적인 업적의 하나다. 3) 문법연구의 대표적인 연구는 겸양사 즉 경어법연구다. 15세기 국어의 경어법연구는 선생의 주장처럼 존대와 겸양, 그리고 예삿말의 체계로 재정립이 되어야 하고, 주체, 객체, 상대의 주장은 언어현실보다는 문헌자료의 분석의 결과일 뿐이다.

(3) 방언연구는 국어사 규명의 한 방편이었다. 경상도방언을 연구를 시작으로 한 연구는 "한국방언연구"란 925면에 걸친 방대한 저서에서 집대성 된다. 전국에 걸친 이 조사연구는 상권에서는 유해식(類解式) 구성의 24개항과 부사, 동사, 형용사, 어미 등 28개 항목, 총 1,456개 문항으로 구성된 조사보고서다. 하권은 국어사에 나타나는 어간자음의 약화탈락을 위시하여 구개음화 강음화 여러 가지 음운현상을 경상도/전라도/충청도/제주도 등 10개 방언지역에 걸쳐 조사 연구하였다.

국어의 역사적 변천경향에 초점을 맞춘 방언연구는 국어사의 흐름에 정통한 선생에게서만 가능한 조사연구였다고 판단된다.

(4) 국어학 전반에 대한 소개와 더불어 연구방법론을 제시한 "국어학개론"은 우리나라 최초의 국어학개론서라는 의미뿐 아니라 체제상으로나 내용적으로 큰 손색이 없는 훌륭한 저작이다.

(5) 순수 학문적인 연구와 더불어 현실적인 국어교육과 언문정책에서도 많은 공적을 남기었다. 국어교육 현실의 문제점과 표준말 및 어문관계 표기법에 관한 문제점들이다. 국어정책론은 관념과 이론을 중시하기보다는, 사회현실에 기반을 둔 실용주의적인 언어관이다. 한글자모의 명칭의 통일, 된소리를 위시하여 국어현실음 표기의 강조, 젊은이들의 언어를 표준어로 반영해야 하는 등의 언어실용주의와 언어변화를 적극 수용해야 한다는 진보적인 언어관이다. 이는 미국에서의 언어관련 연구와 훗날 국어연구원장을 지내게 된 것과 무관하지 않으리라 생각된다.

참고문헌 1

김형규 선생의 논저는 본문에 수록되었으므로 생략함.

"김형규박사송수기념논총"1971 논총발간위원회 일조각

"김형규박사고희기념논총"1981 서울사대국어과 서울대출판부

참고문헌 2

고영근 "국어학연구사" 동아출판사 1955

김민수 "신국어학사" 일조각 1964

김윤경 "조선문자급어학사" 동국문화사 1954

소창진평 "조선어학사" 도강서원 1964

이광정 "국어품사분류의 역사적 발전에 관한 연구" 1987

이광정 "국어문법연구Ⅰ"(품사) 역락출판사 2003

이광정 "국어문법연구Ⅱ"(국어학사 외) 역락출판사 2003

이광정 '학교문법에서의 품사분류' "국어교육"94 한국국어교학회 1997

이광정 '현행학교문법체제의 실태와 제언' "선청어문"11.12 서울사대국어과 1980

이광정 '주시경의 구문연구' "관동어문학"2 관동대학교 국어교육과 1983

이광정 '석인 정태진 연구'(1) "김상대교수정년기념논문집" 2003

이광정 '석인 정태진 연구'(2) "박희숙교수정년기념논문집" 2003

이광정 '석인 정태진 연구'(3) "" 2003

이광정 '국어학사의 재조면' —이탁 "국어학논고" "주시경학보"3. 1989

이광정 '김민수,국어학사연구와 자료발굴' "주시경학보"5 주시경연구소 1990

이광정 'ㅎ말음고' "관동대논문집"11 관동대학교 1983

이익섭 "국어학개설" 학연사 (초판 1986 개정2000)

이희승 "국어학개론" 민중서관 (1955)

홍기문 "정음발달사" 서울신문사 (1946)

Bloomfield. L. (1933) *Language*. Holt, Reinhart, New York.

Jespersen. O (1924) *The Philosophy of Grammar*. George Allen & Union 1951

Jespersen. O (1933) *Essential English Grammar*. George Allen & Union. Londen.

Jespersen. O (1949) *A Modern English Grammar*. George Allen & Union. Londen.

Ramstedt G.J (1939) *A Korean Grammar*. Helsinki

Ramstedt G.J (1949) *Studies in Korean Etymology*. Helsinki

명사십리 해암(海巖)이 되어

민 현 식(閔賢植)
서울대 국어교육과 교수, 국어교육과 73학번(30회)

해암 김형규(海巖 金亨奎) 선생은 단아(端雅)하신 선비이다. 늘 단정하신 모습으로 나지막하게 말씀하시며 고아(高雅)한 향기를 풍기시던 모습은 제자들 가슴속에 한 포기 난초(蘭草)처럼 이 시대 마지막 선비의 모습으로 남아 있다.

선생은 본관이 김해(金海)로 1911년 7월 21일 원산에서 김병익(金秉翼) 선생과 조영국(趙英國) 여사의 둘째 아들로 태어나셨다. 어려서 서당에서 한학(漢學)을 수학하고, 26년에 원산제일보통학교(元山第一普通學校)를, 31년에 원산중학교를 졸업하고, 경성제국대학(京城帝國大學) 예과 문과에 입학한 후, 33년 법문학부(法文學部) 조선어문학과(朝鮮語文學科)에 입학하여 1936년 졸업하였다. 그해에 전주사범학교(全州師範學校) 교유(敎諭)로 부임하였고, 37년에 일본 내량(奈良) 고등여자사범 출신의 유기주(柳奇珠) 여사와 결혼하였다. 39년 7월에는 조선일보에 조선어말살정책을 비판한 '조선어(朝鮮語)의 과거(過去)와 미래(未來)'라는 글을 발표하였다가 학교에서 파면 당하였다. 이는 선생의 기개를 엿볼 수 있는 사건이다. 그 후 2년여 경성제대 도서관에서 촉탁으로 고서(古書) 정리를 하다가 고향에 내려와 명사십리(明沙十里) 가까이 과수원을 가꾸며 칩거하였다. 선생의 호 '해암(海巖)'은 이 시절 명사십리(明沙十里) 끝 바위산의 바위가 거친 물결과 싸우면서 굳건히 서 있는 모습을 회상하며 지은 호이다.

선생의 의로운 함경도인의 기질은 광복 후에도 나타난다. 광복 후 원산중학교 재건을 추진, 교장에 취임하였는데 신탁통치(信託統治) 반대운동으로 1개월 동안 투옥되었고 이 일로 공산당에 밉보여 교장에서 파면을 당하였다. 46년 2월 출옥 후 홀로 되신 노모를 형제들에 맡긴 채 다시 오리라 다짐하며 공산 치하를 탈출, 월남하였으니, 96년 돌아가시기 전까지 50년 실향민(失鄕民)으로서 못다 한 孝道가 한이 되어 망향(望鄕)의 아픔을 안고 지내 오셨다. 이러한 망향(望鄕)과 애절한 사모곡(思母曲)은 남기신 수필집 곳곳에 배어 있다.

"…과수원만 없었다면 어머니는 우리를 따라오셨을 것이다. 참으로 한스러운 일이다. 듣자하니 어머니의 묘를 과수원 한 곳에 모셨다고 한다. 나는 거기를 찾아가야 한다. 그리고 그 묘에 한없이 통곡하고 싶구나! 그러나 북쪽하늘은 아득히 멀고 길은 꽉 막혔으니 이를 어찌하랴!"

—수필집 '세월은 가고'의 '명사십리'에서

선생께서는 1946년 2월 월남 후, 3월에 보성전문(普成專門)(9월에 학제 개편으로 고려대학교(高麗大學校)) 교수가 되었다. 48년에는 숙명여대(淑明女大) 겸임교수가 되었으며, 6.25 동란 때에는 전시연합대학(戰時聯合大學)

설립에 헌신하시고 52년 피난지 부산에서 서울대 사범대학 국어과 교수로 부임하여 국어 연구에 정진하셨다. 선생께서 그동안 남기신 학문적 업적은 국어학 및 국어사 분야, 국어 방언학 분야, 국어정책 분야로 나눌 수 있다.

선생의 첫 번째 업적은 국어학 특히 국어사 분야이다. 선생은 해방 후 대학에 국어학개론서가 없던 시절에 국내 최초의 "국어학개론"(1949, 개정 1962, 1975)을 쓰셨다. '멧돼지가 올감자밭을 짓밟았다.' 같은 예문을 1류, 2류, 3류 형태소로 나누어 설명하시던 모습은 예문과 함께 기억에 남아 있다. 필자는 이 예문을 지금도 계속 예시하곤 한다.

국어사 분야에서는 "자음동화(子音同化) 연구"(1946), "훈민정음(訓民正音)과 그 이전의 우리 문자(文字)"(1947), "겸양사의 연구"(1947), "삼국사기(三國史記) 지명(地名) 연구"(1949), "주격(主格)토 〈가〉에 대한 소고(小考)"(1954), "구개음화 연구"(1959), "국어 조어(造語) 연구"(1974)', "국어 경어법(敬語法) 연구"(1975) 등 국어사 전반에 걸친 연구를 하였으며 국내 국어사 첫 개론서인 "국어사(國語史)"(1955)를 지었다. 73학번인 필자는 이 책의 개정판인 "국어사 개요"(1975)로 공부한 마지막 세대이다. 지금도 기억나는 것은 나지막하면서도 카랑카랑한 음성으로 꼿꼿하고 자상하게 강의해 주시던 모습인데 시험 때면 채점한 시험지를 어김없이 돌려주시어 확인시키시고 미달자에게는 재시험을 공고하시어 공포의 '국어사' 강좌이기도 했다.

선생의 국어사 연구는 자료 연구에 철저하여 "고가주석(古歌註釋)"(1955, "고가요주석"으로 1968년 개제)도 내어 고전 주석의 전범을 보였다. 필자가 4학년 남도 지방으로 졸업여행을 갔을 때가 1976년 봄, 그러니 8월 퇴임하시기 직전이었는데 송광사에서 학생들에게 목판본을 열람케 하고 설명하시던 모습은 기억에 새롭다.

선생의 두 번째 업적은 국어 방언 연구이다. 국어사 연구는 필연적으로 방언에 남아 있는 고어의 흔적을 연구하게 되므로 선생은 58년의 안면도 조사를 비롯해 틈틈이 전국을 돌며 방언 조사를 하여 방언 카드를 작성하셨으며 10여년 각고의 고생 끝에 "한국방언연구"(1974)라는 역저(力著)를 남기셨다. 이 책은 상하권 합본으로 상권은 천문, 지리, 농업, 어업 등 주제별로 주요 어휘와 문법 형태를 1,458개로 항목화한 주제별 방언사전이며, 하권은 방언 연구의 전범을 보인 8편의 방언 연구 논문으로 엮어졌다. 이 사전은 경성제국대 시절 스승으로 국어 방언을 집대성한 소창진평(小倉進平)의 방언사전을 계승, 극복하기 위한 필생의 업적으로 1980년대 한국정신문화연구원(韓國精神文化研究院)의 전국방언자료집을 잇는 징검다리 역할을 한다. 선생은 평소 고향을 가지 못해 북한(北韓) 방언(方言)을 조사 못하는 아쉬움을 말씀하시곤 했는데 선생이 남기신 학문의 깊고 너른 세계는 이런 망향의 한을 승화시켜 국어학의 불모지(不毛地)를 개척한 결과라 할 수 있다.

선생의 세 번째 업적은 국어문법교육과 국어정책에의 기여이다. 1953년 7월 환도 후에 국어심의회 위원이 되시면서 국어정책에 관여하신 이래 문교부 교수요목 제정위원, 국정교과서 편찬심의회위원, 학교문법 통일 제정위원 등으로 국어교육과 국어정책 발전에 기여하신다. 특히 70년대 박정희 대통령 지시로 시작한 어문 규범 정비를 위해 '국어 조사 연구위원회'를 구성하여 '한글 맞춤법 개정 시안'(1973), '표준말 재사정 시안'(1975)을 제출하여 오늘의 어문 규범 제정의 기초를 놓으셨다. 그리하여 73세 되시던 84년에는 '국립국어연구원(國立國語硏究院)'의 전신인 '국어연구소(國語硏究所)'가 창립될 때, 초대 所長으로 4년간 봉직하시면서 국어정책의 학문 정립에 기틀을 놓으셨고 해방 후 혼란스러웠던 어문규범을 정비하여 '국어의 로마자 표기법'(1984), '외래어 표기법'(1986), '한글 맞춤법, 표준어 규정'(1988)을 차례대로 제정하는 역사적 기여를 하셨으니 만년에 '한글맞춤법, 표준어규정' 등을 마무리 지으시는 노력과 집념은 대단하였다. 이러한 정책행정가의 모습은 이미 전시연합대학 시절의 교무과장, 사범대 국어교육과 초창기 10여년간의 주임교수, 사대 학생과장, 국어학회 부이사장, 국어학회장(1982)과 각종 정부 국어 관련 자문위원으로 봉사해 오신 데서 유감없이 발휘되었다.

이처럼 선생의 학문은 학자로 국어학 연구에만 머물러 있던 것이 아니었고 때로는 정책가로 행정가로 학문의 실천에도 적극적으로 참여하여 실천궁행(實踐躬行)의 자세를 보여 주셨다. 이것은 일제하에서 어문 민족주의로 민족의식을 고취하고 공산 치하에서 반탁운동으로 저항하신 의로운 저항 정신과 통하는 것이다. 이러한 성실함과 고매함 때문에 62년 문학박사 학위를 취득하시고, 70년에 학술원 회원으로 추대되실 수 있었다.

그 밖에 선생께서 남기신 족적은 국어학 분야로만 끝나지 않는다. 이미 해방 후에 최초의 "국어학개론(國語學槪論)"을 쓰셨거니와 정학모, 손낙범, 방종현, 구자균 등과 '우리어문학회' 활동을 하면서 "국문학개론(國文學槪論)"(1948)도 공저하여 문학에도 관심을 가졌다. 특히 선생의 예술적 정취는 남달라 종암동 한옥(韓屋)에서 아침마다 음악을 틀어 하루를 시작하시었다. 천성(天性)이 부지런하셔서 바쁜 나날 중에도 전국을 돌며 방언조사(方言調査)를 하셨고, 남새밭을 가꾸시며 건강관리(健康管理)를 하셨다. 그래서 1976년 8월 퇴임 후에도 덕성여대(德成女大)(1976), 세종대학(世宗大學)(1980) 교수, 국어연구소장(1984-88)을 맡아 노익장(老益壯)을 과시할 수 있었다. 이처럼 자기에게 엄격한 선비로 살아오셨기에 삶을 관조(觀照)하면서 망향(望鄕)의 사모곡(思母曲)과 잔잔한 삶의 향취를 담은 수필집(隨筆集) "계절(季節)의 향기(香氣)"(1963), "인정(人情)의 향기"(1971), "인생(人生)의 향기"(1981), "세월은 가고"(1996)를 남기셨다. 1996년 12월 6일 오후 3시 50분 선생께서는 망향(望鄕)의 한(恨)을 안고 영면(永眠)하셨지만 선생의 인자한 모습은 가는 세월 속에 고요한 난초(蘭草)처럼 동학(同學)과 제자(弟子)들의 가슴에 영원한 향기(香氣)로 남아 계시다.

동학들과 제자들에게는 자상하시면서 때로는 엄하셨던 선생님은 20평 남짓한 빈궁한 종암동 비좁은 한옥(韓屋)에서 5남매를 키우셨고, 거실, 침실, 서재, 응접실 삼아 쓰시던 작은 방에서 고서를 벗하며 방언(方言) 카드를 정리하면서 국어 연구과 국어 사랑을 실천해 오셨다. 특히 선생과 유기주(柳奇珠) 여사는 아들만 다섯(鍾悟, 鍾哲, 鍾和, 鍾國, 鍾珍)을 두어 서울대 사대, 상대, 공대, 의대, 음대에 전원 진학시켜서 그 놀라운 가정교육은 동문들의 입에 회자되곤 한다. 지금도 선생의 자녀분들은 선생께서 돌아가신 후 장학기금을 기탁해 '해암 학술상(海巖學術賞)'을 제정하여 국어교육과 출신 소장 학자들을 격려하고 있어 선생의 국어 사랑의 뜻은 자손(子孫)들과 후학(後學)들을 통해 이어지고 있다.

분명히 선생께서는 지금도 명사십리(明沙十里) 바닷가를 거닐던 시절을 회상하면서 명사십리(明沙十里) 해암(海巖)이 되어, 동해바다를 바라보며 남북통일(南北統一)의 날, 나랏말이 하나로 이어질 그 날을 축원(祝願)하고 계시리라 믿는다. 2003년 6월에 제자 민현식 쓰다.

[필자 주: 본고는 대한민국 학술원이 학술원 50년사를 편찬하고 앞서 가신 회원을 추모하는 글을 추모집으로 따로 내면서, 본인에게 김형규 교수님을 추모하는 글을 요청해 와 쓴 글을 재록한 것임. 참고: 대한민국 학술원(2004), '앞서 가신 회원의 발자취']

참스승, 선비의 길

존경(尊敬)하는 스승 해암 김형규(海巖 金亨奎) 선생님

윤 의 순(尹義淳)
전 인천남부교육장, 국어교육과 53학번(10회)

해암 김형규(海巖 金亨奎) 선생님의 추모문집(追慕文集) 발간 계획은 참으로 반갑고 고마운 소식이었습니다. “은사(恩師)님께서는 교육자(敎育者)가 갖추어야 할 제자(弟子) 사랑, 학문(學問)에 대한 열정(熱情), 덕망(德望) 등을 고루 갖추셨던 스승이셨습니다.” 이것은 원고 청탁 안내문에 소개된 스승님의 모습입니다. 이 한 문장 안에 선생님의 전(全) 인격(人格)이 함축적(含蓄的)으로 표현(表現)되었다고 생각합니다.

우리는 여러 단계의 학교를 거치면서 많은 선생님들을 만나고, 세상을 살아가는 동안 이런저런 많은 경험을 쌓게 마련입니다. 이런 것들이 복합(複合)되어 각자 나름대로 인격(人格)을 형성(形成)하고 한 평생(平生)을 살아가고 있는 것입니다. 그 중에도 꿈 많은 4년 동안의 대학(大學) 시절에 만난 선생님들의 가르침과 영향(影響)은 무엇보다도 클 것이라고 생각합니다.

해암(海巖) 선생님께 가르침을 받은 제자(弟子)들이 참으로 많지만, 그러나 선생님의 가르침을 통하여 받은 영향(影響)이나 어떤 계기(契機)에 선생님과 특별하게 맺어진 인연(因緣)은 모두가 똑같지는 않을 것입니다. 따라서 각자 보고 느낀 선생님의 모습은 한 단면(斷面)에 불과(不過)하다고 생각합니다. 그러므로 단편적(斷片的)이지만 여러 제자들이 본 선생님의 모습을 한데 모으면, 앞에서 인용한바 '선생님의 제자 사랑과 학문적인 열정과 덕망 등'이 더욱 구체화되고 다양화되어 선생님의 참 모습이 드러나게 될 것입니다. 이것이 추모문집을 간행(刊行)하는 뜻이리라 생각합니다.

내가 선생님을 처음 뵙게 된 것은 1954년 4월이었습니다. 나는 1953년에 입학하였으나 학교가 있는 부산으로 가지 못하고 수원(水原)에 있는 농대(農大)에서 한 학기를 이수(履修)하였습니다. 그 해 7월에 휴전(休戰)이 되면서 정부(政府)가 서울로 환도(還都)하고 학교도 서울로 돌아왔지만 나는 휴학(休學)을 했습니다. 그해가 지나고 봄이 되어 새 학기가 시작되었을 때에 복학(復學)을 하면서 처음으로 선생님들을 뵙게 된 것입니다.

나는 이탁(李鐸) 선생님과 해암(海巖) 선생님의 강의(講義)를 가장 많이 들었는데 그 시간에는 빠지지 않았습니다. 선생님들은 결강(缺講)을 하시는 일이 없었을 뿐만 아니라 강의하시다가 시간이 다 가기 전에 적당히 마치는 일이 없었습니다. 그리고 언제나 100분 동안을 쉬지 않고 열강(熱講)을 하셨습니다.

해암(海巖) 선생님께서는 성품(性品)이 온화(溫和)하시고 차분하셔서 보통 때 말씀이 조용조용하셨습니다. 강의를 하실 때도 열성을 다하여 하셨지만 그렇다고 언성을 높이시지는 않으셨습니다. 선생님께서는 함경도(咸鏡道) 태생이신 줄 아는데, 국어를 연구하시는 학자시니까 선생님의 말씀

가운데서는 조금도 함경도 사투리의 억세고 독특한 억양을 느낄 수 없었습니다.

당시는 거의 모든 강좌(講座)가 노트 필기(筆記) 위주로 되었습니다. 그러나 해암(海巖) 선생님께서는 '고가주석(古歌註釋)'과 '국어학사(國語學史)'를 간행하셔서 별로 노트필기를 하지 않아도 되었습니다. 필기하는 일이 별로 능란하지 못한 나로서는 얼마나 편하고 고마운 일인지 몰랐습니다. 당시 고려가요(高麗歌謠)에 대한 해석으로는 양주동(梁柱東) 선생의 '여요전주(麗謠箋註)'가 거의 유일한 것이었는데, 선생님의 '고가주석(古歌註釋)'에서 많은 부분에 새로운 해석이 이루어졌던 것으로 생각합니다. 한편 국어학계에서는 선생님의 '국어학사(國語學史)'가 출간된 후 '국어사(國語史)냐? 국어학사(國語學史)냐?' 하는 논란(論難)이 일었던 것 같은데 자세한 내용은 잘 알지 못합니다.

누구나 중·고등학교 시절, 한때는 문학을 동경하여 이른바 문학청년이 되었던 경험들이 있을 것입니다. 그러다가 나이가 들면서 취미가 바뀌기도 하고 자신의 적성이 다른 쪽에 있음을 발견하여 대학에 진학할 때는 다른 길을 택하는 경우가 많습니다. 그러나 국어국문학과나 국어교육과 같은 데를 택하는 것은 아직도 남아 있는 그 꿈을 이루어 보겠다는 뜻이 있기 때문일 것입니다.

내가 사대 국어교육학과를 택한 것도 바로 그런 것이었다고 할 수 있습니다. 하지만 4년간의 대학과정에서 나는 문학에 대한 자질이 부족하다는 것을 깨달았습니다. 그러나 국어학에 대하여는 흥미를 느껴서 국어학 강의를 열심히 듣게 되었습니다. 그것은 이탁 선생님과 해암 선생님의 영향이 컸다고 생각합니다.

그 결과 고등학교에서 국어과목을 맡으면서 현대문과 고문 가운데서 나는 자연히 고전 쪽을 선호하게 되었습니다. 문학을 가르치는 것보다 선생님께 배운 것을 바탕으로 고문(古文)을 다루는 편이 훨씬 수월하게 느껴졌기 때문입니다.

선생님께서는 과(科) 학생회에서 주최한 신입생(新入生) 환영회(歡迎會)에서 '학도가(學徒歌)'를 부르셨던 것이 항상 기억에 남습니다. 다른 모임에서도 선생님께 노래를 청하면 으레 그 '학도가'를 부르셨습니다. 눈을 지그시 감으시고 '학도야, 학도야, 청년학도야.' 이렇게 시작되는 노래를 부르시면서 학생시절을 회고(回顧)하시는 것 같았습니다. 일제 하(日帝下)에서 한국어(韓國語)와 한국문학(韓國文學)을 연구(硏究)한다는 것은 상당히 많은 어려움이 있었다는 것은 말할 여지가 없는 일입니다. 그 시절을 회고할 때의 감회(感懷)가 어떠하셨을지 짐작을 하고도 남을 것만 같았습니다.

나는 졸업여행(卒業旅行)은 10회 동문들과 같이 1956년 가을에 갔고, 교생실습(敎生實習)은 11회 동문들과 같이 1957년 봄에 했습니다. 요즘 학생들의 표현대로 코스모스 졸업을 하였기 때문입니다.

가야산(伽倻山) 해인사(海印寺)로 졸업여행을 갔는데, 그때 선생님께서도 같이 가셨습니다. 도착한 다음날 하얗게 핀 억새밭을 헤치면서 가야산에 올라갔던 기억도 새롭습니다. 산 정상에 올라가 사방을 바라볼 때는 얼마나 가슴이 시원했는지 모릅니다.

졸업 앨범에는 산상에서 멀리 손가락질을 하는 친구들의 모습이 한 장 실려 있습니다. 당시 카메라를 가지고 열심히 이런저런 모습을 사진에 담은 것은 우리들보다 훨씬 나이가 위이었던 박대규(朴大奎) 동문이었다고 생각됩니다. 앨범에 실린 사진 밑에 "자아기 창원 아이가!"라는 문구를 달아놓은 것은 앨범 편집위원들의 재치라고 생각합니다. 그 사진의 주인공들이 아마 몇몇 경상도 출신 동문들이 아니었나 생각됩니다.

그 날 저녁, 산에서 내려와 여관에 들르니, 우리들의 짐이 모두 다른 방으로 옮겨져 있는 것이 아닙니까? 아마 다른 손님들을 받기 위해서 그렇게 했을 줄 압니다만, 우리에게 한마디 양해도 받지 않고 마음대로 한 것입니다. 젊은 혈기에 아무도 가만히 있을 리가 없었습니다. 여관주인을 불러 세워놓고 소리를 지르면서 당장 주먹이라도 휘두를 듯이 난리를 쳤습니다. 선생님께서 얼마나 입장이 난처하셨겠습니까? 그 자리를 피하시도록 하기 위하여 몇 명이서 선생님을 다른 쪽으로 모시고 가고, 나머지 친구들이 모두 벌떼처럼 설쳐댔습니다.

여관주인이 정중히 사과하여 일단 모두 누그러졌습니다. 저녁상을 물린 뒤에 주인이 사과(謝過) 술이라 하여 한 상을 차려 내었습니다. 모두들 술을 마시면서 여흥(餘興)들을 즐겼습니다. 노래를 부르고 춤도 추면서 밤이 이슥하도록 놀았습니다. 장구를 가져오라 해서 과대표인 정우상(鄭愚相) 동문이 그것을 치고, 나도 역시 조금은 할 수 있어서 번갈아 메고 쳤던 생각이 납니다. 그 날도 선생님께서는 '학도가'를 부르시며 흥겨워 하셨습니다.

나는 1956년 5월부터 고향 천안에서 사립학교인 계광고등학교(桂光高等學校)(현 천안고등학교)의 강사(講師)로 근무하였습니다. 졸업을 하려면 아직도 세 학기를 더 다녀야 하는 때였습니다. 그 때만 해도 서울은 그렇지 않았을지 모릅니다만, 시골학교에서는 무자격(無資格) 교사(敎師)들을 얼마든지 채용하였기 때문에 그것이 가능했던 것입니다.

사범대학(師範大學)(더구나 국립(國立))을 졸업하면 문교부(文敎部)에서 희망에 따라 서울을 비롯하여 각 지방 중등학교에 발령(發令)했는데, 나는 공립학교(公立學校) 발령을 마다하고 사립학교(私立學校)인 천안고등학교에 그대로 남기로 하였습니다. 무자격 교사로서 세 학기나 재직하면서 학비를 벌어 썼으니, 자격증(資格證)을 갖춘 정규(正規) 교사(敎師)로서 적어도 거기에 재직했던 햇수만큼이라도 더 봉직(奉職)하는 것이 도리(道理)라고 생각하였기 때문입니다.

나는 그 학교에 재직하는 동안에 결혼도 하였고, 또 병역(兵役)을 치르기 위하여 1년간 휴직(休職)을 했다가 다시 복직(復職)을 했습니다. 당시는 '교보'라는 제도가 있어서 사범계 학교출신 초중등학교 교사들은 군복무를 1년만 하였습니다. 1961년 봄은 내가 그 학교에 발을 들여 놓은 지 만 5년, 군 복무기간을 빼더라도 4년을 봉직한 것입니다.

내가 그 학교에서 무자격교사로서 근무한 1년 반보다 자격증을 가지고 근무한 기간이 1년이나 더 길었습니다. 이만하면 그 학교에 대한 빚을 갚은 셈이라고 생각하면서 나는 떠날 결심을 했습니다. 사립학교에서는 교감이나 교장으로 승진하는 것은 특수한 경우가 아니면 어려운 일이고, 정년퇴임을 할 때까지 평교사를 면하기 어렵습니다. 그러므로 세속적(世俗的) 욕망(慾望)과 꿈이 나로 하여금 평생(平生)을 사립학교에 머물러 있지 않게 한 것입니다.

그 일 때문에 나는 선생님께 특별한 빚을 지게 되었습니다. 신학기가 시작되었는데 어느 날, 나는 무작정 서울로 올라가서 여기저기 돌아다녔습니다. 그러나 역시 은사(恩師)님들과 상의해야 자리를 구할 수 있을 것이라는 생각을 하였습니다. 먼저 난대(蘭臺) 선생님과 해암(海巖) 선생님을 찾아뵈었습니다. 선생님들께서 여기저기 알아보시더니 해암 선생님께서 나를 데리고 남산(南山)에 있는 모 여고로 가셨습니다.

그때 택시를 타고 올라갔는데 이런 망신이 있습니까? 나는 차 안에다 이력서(履歷書) 봉투를 두고 내렸습니다. 고맙게도 택시운전사가 봉투를 가지고 바로 되돌아와 주었습니다. 그런 덕분에 어렵지 않게 교장 선생님을 면접할 수 있었습니다. 그 운전사에게도 나는 빚을 진 사람입니다.

그 학교에서는 기독교 신자라야 한다고 해서 교회에서 증명서를 받아 제출하지 않으면 안 되었습니다. 당시 나는 고등학교 시절의 은사님과 그리고 몇몇 친구들과 함께 함석헌(咸錫憲) 선생님을 열심히 따라다니면서 말씀을 들었었습니다. 나는 예수를 믿었지만 교회에 나가지 않는, 말하자면 무교회(無敎會) 신자(信者)이었던 것입니다.

고교 시절의 은사님께서는 서울시내 모 교회 목사님을 소개해 주셨습니다. 그래서 그 목사님을 찾아갔는데 '무교회 신자'라는 것은 말하지 않았지만, 어쨌거나 그 교회에 다니지도 않는 사람을 '우리 교회 신자다' 하고 증명해 줄 리가 없습니다. 그래서 일거에 거절당하고 말았음은 물론, 그 학교에서도 나를 채용하지 않았습니다. 해암 선생님께 수고를 끼치면서 신세를 지고 빚을 졌지만 보람을 거두지 못하고 만 것입니다.

나는 어떤 연줄로 서울의 한 학교에 강사로 취직을 하여 몇 달 근무했지만 군사혁명 후에 경기도에 정식으로 임용되어 공립학교의 교원이 되었습니다. 그 후 40여 년간 교감, 교장, 연구관, 장학관 등을 두루 거치고 정년퇴임을 했습니다. 이렇게 교직생활을 무난하게 해낼 수 있었던 것이 다 선생님의 가르침과 사랑을 받은 덕분이었습니다.

그러나 선생님께서 세상을 떠나실 때까지 내가 선생님을 찾아뵌 것은 몇 번 되지 않았습니다. 선생님께서 청파동(靑坡洞)에 사실 때 세배를 드리러 두어 번 찾아가 뵌 일이 있었고, 선생님의 회갑 때와 정년퇴임식 때 참석하였습니다. 그리고 선생님께서 돌아가시기 전 언젠가 몇 명의 동문들과 함께 선생님을 모신 일이 있고, 돌아가셨을 때 빈소에 들렀던 것이 고작이 아니었나 생각됩니다. 선생님의 은혜(恩惠)에 보답(報答)하지 못하고 예(禮)를 다하지 못한 것을 이렇게 몇 자 글로 적어 용서(容恕)를 빕니다.

2006년 12월

나의 큰 스승 해암(海巖) 선생님

정 우 상(鄭愚相)
서울교대 명예교수, 국어교육과 53학번(10회)

1. 해암(海巖) 선생님은 아버지 같은 분이셨다.

내가 초(初), 중(中), 고(高), 대학(大學)에서 공부하면서 선생님의 사랑을 받고 또 내가 존경(尊敬)하던 스승님이 한두 분이었겠습니까마는 내 기억 속에 가장 두드러지고 깊이 새겨져 잊혀지지 않고 내 평생의 횃불이 되어 준 스승님은 해암(海巖) 김형규(金亨奎) 선생님이시다.

나는 학부 2학년부터 과대표(科代表)를 했다. 해암(海巖) 선생님께서 1955年부터 10여년을 국어과(國語科) 주임교수를 하셨기 때문에 나와는 남다른 친분(親分)이 있기도 했지마는, 내가 학부 3학년 때 해암(海巖) 선생님께서 나를 부르시더니, 영등포중학교(永登浦中學校) 김태주(金泰柱) 교장 선생님께서 시간강사로 국어 선생을 추천해 달라는 부탁이 왔다고 하면서 나를 추천해 주셨다. 1955년 5월 16일 해암 선생님의 추천서를 가지고 김태주 교장 선생님을 찾아뵈었더니 교장 선생님께서 교무주임(教務主任)을 불러서 나를 시간강사로 쓰라고 지시하셨다. 주당 11시간 배정으로 일주일에

2日 출강(出講)하라는 말씀을 하셨다. 그리고 즉시 이희승(李熙昇) 선생님의 국어(國語) 문법(文法) 책을 주면서 수업을 하라고 하셨다. 갑작스런 지시를 받고서 무척 당황했으나 용기를 내어 교실로 들어갔다. 마침 그 때 이희승 선생님의 국어학개론(國語學槪論) 강의를 수강하던 터이라 한 시간 동안 존재사(存在詞)에 대한 이론을 나 일방적으로 떠들었다. 나는 평생 처음 하는 수업이라 너무나 긴장해서 내 등에 시근 땀이 흘러 런닝-셔츠가 젖을 정도였다.

나는 해암 선생님의 덕택으로 재학(在學) 3학년 때부터 교단(敎壇)에 서게 됐고 졸업(卒業) 후에도 우리 동기생(同期生) 중에서 유일하게 서울시 교육공무원으로 발령을 받게 되었다. 그 뿐만 아니라 그 후 서울교육대학교 교수(敎授)로 임용될 때도 원홍균(元興均) 학장(學長)님께 사신(私信)까지 보내며 나를 추천해 주셨다. 나는 이와 같이 해암 선생님의 각별한 사랑을 받았기 때문에 아버지와 같은 따뜻한 정(情)을 느낄 수 있었다.

2. 해암(海巖) 선생님께서는 평생 처음으로 내 결혼(結婚)을 주관(主管)하셨다.

나는 졸업하던 1957년 12월 8일에 결혼을 했다. 이 때 해암(海巖) 선생님께 주례(主禮)를 부탁했다. 선생님께서는 “평생 주례를 서 본 일이 없는데! 그러나 우상(愚相)이 결혼식이라면 내가 맡아 주어야지.” 하시면서 내 결혼을 주관해 주시었고, 바위같이 변치 않는 사랑 속에서 한 평생 행복하라고 축하의 말씀을 해 주셨다.

우리 부부(夫婦)는 선생님의 깊은 은혜(恩惠)에 감사하면서 매년 신정(新正)이면 새해 세배를 드렸고 사모님께도 감사의 인사를 거르지 않았다. 그런데 5.16 군사혁명(軍事革命) 이후 병역미필(兵役未畢)이라는 이유로 서울시 교육 공무원을 사직(辭職)해야만 했다. 그 때 같이 근무하시던 김석근(金錫根) 선배님의 추천으로 수원삼일상고(水原三一商高)에 취업하게 되었다. 사범대학을 나온 내가 서울시 교육청에서 밀려나 수원까지 오게 되니 실망이 크고 허전하여 갈팡질팡하는 마음을 달랠 길 없었다. 1962년 9월 10일 달 밝은 가을 밤, 수원의 서호(西湖) 호반을 거닐면서 호수에 비치는 명월(明月)을 바라보자 해암(海巖) 스승님을 그리워하는 마음 달랠 길 없어

잔잔한 호수에 달빛이 照耀한데
湖畔에 귀뚜라미 임이 그려 우는구나
임 그려 맺힌 정이야 나보다도 더하랴

학문에 열중하고 교육에 앞장 서 일취월장(日就月將) 발전해야 할 이 제자(弟子)가 이 곳 시골로 밀려나 희망을 잃고 헤매고 있으니 해암(海巖) 은사(恩師)님께 죄스럽기만 했다.

3. 해암(海巖) 선생님의 학문(學問)은 나의 횃불이 되었다.

내가 대학에 재학하고 있던 당시는 어학 강의로는 이희승(李熙昇) 교수님께서는 '국어학개론(國語學槪論)'을, 또 이숭녕(李崇寧) 교수님께서는 '비교언어학(比較言語學)'을, 외솔 최현배(崔鉉培) 교수님께서는 '우리말본'을 강의하셨고 해암(海巖) 선생님께서는 '국어사(國語史)', '고려가요(高麗歌謠)'

를 강의하셨다. 특히 해암(海巖) 선생님의 국어사(國語史) 강의 중 모음충돌(母音衝突) 회피현장(回避現狀)인 히아투스(Hiatus) 현상에 대한 열강이나 양주동(梁柱東) 교수님께서는 'ㅎ을 취하는 특수명사(特殊名詞)'라고 하던 것을 ㅎ종성(終聲) 체언(體言), 즉 ㅎ말음 탈락 현상으로 보아야 한다는 해암 선생님의 독특한 학설은 나로 하여금 해암 선생님의 강의에 푹 빠지게 했다. 이러한 학문적 영향으로 졸업논문(당시는 학부 졸업에서도 논문을 제출했다.)도 처소격 조사 '에, 애, 애'에 대한 연구를 하게 되었다. 뿐만 아니라 중, 고, 대학의 현장 교육에서도 옛글이나 국문법 강의를 도만ㅌ아서 해 왔다. 이렇게 어법에 깊은 관심을 가지고 현장 교육에 임했을 뿐 아니라 이것이 바탕이 되어 한문 강독을 하면서도 어법적인 체계(體系)에 관심을 가지게 되었고, 급기야는 한문(漢文) 연구(硏究)에 몰두하여 한문(漢文) 구조(構造) 문법(文法)을 연구하게 되었다. 이와 같이 해암(海巖) 선생님의 학문적 영향을 크게 받아, 오늘의 내가 있게 된 것이다.

4. 해암(海巖) 선생님께서는 테니스도 우리와 함께 즐기셨다.

서울대학교 사범대학 국어과 졸업생들이 테니스 모임을 갖게 되었다. 강윤호(康允浩) 선배님을 회장으로 모시고 한원영(韓元永), 정동화(鄭東華), 김귀식(金貴植), 이상익(李相翊), 이철수(李喆洙), 정진권(鄭震權), 김상대(金相大), 이인섭(李仁燮), 최현섭(崔賢燮), 김대행(金大幸), 이광정(李光政), 이상우(李尙祐), 김진영(金鎭英), 허천행(許川行), 김균태(金均泰), 허천(許燀) 동문들이 회원이 되고 박붕배(朴鵬培) 교수 등이 후원을 하고, 내가 총무(總務)를 맡아 보게 되었다. 매년(每年) 춘추(春秋)에 테니스 대회를 열어, 우의(友誼)를 돈독(敦篤)히 했다. 해암 선생님께서도 이 모임에 직접 참가하시어 제자(弟子)들과 테니스를 즐기셨다. 우리 회원들은 해암 선생님을 고문(顧問)으로 모시고 매해 해암배(海巖盃) 테니스 대회를 열기도 했다. 노학자(老學者)이신 해암(海巖) 선생님께서 테니스복(服)을 입으시고 라켓을 들고 코트를 질주(疾走)하시면서 백구(白球)를 창공(蒼空)에 날리시는 모습은 젊은 우리들에게 힘과 용기를 주어 우리들로 하여금 테니스 코트를 펄펄 날게 했다. 해암(海巖) 선생님께서는 세상을 뜨시던 해까지도 테니스장에 나오셔서 우리들을 격려하시고 해암배(海巖盃)를 시상하기까지 하셨다. 해암(海巖) 선생님께서는 유명(幽明)을 달리 하셨지만 우리들 제자들은 지금도 해마다 해암배(海巖盃) 테니스 모임을 갖고 선생님을 추모하고 있다. 근래에는 해암(海巖) 선생님의 자제(子弟)되시는 김종오, 김종철, 김종화, 김종국, 김종진도 함께 참가하여 친목을 도모하고 해암(海巖) 선생님의 명복을 빌고 있다. 선생님의 넉넉하고 인자(仁慈)하신 모습과 같이 침착하고 얌전하게 테니스를 치시던 추억이 그립기만 하다.

5. 해암(海巖) 선생님의 호(號)와 향수(鄕愁), 그리고 효심(孝心)

선생님께서는 함경남도(咸鏡南道) 원산(元山) 항구(港口)에서 태어나셨다. 선생님의 수필집(隨筆集) '세월은 가고'에서 "항구 남쪽으로 명사십리(明沙十里)가 뻗어 있어 동해 물결을 막아주는 방파제(防波堤) 역할을 하고 그 끝으로 가면 바위로 이루어진 자그마한 산이 있으니 우리는 이를 '담두나루끝'이라 부른다. 그리고 그들 바위와 거친 물결과의 싸움은 항상 내 마음에서 떠나지 않아 내 스스로 호(號)를 '해암(海巖)'이라 했다."고 하셨다.

선생님께서는 평생 고향을 잊지 못하고 또한 고향에서 모시고 오지 못한 어머니를 항상 그리워하고 불효함을 스스로 한스러워하셨다. 선생님께서는 수필집(隨筆集)에서

> 명사십리(明沙十里) 가까이 과수원(果樹園)을 구입해서 해방이 되면 서울에 올라가 교단생활을 하며 여름 방학 때를 이곳에 돌아와 지내려는 계획이었다. 그러나 38선이 생기고 6.25전쟁이 일어나 오늘과 같은 세월이 될 줄이야 어찌 생각할 수 있었으랴. 만일 이 과수원만 없었으면 어머니는 우리를 따라 오셨을 것이다. 참으로 한스러운 일이다. 듣자하니 어머니의 묘를 과수원 한 곳에 모셨다고 한다. 나는 거기를 찾아가야 한다. 차편이 없으면 걸어갈 것이요, 걷지 못하면 기어서라도 찾아가야 한다. 그리고 그 묘 앞에 엎드려 한없이 한없이 통곡하고 싶구나! 그러나 북쪽 하늘은 아득히 멀고 길은 꽉 막혔으니 이를 어찌하랴?

하시면서 울부짖고 계시다. 고향을 그리워하고 어머니를 그리워함은 인지상정(人之常情)일 것이나 동족상잔(同族相殘) 때문에 억지로 헤어져야 했고 보고 싶어도 보지 못하며 돌아가시는 마지막 순간도 보살피기 못하여 마음 아파하시는 선생님의 모습이 애달프기만 하다. 시경(詩經)에서 이르기를

> '아버지가 날 낳으시고 어머니가 날 기르셨으니 슬프고 슬프다. 아버지와 어머니여, 그 깊은 은혜를 갚고자 할진댄 높은 하늘 같아서 끝이 없도다. (詩曰, 父兮生我하시고 母兮鞠我하시니 哀哀父母여 生我劬勞샷다 欲報深恩인데 昊天罔極이로다)'

입가에 머문다.

 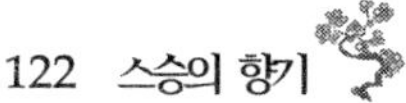

6. 스승님은 가셨지만 !

6.25사변이 나서 동족상쟁(同族相爭)의 전화(戰禍) 속, 사생(死生)의 기로에서 헤매던 1950년대(年代) 우리 겨레의 비극이요, 아픈 시련의 시기였다. 이 50년대(年代)에 대학에서 해암 스승님을 모시게 된 것은 내 생애의 행운이요, 영광일 것이다. 혼란했던 당시, 스승님의 가르침 속에서 대학생활 4년을 알차게 누릴 수 있었으니 이 얼마나 축복받은 일인가! 뿐만 아니라 해암(海巖) 선생님께서는 학문적(學問的)으로나 생활적(生活的)으로 항상 돌봐주시고 이끌어 주신 스승님이시기에 내 기억 속에서는 잠시도 사라지지 않고 있다.

스승님께서 베풀어주신 은덕(恩德)과 학자로서의 자세(姿勢), 그리고 세상을 살아가는 진리(眞理)와 지혜(智慧)를 가르쳐 주신 해암(海巖) 스승님! 선생님께서는 이 세상을 뜨셨지만 선생님의 높으신 인품(人品)과 덕망(德望), 그리고 선생님께서 가르쳐주신 인생(人生)과 학문(學問)의 진리(眞理)는 영원히 영원히 내 가슴속에 살아있을 것입니다.

해암(海巖) 스승님! 불초(不肖)한 이 제자, 살아있는 그 날까지 스승님의 가르치심 거울삼아 당당하고 값지게 살아가겠습니다.

2007. 2. 10

선비 정신을 몸소 보여 주신 해암

박 갑 수(朴甲洙)
서울대학교 명예교수, 국어교육과 54학번(11회)

오늘을 있게 해 주신 스승을 대라면 나는 서슴지 않고 해암(海巖) 김형규(金亨奎) 선생을 들 것이다. 이것은 어쩌면 나만이 아니요, 나의 대학 동창 가운데 많은 사람도 그러리라 생각한다. 이는 그만큼 선생의 학덕이 높고 고결했기 때문이다.

해암은 큰 스승이요, 선비였다. 내가 해암을 처음 만난 것은 1950년대 대학에 들어와서였다. 이때 선생은 연세가 마흔 남짓했다. 학문의 면에서나 인생의 면에서나 무르익은 때였다. 선생은 이때 세 권의 책을 저술하였다. "국어학개론", "국어사", "고가주석"이 그것이다. "개론(槪論)"과 "사(史)"는 우리나라 초유의 저서였고, "고가주석"은 국어학도의 필독서였다.

이때는 해방된 지 불과 10년이 못 되는가 하면, 그 동안 6·25동란이란 비극도 있어 아직 학문이 제대로 정착되지 못한 때였다. 더구나 국어국문학(國語國文學)은 새로운 학문이라 더욱 그러했다. 그래서 책이 없었다. 불러 주는 것을 받아쓰는 것이 대학 강의의 전부라 해도 과언이 아니었다.

이러한 때 선생은 세 권의 책을 내었으니 얼마나 존경의 대상이 되었겠는가?

해암은 이렇게 국어학계의 개척자였고, 뒤에는 국어학계를 이끄는 거목이 되었으며, 학술원 회원의 영예를 누렸다. 그리고 만년에는 국어연구소 소장으로 우리 어문규범(語文規範)을 정리 통일하는 큰일을 이루어 내었다. 그러나 선생은 학자로서만 훌륭한 면모를 지닌 것이 아니다.

그는 우리 민족의 지사(志士)였다. 선생은 일찍이 일제(日帝) 시대에 남다른 뜻을 품고 경성제국대학 조선어문학과에 입학하여 우리말을 연구했다. 대학을 마치고는 전주사범학교에서 조선어를 가르치며 학생들의 민족혼(民族魂)을 불러일으켰다. 1939년 조선일보에 발표한 논문 "조선어의 과거와 미래"는 선생의 이러한 지사의 면모를 단적으로 보여 주는 것이다.

이 논문은 조선어 말살(朝鮮語抹殺) 정책을 비판한 것으로, 선생은 이로 말미암아 위의 교사직을 파면 당했다. 선생은 이렇게 일제의 탄압 아래 우리 민족을 위해 소신을 펴는 행동파 선비였다. 선생의 이러한 면모는 이에 그치지 않는다. 선생은 해방 후 모교인 원산중학교 교장으로 추대되었는데, 이때 신탁통치(信託統治) 반대운동을 펴다가 1개월간 투옥되었고, 투옥과 함께 또 한 번의 파면을 당하는 수모를 겪기도 했다.

선생은 대학자요, 지사답게 고집이 세고 엄하다는 평을 받았다. 평가가 매우 엄격해 낙제를 당하는 학생도 있었다. 그래서 근접하기 어려워하는 사람이 있었고, 때로는 선생을 "함경도 고집"이라 욕하는 사람도 있었다. 그러나 선생은 사리가 분명한 분이셨다. 이러한 면은 사람을 추천하는 데서도 볼 수 있다. 제자가 추천해 달라면 누구나 추천해 주는 것이 오늘의 우리 풍조인데, 선생은 그렇지 않았다.

우리가 대학을 졸업할 때 한 여학생이 모교 교사로 가겠다는데 끝내 추천해 주지 않았다. 선생은 그 여학생을 추천해 줄 수 없다고 했다. 책임을 질 수 없다는 것이다. 그러나 다른 여학생을 위해서는 먼 길을 사양하지 않고 동행하였다. 선생은 이 때 이미 신용사회(信用社會)를 고집한 것이다.

선생은 내가 이화에서 사대부고로 옮길 때 그야말로 함경도 고집을 부리신 것 같다. 동료 교수들이 나는 잘 있는 사람이니 다른 사람을 부고에 보내자고 했다 한다. 그런데 선생은 나를 대학에 세우기 위해 고집을 부리셨다. 부속고등학교가 아니면 대학에 출강을 할 수 없었던 것이다. 이것이 오늘의 나를 있게 한 전기가 되었음은 말할 것도 없다.

그 뒤 나는 모 지방대학을 거쳐 모교로 자리를 옮겼다. 이 과정에서도 선생의 노력과 배려가 없었다면 오늘의 나는 없었을 것이다. 지금의 나와는 다른 길을 걷고 있을 것이다. 그러기에 나는 선생의 은혜를 생각하며 추도식의 약력을 소개하는 자리에서 목이 메어 말을 잇지 못했다.

해암은 부부의 금실(琴瑟)도 남다른 분이었다. 댁을 찾으면 언제나 평화롭고 단란한 가정의 모습을 보여 주었다. 그리하여 우리들의 부러움을 샀다. 이러한 가정의 화목은 물론 그냥 이루어진 것이 아니었다. 선생은 밖에서 공사 간의 일로 언짢은 일이 있으면 늦게까지라도 사무실에서 그것을 삭이고 귀가하셨다 한다. 댁에 가서 언짢은 표정을 보이지 않기 위해서였다. 이는 우리 주변에서 쉽사리 경험할 수 없는 감동적인 사실이다. 명퇴(名退)가 자행되는 오늘 우리가 귀감으로 삼아야 할 것이 아닌가 생각된다.

또 하나 기억해야 할 것은 선생은 염의(廉義)를 존중하는 선비였다는 것이다. 선생께서는 다섯 아들을 기르시며 생활이 어려웠던 모양이다. 그도 그럴 것이 모두 서울대학을 다녔다고는 하나 의학을 전공하는 아들, 음악을 전공하는 아들이 있으니 학비도 적잖이 들었으리라. 그래서 집도 줄여서 이사를 했는데 그런 내색은 전혀 하지 않으셨다.

그리고 오히려 환갑, 정년퇴임, 고희(古稀) 등 몇 번의 논문집을 내어 드리자 미안해하시는가 하면 밑의 아들들의 결혼식에는 제자들에게 청첩조차 하지 않았다. 제자들에게 더 이상 폐를 끼치고 싶지 않았던 것이다. 안면도 없는 사람에게까지 초청장을 남발하는 세상에 이런 스승은 또 얼마나 계시겠는가?

오늘을 있게 해 주신 나의 스승에 대해서는 이렇게 할 이야기가 끝이 없다. 그러나 지면이 허락하지 않으니 이만해야 하겠다. 가정에서는 다복한 가장, 사회적으로는 민족지사, 학계에서는 대학자이셨던 해암(海巖) 선생을 스승으로 모셨다는 것을 내 생(生)의 자랑으로 알며, 선생의 명복(冥福)을 빈다.

(교육월보, 1997. 4.)

고어(古語)의 틀을 잡아 주신 선생님

노 재 봉(盧載封)

전 자양고 교장, 수필가, 국어교육과 59학번(16회)

사대 국어과에 입학하여 4년 동안 고어(古語) 및 고전(古典)에 대한 틀을 잡아 주신 분이 해암(海巖) 김형규(金亨奎) 선생님이시다. 사대 국어과에서 여러 선생님께 학문을 배웠지만 가장 기억에 남는 선생님은 해암 선생님과 졸업 후 제자들의 취직까지 주선해 주신 이응백(李應百) 선생님이시다.

선생님은 학문에 대한 열정과 학자의 덕망을 고루 갖추셨던 훌륭한 스승이셨다. 결강이 없고 수업에 철저하셨으며 학점에 엄격하여 여간해서 A학점을 주지 않으셨다. 그래도 여학생들에게는 좀 후한 점수를 주신 것 같다. 남학생 중에 A학점을 받은 사람은 별로 없다. 나는 4년 동안 꽤 노력을 하였으나 한결같이 B학점이었고 끝내 A학점을 받지 못하였다.

선생님은 학문적(學問的)으로나 가정적(家庭的)으로나 성공한 삶을 사셨다. '76년에 퇴임하실 때까지 제자들을 뜨겁게 아끼시고 연구와 사회 활동을 활발히 하셨다. '96년 돌아가셨을 때는 사정이 있어 조문을 못하고, '98년 10월 말 대상(大祥) 때 묘비 제막식(墓碑除幕式)에 참가했다. 부슬비가 내리는 서울대학교 교정에서 대절 버스를 타고 동기생 심영자 선생님과 산소에 갔던 것이 벌써 9년 전 일이다.

선생님과의 인연은 대학 시절보다 오히려 졸업한 후의 일이다. 교육대학원 때 석사논문 지도를 해 주셨고, 그것이 계기가 되어 고등학교 문법 교과서를 선생님을 도와 집필하였다. 스폰서였던 출판사가 도산(倒産)하는 바람에 출판도 못하고 말았지만, 약 4개월 동안 바쁜 속에서 선생님과 공동 작업을 하였다.

교육대학원을 졸업하고 2년쯤 지나서였다. 성동 고등학교에 근무할 때인데 하루는 선생님의 연락을 받고 학교로 찾아뵈었다. 선생님께서는 어느 출판사에서 고등학교 문법 교과서를 집필해달라는 부탁을 받았는데, 혼자서는 힘들 것 같아 나를 부르셨다고 한다. 당신은 이론적인 면을 중심으로 집필을 할 테니 학교 일선에 있는 내가 실무적인 일을 해 보라는 부탁이셨다. 검인정 교과서로 인가되면 인세(印稅)의 10%를 주시겠다는 조건이다. 나에게 논문을 지도해 주실 때 신실(信實)하게 보셨던 것 같다. 많은 제자 가운데 나에게 부탁을 하신 것은 고마웠으나 고3 담임에 보충수업까지 하느라 너무 바빴다. 나는 생각해 볼 시간을 달라고 하였다. 몇몇 친구들에게 이야기했더니 검인정 교과서(檢認定敎科書)로 인가되면 제자가 많은 선생님의 책은 많이 채택될 것이라며 해 보라고 하여 선생님과 같이 책을 썼다.

4개월가량 매주 선생님을 찾아뵙고 협의하여 집필을 하였다. 그런데 거의 탈고가 되어갈 무렵에 스폰서인 출판사가 도산(倒産)하는 바람에 출판도 못하고 말았다. 선생님도 속이 상하실 터인데 그간 수고한 대가로 출판사에서 착수금을 받은 것이라며 돈을 주시었다. 나는 오히려 문법에 대하여 많은 것을 배웠다며 거절하느라 애를 먹었다. 미안하게 되었다며 언짢아하시던 모습은 내 뇌리에 오래 각인(刻印)되었다.

선생님과 특별한 인연을 갖게 된 것은 대학원에서였다. 대학 졸업 후 7년 만에 서울대학교 교육대학원에 진학하였는데, 선생님은 나의 논문(論文)을 지도(指導)해 주셨다. 대학을 졸업하고 '64년에 청주에 있는 사립학교인 세광고등학교에서 5년간 근무하고 '69년 봄에 순위고사를 통하여 덕수중학교에 발령을 받았는데 2부에 배정되었다. 아직 이사를 하지 않고 나만 올라와 하숙을 하고 있던 때여서 낮에는 시간이 남았으나 할 일이 없었다. 대학 졸업 후 가정 형편 때문에 대학원에 진학하지 못하였는데, 늦기는 하였으나 진학하기로 했다. 국어 전공(國語專攻)의 경우 제2외국어는 한문을 하면 되고, 서당에서 2년간 한문을 배운 것이 밑천이 되어 그런대로 무난했으나 제1외국어인 영어가 문제였다.

시사영어학원에 나가 공부를 하였다. 학문은 무정한 것이어서 전에 배운 단어는 쉽게 회상이 되는데 새로 배우는 것은 머리에 잘 들어오지 않았다. 서울대학교 본대학원은 도저히 어려울 것 같아 교육대학원으로 한 단계 낮춰 지원을 했다.

논문(論文) 지도교수(指導教授)로 김형규 선생님이 결정되었다. 도서관에 가서 자료를 조사하고 몇 달 동안 고생 끝에 주제(主題)를 정하고 논문 계획을 세워 보여드렸는데 선생님께서는 못마땅해 하셨다. 대학원에 진학한 것이 '70년도였는데 당시에는 중등 교사로서 석사(碩士) 자격을 가진 이가 별로 없었고, 필요성도 별로 느끼지 않던 시기여서 나는 차일피일 미루다가 논문을 포기할 지경에 이르렀다. 동기 7명 중 여학생 2명만 2년 만에 제대로 졸업 하고 나머지는 낙제생이었으며 2명은 끝내 논문을 내지 못하고 말았다.

하루는 이응백(李應百) 선생님께서 만나자는 연락이 왔다. 선생님은 여러 가지 이야기 끝에 노군이 대학원을 끝내지 못하면 되겠느냐고 하시며 논문 준비를 하라고 하셨다. 그간의 사정을 말씀드리고 내 능력으로는 어려울 것 같다고 하였더니, 한참 생각하시다가 직접 선생님을 찾아뵙고 주제(主題)를 정하여달라고 하라고 하셨다. 사실 선생님은 너무 꼿꼿한 학자이시어 근접하기 어려웠던 것도 논문을 포기하려고 한 이유였다.

하루는 큰맘 먹고 안암동 선생님 댁으로 찾아뵈었다. 그런데 선생님은 학교에서 평소에 뵙던 것과는 달리, 늦게라도 학문을 계속하려는 마음이 가상하다며 친절히 안내해 주셨다. 방언을 연구하여 보라며 논문 제목과 조사할 어휘(語彙)까지 마련해 주셨다. 당시 선생님은 방언 연구에 열중하시던 때인 것 같다. '73년 여름방학에 20여 일 동안 방언 조사를 하여 논문을 냈고 입학한 지 4년 만인 '74년에 졸업하여 교육학석사 자격을 얻었다.

논문 제목은 "忠淸北道 南部方言의 一考察 (方言의 世代差에 依한 差異点을 中心으로)"이었다. 선정한 어휘를 가지고 초등학교 5학년 이하의 어린이와 65세 이상의 어르신 두 그룹으로 나누어 조사해서 세대 간의 차이점을 밝히는 것이었다. 충청북도 남부 4개 군(청원, 보은, 영동, 옥천)을 조사 지역으로 하였다.

한번은 황간에서 간첩 신고를 받고 조사를 당한 일도 있다. 방언(方言)을 조사하려면 궁벽한 시골로 가야 하는데, 녹음기를 들고 이십 리를 걸어 들어가 어린이를 대상으로 무엇을 조사하는 것이 수상하여 그 마을 이장이 신고를 한 것이다. 경찰이 와서 신고를 받고 왔다며 지서로 가자고 하였다. 나는 공무원증을 보이며 사정을 하였으나 일단 신고를 받았기 때문에 조사를 하여야 한다는 것이다. 사정을 하여 방언 조사를 마치고 오토바이 뒷좌석에 타고 지서에 가서 행정전화로 성동 고등학교로 확인을 한 뒤에야 풀려났다. 덕분에 이십 리를 걸어 나오는 수고는 덜었다.

'77년 서울시 교육연구원(教育硏究院) 교육연구사(教育硏究士)로 발령을 받았는데 그때는 전문직 선발고사가 없고 교육감이 학교장의 추천을 받아 전문직 발령을 하였다. 그런데 석사 자격을 가진 교사 중에서 선발하였기 때문에 내가 논문을 포기하였더라면 전문직으로 갈 수 없었고, 매사에 소극적인 나는 평교사로 교직을 마쳤을 것이다.

졸업 후까지 추수지도를 해 주신 이응백 선생님과 친절하게 논문 지도를 해 주신 김형규 선생님께 고맙게 생각하며, 선생님의 영전에 엎드려 명복(冥福)을 빈다.

평생 동안 제자를 올바르게 기르신 선생님을 생각하며 확실하지는 않으나 김병연(金炳淵 ,1807~1863)이 지었다는 시(詩)가 선생님의 위상(位相)을 잘 나타내는 것 같아 여기 소개한다.

世上誰云訓長好　無煙心火自然生
曰天曰地青春去　云賦云詩白髮成
雖誠難聞稱道語　暫離易得是非聲
掌中寶玉千金子　請囑撻荊是眞正

세상에 누가 훈장이 좋다고 말하겠는가?
연기 없는 마음의 불이 저절로 일어난다.
하늘 천 따지 하다가 청춘은 가고,
부니 시니 일컫다가 백발이 되었다.
비록 정성을 다하여도 잘했다는 말 듣기는 어렵고,
잠시만 본분에서 멀어지면 잘못했다는 말 듣기는 쉽다.
손바닥 안의 보석 같은 자식일지라도,
종아리를 때려달라고 부탁하는 것이 참되고 바른 길이다.

해암(海巖) 김형규(金亨奎) 선생님, 참 스승의 모습을 보여 주신 어른이시다.

해암 선생님의 '선생님' 생각

정 병 헌(鄭炳憲)
숙명여대 교수, 국어교육과 69학번(30회)

1969년 용두동의 캠퍼스는 퍽 따뜻했다. 그저 고만고만한 크기 속에서 선후배가 어울려 청량대를 거닐고 토론을 벌였으며, 또 성동역 옆의 개천 위로 죽 늘어서 있던 판자집과 바보주점의, 마시고 나면 카바이트 가루 수북이 쌓이던 막걸리의 냄새도 퍽 정겨웠다. 입대하기 전까지의 2년간은 분주한 야유회와 모임으로 서로를 익히고 미래를 펼쳐나가는 데 그리 짧은 기간이 아니었다. 그런 만남이 있어 청량대의 동산은 항상 아련하게 남아있고, 그 때의 사람들은 퍽 정겨운 모습으로 각인되어 있다.

1975년 복학하면서 휑하니 컸던 관악 캠퍼스에 적응하기 어려웠던 것도 그런 아담한 사이즈의 청량대에 익숙했던 까닭이었을 것이다. 우리만이 차지하던 공간은 새로운 문화에 익숙해진 젊은(?) 세대들로 가득 차 또 다른 활기를 불어 넣어주고 있었다. 복학한 몇 사람들과 봉천동의 튀김집으로 몰려가 소주를 기울인 것도 그런 주류에서 벗어나 있었기 때문일 것이다. 술의 종류도 그러했다. 막걸리를 데워 마시던 그 시절과 달리 이

곳에서는 당연한 듯이 소주와 맥주가 준비되었다. 이곳에서도 어김없이 국어과의 야유회는 있었고, 거기에서는 또 어김없이 막걸리가 돌았던 것이 그나마 위안거리일 수 있었다.

새로 조성되는 캠퍼스의 황량함과 콘크리트 내음 속에서도 반가웠던 것은 그런 추억거리와 선생님들이 그 시절과 현재를 이어주고 있었다는 점이었다. 이미 연포 선생님은 청량대에서 정년을 하시어 고별 강연회를 들을 수 없었지만, 해암 선생님은 관악산에서의 정년으로 대학생활의 여운을 즐길 수 있게 해 주셨다. 청량대에서 해암 선생님은 다만 입학시험의 면접장에서, 그리고 야유회와 과우들 모두의 모습을 담는 촬영장에서 만나 뵈었을 뿐이었다. 그런데 강의실에서 뵐 수 있게 된 것은 관악산이었으니, 해암 선생님은 청량대와 관악산을 잇는 튼튼한 연결 고리로 기억되는 것이다(지금은 시대의 요구에 따라 '한국고전문학교육학회'로 이름을 바꾸었지만, 고전문학을 연구하는 국어과 선후배들의 학회 모임은 청량대와 관악산의 소중한 인연을 기억하기 위하여 '청관고전문학회'로 출발하였다.).

선생과 제자야 강의실에서 만나든 그렇지 않든 사제관계인 것이지만, 학문의 계승은 어쩔 수 없이 강의를 통하여 이루어지는 것일 수밖에 없다. 그래서 해암 선생님의 강의에 참가하고, 그 해맑으신 얼굴과 마주한 것은 진정한 사제의 관계를 갖게 한 소중한 기회였다. 어느 선전에선가 뒷짐을 지고 가는 아빠의 뒤를 어린 아들이 마찬가지의 모습으로 따라가는 모습을 본 적이 있다. 그렇게 과거의 것은 미래로 연결되어 그 흔적을 남기게 된다. 알게 모르게 선생님의 강의하시던 여러 모습들은 지금의 내 모습

속에 남아 있을 것으로 생각한다.

교재로 사용하셨던 "고가요주석"을 들춰보면 처음부터 끝까지 빼곡하게 선생님의 말씀이 적혀 있다. 관악산에 와서 휴강하는 일이 적어졌다고는 하지만, 그래도 한 학기 동안 그 두툼한 교재 한 권을 끝내기는 쉽지 않았을 것이다. 그래서 선생님의 강의는 항상 차분하고 정확하게 진행되었다는 것으로 기억하고 있다. 시험이 끝나면 어김없이 채점을 하셔서 본인에게 돌려주시고, 결과에 불만이 있으면 이의를 제기하라고 하셨다. 이의를 제기하는 학생은 별로 없었지만, 이의를 제기하는 학생에게 왜 그런 점수를 주었는지를 하나하나 설명해 주시곤 하셨다. 그렇게 정확한 모습으로 선생님은 나에게 남아 있다.

아, 같이 강의를 들었던 선배 한 분이 있었다. 여러 경로를 통하다가 늦게야 후배들과 강의를 같이 들었던 그 선배는 퍽 화합을 강조한 분이었다. 그래서 우리는 즐겨 선배와 술집에 앉아 인생에 관한 경험을 듣곤 했었다. "너 그렇게 하면 죽어서 초상 치를 때, 상여 메 줄 사람 하나 없게 된다."는 말을 선배는 참 많이 했었다. 선생님의 강의를 그 선배와 같이 들었고, 그래서 선배는 시험지를 들고 나가 선생님께 하소연을 하였다. 말하자면 채점의 결과에 대한 이의가 아니라, 선처를 호소하는 수준이었다. 졸업이 한 학기 남아 있는데 이 과목에서 학점을 받지 못하면 졸업이 어렵다, 그리고 성의껏 이렇게 많은 양을 썼지 않느냐, 대충 그런 내용으로 기억하고 있다. 그렇게 기억하는 이유는 그렇게 말씀드리겠노라, 그러면 인자하신 분이니까 융통성을 발휘해 주실 것이다, 이렇게 사전에 우리에게 말했기 때문이다. 선배의 말을 들으시고 답안지를 이렇게 저렇게 보시는 동안, 10동에 있던 강의실은 쥐죽은 듯(?) 고요했다. 수많은 제자들의 시선 앞에서 아마도 많이 생각을 하셨을 것이다. 그리고 최종적으로 우리는 그런 말을 듣고 보니 이 점수는 너무 박하다는 느낌이 든다, 그리고 충분히 성의도 보일 만큼의 양도 갖추었다, 그래서 몇 점을 더 올려줄 수 있겠다, 대충 이런 내용의 선생님 말씀을 들을 수 있었다. 그러나 몇 점 올린 것이 학점 이수와는 아무런 상관도 없어, 그 선배는 졸업을 한 학기 늦춰야 했다. 50점에서 약간 모자랐던 점수가 50점을 약간 상회하는 점수로 바뀌었을 뿐이기 때문이다.

언젠가 선생님께서는 학생들에게 선생님이 채점하시는 기준을 명쾌하게 설명해 주셨다. 가장 낮은 점수를 주는 것은 선생님의 강의는 참석도 하지 않고, 시험 기간이 되어 선생님의 이론과는 다른 서적을 읽고 그 내용을 적은 답안지라고 하셨다. 강의를 통하여 선생과 마주하지 않고 어떻게 학통이 형성될 수 있겠느냐는 말씀이셨다. 평균 점수를 받는 경우는 선생님의 강의를 충실하게 듣고, 그 내용을 자기화하여 잘 정리한 답안지라고 하셨다. 그래서 강의 시간 중에 설명하신 내용을 이해하지 못해 질문하는 학생을 흐뭇하게 바라보시곤 하셨다. 최고의 점수는 선생님의 강의 내용을 바탕으로 선생님과 다른 주장을 펴는 이론을 비판함으로써 결과적으로 선생님의 이론이 맞다는 것으로 귀결된 내용의 답안지에 주신다고 하셨다. 그 전부터도 말씀하신 것이니, 그런 최고의 답안을 작성한 제자가 있었는지는 모른다. 나야 항상 선생님의 강의 내용을 따라가기에 바빴고, 그리고 다른 서적들을 볼 수 있는 여러 가지 여유를 갖지 못했기 때문이다. 그렇게 말씀하시는 선생님을 보며 우리는 선생님의 국어학 이론이 제자들에 의하여 확대되고 재생산되어 국어학이라는 학문의 기반을 쌓은 분으로 기억되기를 바라는 선생님의 속내를 드러낸 것이라고 말했던 기억이 난다. 사범대의 국어교육과이기에 갖는 여러 장점들이 있지만, 이런 점에서는 퍽 쓸쓸하셨을 것이라는 생각이 그래서 들었었다.

선생님께서는 "선생님은 말이야." 하신 것처럼 스스로를 '선생님'으로 부르셨다. 신입생들이 선생님을 '교수님'으로 부르느냐, 아니면 '선생님'으로 부르느냐고 여쭈었을 때, 단연코 '선생님'이라 하는 것이 좋다고 하셨다. 선생님이라는 사실을 자랑스럽게 생각하셨고, 그에 합당한 선생님이 되고자 정도를 벗어나지 않으셨던 분으로 기억된다. 그래서 오랫동안 '선생님'의 일을 하면서, 그랬던 선생님의 모습만을 떠올리는 것만으로도 나는 상당한 '선생님'이 될 수 있겠다는 생각을 했었다. 그러나 아직도 나는 나 자신을 '선생님'으로 부르는 것에 서툴다. 제자들이 따를 수 있는 이론을 갖추지 못하였으니 당연한 것으로 생각한다. 아마도 더 선생님을 많이 떠올리고, 걸음을 따라 해 보고, 느릿느릿하지만 열정적이셨던 말씨를 오랫동안 흉내내본다면 떳떳하게 '선생님'으로 부르라 할 수 있을까?

포레스트와 해암(海巖) 선생님

심 영 택(沈寧澤)
청주교대 교수, 국어교육과 82학번(39회)

주변을 둘러보면 나도 저런 절친한 관계를 맺을 수 있는 사람이 한 명 있었으면 하는 생각이 종종 든다. 시샘삼아 어떻게 서로 친하게 되었느냐고 물어보면 대부분 '그냥 이유 없이 좋다'는 싱거운 대답만 듣게 된다. 사람이 누군가를 좋아하는 것이 어떤 이유 때문이 아님을 알고 그들을 더 부러워하게 된다. 혹 이러저러한 이유로 말미암은 것이라면 나도 그런 이유를 만들기 위해 노력할 텐데. 하지만 내가 관찰한 바에 의하면 그들이 그런 관계를 맺는 데는 이유가 있는 듯했다. 다만 논리적인 이유만을 내세우는 범인(凡人)과는 달리, 감성적인 교감이 그들 사이에 존재한다는 점이 그러했다.

구스 반 산트 감독이 제작한 영화 '파인딩 포레스트'에서도 그런 관계와 모습을 엿볼 수 있다. 온갖 걸 배달 시켜가며 자신이 사는 아파트에서 십 수년째 나오지 않는 은둔 소설가 윌리엄 포레스터(숀 코너리)나 문학적 재능을 안으로 삭이는 흑인 소년 자말 웰러스(롭 브라운)는 모두 대인 관계를 저어하는 외로운 영혼들이다. 범속한 동료나 또래들 사이에서 섬이 되어버린 두 사람이 자석이 끌어당기듯 어느 날 맞닥뜨렸을 때 더듬거리며 상대를 탐색하던 둘은 상대방이 자신과 비슷한 부류임을 알아본다. 소설 한편으로 문학사의 별이 된 포레스트와 카프카, 사드를 읽으며 문학적 성공을 꿈꾸는 자말은 처음엔 스승과 제자 사이였지만 시간이 흐를수록 그들은 '좋은 글'을 찬미하는 한 마음으로 믿음을 쌓아간다.

하지만 자말이 쓴 '좋은 글(신념이 익어가는 계절)'로 말미암아 서로에게 위기가 닥친다. 제목과 첫 문단이 포레스트의 기존 작품과 같음을 알고, 작가의 승낙을 받았는지 여부를 묻는 교사 로버트 크로포드의 끈질긴 추궁에도 불구하고 자말은 스승 포레스트를 보호하고자 대답을 거부한 채 퇴학을 마다하지 않는다. 학생들의 작품을 발표하는 낭독 시간을 끝으로 학교를 떠나게 된 순간, 포레스트는 자말이 쓴 작품을 수많은 대중 앞에서 낭독하고, 끝까지 대중들로부터 자신을 숨겨주고자 한 자말을 데리고 함께 집으로 돌아가면서 영화는 행복하게 끝을 맺어 간다.

해암 선생님을 추모하는 원고 청탁을 받고서 영화 '파인딩 포레스트'를 다시 보았다. '죽은 시인의 사회', '굿 윌 헌팅', '위험한 아이들'과 같은 교육 영화가 많음에도 불구하고 내가 이 영화를 떠올리게 된 이유를 생각해 보았다. 80년대 후반 무렵 대학원 수업을 통해 해암 선생님을 처음 뵙게 되었다. 아마 선생님께서 하신 마지막 강의였다고 생각된다. 연세를 고려하여 선생님 댁에서 이루어진 수업은 학교에서 한 시간 이상 버스를 타고 가야 하는 먼 길이었다. 그럼에도 불구하고 우리는 그 길이 멀다고 생각되지 않았다. 선생님은 항상 제자들을 편안하게 대해 주고 끊임없는 격려를 해 주셨다. 우리는 해암 선생님의 건강을 염려하였으나, 선생님의 목소리는 자말이 타자로 작품을 쓸 때 손가락에 힘을 주어 강하게 치라고 외치는 포레스트처럼 포르테가 되어 우리의 얄팍한 앎의 영역과 나태한 영혼을 일깨워 주셨다.

한 학기 동안 선생님은 한 치 앞을 내다볼 수 없는 삶과 학문의 미로를 아리아드네의 실이 되어 우리로 하여금 그 미궁을 빠져나가는 길잡이 구실을 해 주셨다. 그러면서 선생님은 포레스트처럼 나이와 학문적인 수준 차이와 편견을 넘어서고 보듬어 주는 참된 스승 상을 보여 주셨다. 짧은 만남의 시간이었지만 해암 선생님의 인상은 포레스터가 자말에 남긴 마지막 편지를 떠올리게 된다. “사랑하는 자말, 한때 난 꿈꾸는 걸 포기 했었다. 네가 꿈을 버리지 않는 아이인 걸 알았을 때, 나 또한 다시 꿈을 꿀 수 있게 되었지. 인생의 겨울에 와서야 삶을 알게 되었구나, 네가 없었더라면 영영 몰랐을 거다.” 더 이상 선생님을 만날 수 없게 되었지만 우리가 살아가면서 만나게 될 세속과 학문의 걸림돌들은 마지막 강의까지 선생님께서 뿜어내신 광휘(光輝) 앞에 산산이 부서질 것이다.

자말과 같은 수많은 제자들이 오늘도 포레스트와 같은 해암 선생님과 감성적인 교감을 지속하는 잔치 자리에 슬그머니 끼어들기만 하는 내 모습이 부끄럽기만 하다.

산수간 넘나드는 기억의 물비늘

아버님을 그리워하며

김 종 국(金鍾國)
해암 선생 사남(四男)

내가 부모님의 은덕으로 세상에 태어난 춘삼월 오늘이 육십 번째 맞이하는 생일날이다. 아침 일찍, 부모님이 좋아하셨던 꽃들로 한아름 꽃다발을 만들어 일죽의 부모님 묘소를 찾아뵙고 "불효자 종국이가 환갑이 되었습니다." 하며 술 한 잔을 올리니, "우리 넷째가 벌써 그렇게 되었구나." 하며 대견해 하실 인자하시던 생전의 모습이 선하게 떠오른다. 오늘 저녁 가족들만의 잔치에 함께 모시지 못하는 아쉬움에 울먹였는데, 아버님께서 항상 머리맡에 할아버지와 할머님의 빛바랜 흑백사진을 소중히 모시며 여러 글에서 보여 주신 애틋한 그리움이 이러하셨으리라 생각된다.

내가 어렸을 때의 생일에 대해서 생각해 보면, 우리 오형제가 7살 차이로 자라났으니 집안 창호지와 유리창은 성한 것이 하나도 없었는데, 매일 다섯 개의 도시락을 싸시며 학교 뒷바라지하시느라 어렵고 바쁜 살림 속에서도 늘 잊지 않고 미역국과 계란을 특식으로 꼭 생일을 챙겨주시던 것이 생각난다. 그런 기억이 가슴 깊숙이 따뜻하게 남아있는 것은 부모님의 자식 사랑이 남다르셨기 때문일 것이다.

어머님이 평소에 전해 주신 이야기 중에 아버님이 평소에는 집안일에 대하여는 일체 말씀이 없으셨지만 심기 불편해 하시며 나무라시는 두 가지가 있었다고 한다. 하나는 그 당시 귀하고 아끼셨던 진공관 라디오가 고장이 났을 때였고, 또 하나는 우리들 중에 누가 아팠을 때라고 하셨다. 애들이 아프면서 자라는 것을 모르실 리 없으셨지만 마음 속 깊은 걱정을 나타내셨던 것으로 생각된다.

우리가 어렸을 때를 기억해 보면, 그 당시 자가용이 있는 것도 아니고 교통은 불편하기만 했지만, 올망졸망 개구쟁이 다섯 형제를 데리고 찬합에 도시락 싸서 봄이 되면 창경원에 벚꽃 구경과 동물원 구경을 갔었고, 휴일이나 방학 중에는 인접한 선린상고 운동장에서 함께 야구도 해 주셨다. 아버님 고향이 명사십리로 유명한 원산이셨기에 원효로에 살 때는 한강백사장에서 튜브 타며 물놀이를 시켜주셨고, 제기동으로 이사 와서는 동대문에서 출발하는 콩나물시루 같이 빽빽한 전동차를 타고 뚝섬과 광나루까지 갔었다. 사라호 태풍 뒤끝의 거센 풍랑 속에서도 인천에서 배를 타고 서해안 해수욕장을 다녀왔던 즐거운 추억들은 평소에 예뻐하시는 내색은 없으셨지만 말씀 없이 보여 주신 아버님의 깊은 사랑을 새삼 그리워하게 한다.

부모님의 사랑이나 은혜를 헤아리지 못한 것에 대해 사람들이 쓴 글이나 부른 노래가 많듯이, 결국 우리도 부모님의 깊은 사랑을 모두 헤아리지 못했고, 은혜에 대한 보답을 시작도 하기 전에 부모님은 짙은 연민만 남기고 떠나가시었다. 지금은 우리 곁에 없으신 부모님을 그리워하며, 무엇인가 많이 못해드린 아쉬움으로 한쪽 가슴에 항상 공허함을 느끼는 듯하다.

아버님이 생전에 좋아하셨던 두 가지의 잔치가 있었다. 하나는 생일이나 명절이면 형제 부부 열 명과 손자손녀 열셋에다 숙부님 식구 여섯이 모이면 30여명이 넘는 큰 잔치가 벌어지는데, 밤늦게까지 바둑 두시다 우리들 화투놀이 구경도 하시며, 어린 손자들 북새통에서도 이것저것 챙기시며 형제 화목하고 자손 번창함에 미소 가득하시며 즐거워하셨다. 또 하나는 설날에 제자들의 인사를 맞으시는 것이었는데 제자들이 양력과 음력 모두 오시니 우리는 항상 이중과세를 하였고, 아끼고 사랑하시는 제자 분들께 떡국과 다과를 직접 만들어 대접하시고자 했던 것이다.

우리는 여자 형제가 없는 관계로 어머님 따라 장바구니 들고 시장 구석구석을 따라 다닐 때 쑥스러워 했다. 비록 어머니의 장보기를 거들기는 했어도 준비하는 음식을 맛보는 것은 여간 어려운 일이 아니었다. 하나하나 까고 깨부순 땅콩과 들깨를 아랫목에서 녹인 흰엿에 버무려 밀대로 쫙 펴고 썰어서 강정을 만들곤 했는데, 어머니는 우리에게 손도 못 대게 하셨다. 간혹 옆에서 거들다가 부스러기라도 얻어먹으면 마냥 즐겁기만 했다. 아침 일찍부터 손님맞이 준비에 아버님과 우리들은 마당 청소와 집안 정돈에 분주했다. 집안 식구들 세배와 식사도 매번 서둘러야 할 정도로 바빴는데도, 식사하시다가 제자 분이 오시면 바로 수저를 놓으시고 반기어 응접실로 향하시면서 다과를 들이라고 하셨던 표정은 정성스레 가꾸시던 난의 그윽한 꽃향기를 맡으시던 때의 표정이었다. 제자 분 여럿이 함께 오시어 화투판이라도 벌어지면, 월약도 모르시는 아버님은 그렇게도 흐뭇하게 옆에서 지켜보고 계시면서 떡국과 과일을 챙기셨으니 아버님이 서재에 삼락(三樂)이라는 액자를 거신 마음을 헤아릴 수 있을 것 같다.

이런저런 생각을 정리하고 일어서면서 묘역을 둘러보니 아버님이 25년 전에 고향 원산 선산에 묻히기 어렵다고 생각하시며 이곳 안성 우성공원의 양지바른 가족묘역에 우리 오형제와 숙부님 가족이 함께 하도록 하여, 먼 훗날에도 그렇게 사랑하던 가족들이 한자리에 모이게 하셨다. 또한 우리 못지않게 아끼고 자랑스러워 하셨던 제자 분들이 스승을 기리는 정성으로 아버님 곁에 공덕비를 세우셨으니 아버님이 생전에 좋아하셨던 두 가지 잔치는 영원히 이어지겠구나 하는 위안을 얻었다.

곁에 나란히 계신 어머님 묘소를 보자니 아버님 돌아가신 다음 해에 나와 함께 이곳에 오셔서 결혼 전에 두 분 사이에 오갔던 사랑의 편지를 태우시며 훌쩍이시던 모습이 떠올랐고 짓궂은 생각에 나만 보여 달라고 하였으나, 아버지와의 약속이라고 하시며 끝내 두 분만의 밀어로 간직하시고 그렇게도 바라시던 아버님 곁으로 가셨으니 저 세상에서도 이어질 두 분의 짙은 사랑을 되새기며 나는 너무도 과분하게 많은 것을 물려받았다는 생각을 해 본다.

2007. 3. 4.

76년 내외분

86년 해암 선생 생일

83년 정초 가족들과

86년 정초 가족들과

88년 금혼식에서 가족들과 함께

88년 금혼식에서 아들, 며느리와 함께

해암(海巖) 선생님과 나

김 은 전(金恩典)
서울대학교 명예교수, 50학번(10회)

1. 선생님과의 만남

교직에 오래 계시다가 은퇴하신 분들, 특히 전직 교장 선생님들의 모임에 '삼락회(三樂會)'라 이름 붙인 것을 보게 된다.

"맹자(孟子)"의 '진심(盡心)' 편(篇) (上)에 나오는 '군자삼락(君子三樂)' 중의 한 조건, 즉 '득천하영재이교육(得天下英才而敎育)'에서 따 온 것으로 짐작된다. 나도 다년간 교직에 있었으므로 '군자삼락'이라는 말에 매력을 느끼나, 군자는커녕 옛 선비의 후예로 자처하기도 부끄러워 그냥 일개 노서생(老書生)으로 지내고 있다.

내가 여기서 말하고 싶은 것은 '득천하영재' 운운보다는 내가 남달리 스승 복을 많이도 타고 났다는 사실이다. 그리고 이와 같은 복은, 대학 재학 시에 6·25 전쟁으로 군에 복무하여 3년이나 졸업이 늦어진 탓으로 누리게 되었으니, '불행중다행'이라 할까, 아니면 '고진감래(苦盡甘來)'라

할까?

아시다시피 서울대학교가 피난지인 부산에서 '전시연합대학'이라는 간판을 달고 운영되던 상황에 비하여, 미봉적으로나마 휴전이 성립되고 환도(還都) 후 서울 교사(校舍)로 돌아와 수업이 궤도에 오르고 본격적으로 진행되던 무렵에 복학한 나는 내실 있는 교육을 받았다고 생각하며 스스로를 위로한다. 군사학점을 인정받아 2학년으로 편입되었으나 남은 3년간에 졸업에 필요한 학점을 취득해야 했고, 또 대학원 진학을 뜻하고 있어서 취득할 수 있는 학점 제한을 초과해서 타학과의 강의도 수강할 수 있었다.

내가 최현배(崔鉉培) 선생님의 '문법론'을 비롯하여 영어과(英語科)의 간판 '스타' 격인 피천득(皮千得) 선생님의 '영시강독(英詩講讀)', 소장기예(少壯氣銳)인 장왕록(張旺祿) 선생님의 '영소설강독(英小說講讀)'과 문리과대학에서 출강하시는 김붕구(金鵬九) 선생님의 '중급불어', '상급불어' 등의 명강의를 들을 수 있었던 것은 내게는 큰 축복이 아닐 수 없었다. 피(皮) 선생님이 내신 "금아시문선(琴兒詩文選)", "산호(珊瑚)와 진주(眞珠)" 등 사화집(詞華集)·수필집을 읽어 보면 피(皮) 선생님의 수업의 분위기가 어떠했는지 알 수 있을 것이다. 또 김붕구(金鵬九) 선생님께서는 후일 '문학과 지성'사에서 "보들레에르"라는 서명의 대저(大著)를 내신다. 그러니 김(金) 선생님의 강의는 불어입문의 수준과 성격을 뛰어넘어 격조 높은 불문학, 특히 프랑스 시(詩)의 향기가 진동하는 그런 수업이었다.

하지만 나에게 스승 중의 스승이시며 '군사부일체(君師父一體)'라는 말

뜻에 부합되는 은사님은, 내가 복학해서 지도교수로 모신 김형규(金亨奎) 선생님이시다. 선생님과 나와의 운명적 만남도, 나의 뒤늦은 복학 때문이니, 만 4년 가까운 힘든 병영생활이 나에게는 무의미한 공백기만은 아니고 전화위복(轉禍爲福)의 일면이 있다.

1954년 5월, 군 생활에서 놓여나 을지로5가에 있는 사대(師大)에 와 보니, 입학 당시 전임으로 계시던 정학모(鄭學謨) · 손낙범(孫洛範) 그리고 강사로 나오시던 김기림(金起林) 등 여러 선생님들은 혹은 납북되시고 혹은 사정에 의해 복직을 못하고 계셨다. 그리고 고대(高大)에서 오신 김형규(金亨奎) 선생님께서 주임교수(主任敎授) 직을 수행하시고, 서울대(大) 법대(法大)에서 교양국어를 가르치시던 이하윤(異河潤) 선생님이 전임으로 와 계셨다. 6 · 25 이전부터 계시던 전임 교수는 단 한 분 광복군(光復軍) 출신의 이탁(李鐸) 선생님뿐이셨다.

복학에 관한 상담을 위해 찾아뵌 김 선생님은 40대 초반의 아담한 체구에 말쑥한 차림의 신사로, 얼굴에는 인자한 미소를 머금으며 잔잔한 음성으로 나를 맞아 주셨다. 끔찍한 전쟁 기간에 후방의 육군병원과 전방의 이동외과병원을 오가며, 부상병의 치료에다 생때같은 젊은이들이 죽어가는 참혹한 현장을 보며 지내던 내가, 마치 객지를 방랑하며 고향집을 그리는 심정으로 복학하는 날을 고대했음은 말할 것이 없다. 그러니 나를 '돌아온 탕자(蕩子)(?)'처럼 맞아 주시는 선생님 모습에 어찌 감격하지 않을 수 있었겠는가? 지난날의 험난한 생활과 복학 전의 불안감이나 긴장감은 일시에 잊혀지고 눈 녹듯이 사라지는 것이었다.

그 후로도 나는 선생님을 뵈올 때마다 느끼는 것이 있었다. 선생님의 미소는 겨울철에 햇살에 쪼이듯 포근하고 훈훈하며, 잔잔한 음성은 무더운 여름철에 쐬는 서늘한 바람과도 같았다.

그러니 선생님께서는 어쩌면 외유내강(外柔內剛)형의 성품이셨는지 모른다. 선생님의 성품은 '해암(海巖)'이라는 아호에 집약되어 있다. '해암'이라는 아호는, 선생님께서 소년 시절에 고향인 원산(元山)의 명소 '명사십리(明沙十里)'에서 해수욕을 즐기시며 눈여겨보시던, 바다 어구에 우뚝 솟은 바윗돌에서 착상하신 것이라고 들었다. 한없이 밀려오는 흰 물결을 거스르며, 소년들을 망망대해로 이끌어 내려 손짓하는 것처럼 보이는 큰 바윗돌은, 우리 선생님께 앞날의 인생행로에 꿈과 이상(理想)을 품게 해 드렸으리라. 바윗돌을 닮아 의연(毅然)하시고 대쪽 같은 분이셨으나, 천성(天性)은 로맨티시스트요 몽상가이셨으니, 이런 면모에서는 '외강내유(外剛內柔)'라는 표현이 더 적절하실지 모른다.

나는 앞에서 최현배(崔鉉培)·피천득(皮千得) 선생님의 강의에 대해 언급했는데, 해암(海巖) 선생님의 강의는 또 독특한 맛과 분위기가 있었다.

2. 선생님의 강의

나는 해암(海巖) 선생님 담당인 '국어학개론(國語學槪論)'을 통해 '방언주권설(方言周圈說)'이니 '자음접변(子音接變)'과 '모음동화(母音同化)' 같은 이치를 알게 되었다. 또 한글 창제 시에 있었던 반치음(半齒音) 'ㅿ'과 아래아 'ㆍ' 같은 모음이 음가(音價)의 불안정(不安定) 때문에 도태되고 '여ᅀᆞ과(狐)'가 '여시' '여우'로, 'ᄑᆞ리승(蠅)'이 '포리' '파리'로 변했으며, 'ᄒᆞᄫᆞᅀᆞ'가 '하올로' '홀로'로 축약(縮約)되었다는 것, 오늘날의 '붕어(鮒魚)'의 ㅇ받침은 '어(魚)'의 옛 표기가 '어'였기 때문에 'ㅇ' 음가(音價)가 되살아난 것이라는 설명을 흥미진진하게 들었다. '찹쌀 · 멥쌀' 할 때의 ㅂ받침 역시 '쌀 미(米)'의 옛 말과 표기가 '쌀'인 데 기인(起因)한다니 얼마나 재미있는 현상인가?

그러나 시 전공생인 내가 특히 좋아했던 선생님의 강좌(講座)는 '중세어 특강(中世語特講)', 교재는 통문관(通文館)에서 간행한 영인본 "분류두공부시언해(分類杜工部詩諺解)"로, 성종(成宗) 12년(1481), 조위(曺偉) · 유윤겸(柳允謙) · 의침(義砧) 등에 의해 간행된 것이다. 그 후 150년이 지난 인조(仁祖) 10년(1632)에 중간본(重刊本)이 간행되었는데, 이 강좌의 핵심은, 중세(中世)에 우리말의 어휘(語彙)와 어법(語法), 문장(文章)과 문법(文法)은 어떠했으며, 이런 것들이 약 150년의 세월이 흐른 후 어떤 모습으로 변천했는지 구체적으로 알아보자는 데 있었다. 그런데 나로서는 어학적 측면에서 달라붙어 두시(杜詩)라는 거봉(巨峯)에 오르는 산악인(山岳人)의 흥분과 희열을 만끽하는 쪽으로 중심이 옮겨 갔다. 선생님의 강의가 중세 시대의 우리말의 재현(再現)이나 그 이후의 변천에 대한 학생들의 지식 수준을 높이고 지적 욕구를 채워 주시는 데 그치지 않고, 어학 교재인 시 작품을 시로 대접해 줌으로써 실로 향기가 진동하는 문학교육으로 고양(高揚)되었기 때문이다.

두보(杜甫)는 이백(李白)과 쌍벽을 이루는 당대(唐代)의 대시인, 두 시인은 성격이나 생활환경이 달라서인지 시풍(詩風)도 확연히 다르다. 이백(李白)이 표일(飄逸)하다면 두보(杜甫)는 침울(沈鬱), 흔히 시선(詩仙)과 시성(詩聖)으로 불린다.

나는 해암 선생님의 강의를 들으면서 두보(杜甫)와 함께 그의 삶을 더불어 사는 듯한 감회에 사로잡히며, 미주(美酒)에 흠뻑 취하는 듯한 황홀감을 맛보았다.

風急天高猿嘯哀 ᄇᆞᄅᆞ미ᄲᆞᄅᆞ며하ᄂᆞᆯ히놉고나비됫ᄑᆞ라미슬프니
渚淸沙白鳥飛廻 믌ᄀᆞᅀᅵᄆᆞᆰᄀᆞ며몰애힌ᄃᆡ새ᄂᆞ라도라오놋다
無邊落木蕭蕭木 ᄀᆞᆺ업슨디ᄂᆞᆫ나못니ᄑᆞᆫ蕭蕭히ᄂᆞ리고
不盡長江滾滾來 다ᄋᆞᇝ업슨긴ᄀᆞᄅᆞᄆᆞᆫ니ᅀᅥᆷ니ᅀᅥ오놋다

'登高' (前半部, 劵之十)

淸江一曲抱村流 ᄆᆞᆯᄀᆞᆫᄀᆞᄅᆞᇝᄒᆞᆫ고비ᄆᆞᄉᆞᆯᄒᆞᆯ아나흐르ᄂᆞ니
長夏江村事事幽 긴녀ᄅᆞᇝ江村애일마다幽深ᄒᆞ도다
自去自來梁上燕 절로가며절로오ᄂᆞ닌집우흿져비오
相親相近水中鷗 서르親ᄒᆞ며서르갓갑ᄂᆞ닌믌가온ᄃᆡᆺᄀᆞᆯ며기로다

'江村' (前半部, 劵之七)

이런 시를 나는 좋아했다. 손으로 깎아 만든 판목(板木)의 고졸(古拙)한 자체(字體)는, 오늘날의 전각예술(篆刻藝術) 바로 그것으로 내 눈에는 비쳤다.

중국의 한시(漢詩)에서도 영시(英詩)·불시(佛詩) 등에서 보는 시상(詩想)의 전개나 압운·율격 상의 유사성·공통점이 있다. 하지만, 표기수단인 글자가 크게 다르다. 표음문자인 후자에 비하여 표의문자인 한자가 지니는 특성과 강점(强點) 그리고 웅숭깊음, 거기에 두보(杜甫)라는 시인의 생애와 그 시대의 역사적 상황은, 두보시(杜甫詩)에 깊은 음영(陰影)을 드리워 말할 수 없는 비감(悲感)과 애수(哀愁)를 자아낸다. 나는 1950년대, 6·25

전란의 상처가 도처에 널려 있는 수복 직후의 서울 한복판에 있으면서 마음은 현실을 떠나, 8세기 당(唐)나라 안록산(安祿山)의 전란 와중에 식솔(食率)을 이끌고 정처 없는 유랑의 길을 헤맨 두보의 생애를 추체험했다.

한편 '두시언해(杜詩諺解)'는, 비록 원작(原作)은 중국문학에 속해 있다고 해도, 그것은 이미 우리의 체질과 생활과 언어감각(言語感覺)에 맞게 재생산・재창조 되어서, 우리 문학(文學)으로 귀속된다고 주장하고 싶다(위의 언해(諺解) 부분 참조). 나는 '두시언해(杜詩諺解)'를 읽으면서, 당(唐)나라 사람으로 변신(變身)함과 동시에 15세기에 살던 우리의 옛 선비가 되어 그 시대 사람들의 정신세계(精神世界)를 소요하며, 또 우리의 옛 말과 글이 지니고 있는 유장(幽長)하고 전아(典雅)하며 품위 있는 말의 잔치에 넋을 잃고 매몰되었다.

그 후 두보시(杜甫詩)에 반한 나는, 일어로 번역된 역시집도 사 보았다. '이와나미(岩波)' 문고판(文庫版) 5책으로 간행된 스즈키 도라오(鈴木虎雄) 역주(譯註)의 "두시(杜詩)" 같은 책이다. 그런데 일어역은 일본어의 특질과 한계 때문인지, 아니면 원문의 한자어를 그대로 옮겨 놓고, 여기에 조사(助詞)나 활용어미(活用語尾)를 덧붙이는 식의 번역 탓인지, 송두리째 우리말화 되어 나긋나긋하고 정감어린 '언해본(諺解本)'에 비해 투박하고 딱딱해서 읽는 맛이 덜했다.

강의를 들으면서 내가 술에 취한 듯 황홀감을 맛본 것은, 물론 교재가 지닌 문학적 향취(香臭) 때문일 것이다. 그러나 그에 못지않게 중요한 것은 담당 교수의 시인적(詩人的) 기질이며 수업을 진행하는 명인기(名人技)라 생각된다. 해암 선생님의 수업은 곧 하나의 예술행위(藝術行爲)였다고 할 것이다.

1980년대 중반에 나는 중국의 귀양시(貴陽市)에서 열린 국제비교문학 학술대회에 참가하는 기회에, 일행과 함께 15일간, 광주(廣州) · 계림(桂林) · 곤명(昆明) · 성도(成都) · 서안(西安) · 항주(杭州) · 상해(上海) · 소흥(紹興) · 소주(蘇州) · 북경(北京)과 그 근교(近郊)의 명황(明皇) 13릉(陵) · 만리장성(萬里長城) 등을 두루 다닌 일이 있다. 성도에서는 물론 "삼국지연의(三國志演義)"에 등장하는 제갈량(諸葛亮)과 유비(劉備) · 관우(關羽) · 장비(張飛) · 조자룡(趙子龍) 등 촉(蜀)의 군신(君臣)을 모시고 기리는 무후사(武侯祠)와, 두보가 난중에 한동안 비교적 평온하게 우거(寓居)했던 두보초당(杜甫草堂)을 방문했다. 두 곳 모두 성역화가 되고 규모가 거창하게 확장되어 고래등 같은 전각(殿閣)이 즐비한 것은, 나그네의 시름과 감흥을 도리어 감쇄하는 아쉬움이 있었다.

'丞相祠堂何處尋 錦官城外柏森森'으로 시작하여 '出師未捷身先死 長使英雄淚滿襟'으로 끝을 맺는 '촉상(蜀相)'에 번지는 지은이의 눈물 어린 감회(感懷), '老妻畵紙爲碁局 稚子敲針作釣鉤…' ('강촌(江村)')의 완화계(浣花溪)가에서의 두보 일가의 소박한 생활상은 현지에서는 찾을 길이 없었다.

시의 현장을 찾아가 깨달은 것이 있다. 실제보다 상상의 세계가 더 생생하고 더 아름답다는 사실이다. 피천득 선생님의 수업 시간에 읽은 키츠(J. Keats)의 싯구

Heard melodies are sweet, but those unheard
Are sweeter; therefore, ye soft pipes, play on;
Not to the sensual ear, but, more endear'd,

Pipe to the spirit ditties of no tone;

('*Ode on a Grecian Urn*'에서)

에 드러나는 예술에 있어서의 상상력(想像力)의 우월성의 주장에 공감했다.

3. 해암(海巖) 선생님과의 인연(因緣)

해암(海巖) 선생님과 나와의 관계는 '지도 교수와 분담 학생' 이라는 한 마디 말에 수용되지 않고, 2중 3중의 인연의 끈으로 겹겹이 매여 있지 않았는가 생각된다.

선생님께서는 경성제대(京城帝大) 법문학부(法文學部)를 졸업하시고, 전주사범학교(全州師範學校)에 교유(敎諭)의 직함으로 부임하시어 조선어 과목을 맡으셨다. 전주사범은 나의 모교, 그 곳에서 나는 선생님께 배울 기회는 놓쳤으나, 말하자면 선생님의 '유복자형(遺腹子型)' 제자인 셈이다.

그런데 왜 선생님께서는 그 학교에 오래 계시지 못하고 떠나셨을까, 사연은 이렇다. 일제의 식민지로 전락한 한반도를 통치하던 조선총독부(朝鮮總督府)는 한민족, 한문화 말살 정책을 노골화하여, 각급 학교에서 '조선어' 과목을 폐지하기로 했다. 이에 따라 초등학교 교원 양성 기관인 사범학교에서도 '조선어' 과목이 추방될 조짐이 보였다.

망국(亡國)의 한을 품고 민족의 언어와 문화를 사수하여, 언젠가는 조국을 되살리시겠다는 결의로 이 길을 택하신 열혈 청년교사 해암 선생님께서 신문지상에 항의의 글을 실으신 것은 일의 당연한 귀추이겠으나, 결사(決死)의 용기 없이는 할 수 없는 일이었을 것이다. 선생님은 '지사(志士)'이셨던 것이다.

학생 시절에 나는 안암동에 갓 이사하신 고대광실 한옥집을 방문했고, 졸업 후에는 종암동에 신축하신 벽돌 구조 2층의 양옥인 댁에 문안을 드리려 가끔 찾아가 뵈었다. 그런데 신년 초의 세배 철에는 그만그만한 연배의 중년 신사들이 둘러앉아 있었는데, 이 분들은 옛날 전주사범에서 해암 선생님께 배운 제자들로, 나에게는 선배였으며 그 무렵 대학교수요 혹은 판사로서 사회적으로도 이름 있는 분들이었다.

또 이 자리에서 빠뜨릴 수 없는 '에피소드'가 있다. 선생님께서 전주로 내려가셔서 직장생활을 하시게 된 동기에 관해서다. 경성제대 학생 시절에 선생님과는 남달리 친하게 지내시던 학우 한 분이 계셨다. 전주 출신의 유태규(柳泰圭) 선생님이신데 전주사범에 취직하신 것은 이 분의 권유에 의해서였다고 들었다(이용주(李庸周) 교수의 말). 광복 후 유태규 선생님께서는 전북대학교(全北大學校) 법학 교수로 재직 중 50세가 될까말까 한 젊은 연세에 작고하셨다고 하니, 해암 선생님께서 입으셨을 마음의 상처가 어떠했을까 생각된다.

그런데, 해암 선생님께서는 직장생활을 시작하신 전주(全州)에서 숙명적 '만남'을 겪게 되신다. 부인(夫人)으로 맞이하신 유기주(柳奇珠) 여사(큰절을 하고서야 뵙는 사모님을 '여사'라 호칭하기는 심히 불경(不敬)스럽고 송구스러우나)와의 만남인데, 사모님은 다름 아닌 유태규(柳泰圭) 선생님의 매씨(妹氏)였다고 하니, 우리 선생님의 전주에 대한 정감이 남다르셨을 것이다. 나의 고향 전주(全州)가 선생님, 사모님의 관계뿐 아니라, 선생님과 나를 묶는 연고지로서도 의미가 크다.

이 자리를 빌어 사모님과 관련된 이야기를 펼쳐볼까 한다. 사모님께서는 그 고장 명문가인 전주 유씨(全州柳氏) 집안의 규수로, 전주고등여학교(全州高等女學校)(전주여고(全州女高)의 전신) 출신이시다. 전북고녀(全北高女)를 졸업하신 사모님께서는 도일하시어, '아스카(飛鳥·明日香)'시대의 도읍지 나라(奈良)에 설립된 나라여자고등학교(奈良女子高等學校)로 유학하셨다. 나량여고사(奈良女高師)는 중등학교(中等學校) 교원 양성을 위한 명문학교였는데, 사모님께서는 이 학교를 졸업하시고 귀국하셔서 모교인 전북고녀(全北高女)에서 한동안 교편생활도 하셨다.

이를 보면, 사모님께서는 실로 뛰어난 재원(才媛)이실 뿐 아니라, 재력이 넉넉하고 여성교육(女性敎育)도 중시하는 개명된 상류가정 출신이신 것을 알 수 있다.

우리나라에서는 보기 드문 여류소설가(女流小說家)로 이화여대(梨花女大) 교수를 지내신 임옥인(林玉仁) 여사가 우리 사모님과 나라여고사의 지리과 동창생이시라는 말을 들었다. 사모님께서도 공직 활동을 계속하셨더라면 아마도 큰 인물이 되셨을 것이고, 여성계(女性界)의 지도자로 크게 떠오르셨을 것이다. 그러나 사모님께서는 현모양처의 길을 택하시어 부덕(婦德)에 힘쓰셨다.

선생님 내외분 슬하에 두신 자제 종오(鍾悟)(충남대(忠南大) 명예교수, 이학박사)·종철(鍾哲)(은행원, 경제학 박사)·종화(鍾和)(이비인후과 원장, 의학박사(醫學博士))·종국(鍾國)(건축가(建築家) 용산(龍山)에 있는 전쟁기념관 설계에도 참가, 공학석사)·종진(鍾珍)(강릉대 교수) 다섯 분이 모두 서울대 출신으로 오늘날 보듯이 대성(大成)했으니, 이 모든 일이 사모님의 선생님께 대한 내조와 자제에 대한 사랑의 당연한 열매라 할 것이다. 맏자부 한인숙(韓仁淑) 여사가 우리 국어교육과의 23회 졸업생이라는 것도 특기할 만하다.

4. 맺음말

선생님께 내가 받은 은덕, 선생님과 나와의 인연은 일일이 매거할 수 없다. 선생님께 대한 나의 경애(敬愛)의 정을, 나는 겨우 아내를 데리고 종암동 댁에 매년 서너 차례 찾아가 문안드리는 것으로 표했다.

지금으로부터 12년쯤 전이었던가, 나는 맏자제 종오(鍾悟) 교수로부터 선생님의 병세(病勢)가 위중하셔서 일원동에 있는 삼성병원(三星病院)에 입원 중이시라는 전갈을 받았다. 허둥지둥 달려간 병실의 침대에 누우신 선생님의 모습은 다행히 아주 평온하시고 또 명랑하시기까지 하여, 이대로라면 1~2년은 더 사시리라 안심하고 귀가했다. 하지만 내 기대는 무너져 3일 후 숨을 거두셨다는 소식을 듣고 눈앞이 암담해지는 것을 느꼈다.

1996년 8월, 나는 서울대에서의 교수직을 끝내고, 2000년부터 일본에 건너가 오사카(大阪)에 있는 데쓰카야마 학원대학(帝塚山學院大學)의 객원교수로, 2001년부터 2006년 3월까지는 지바현(千葉縣) 야치요(八千代) 시 소재의 동경성덕대학(東京成德大學) 전임교수로 근무하는 동안 선생님 댁을 방문할 기회를 얻지 못했다.

사모님의 타계 시에는 겨울방학으로 마침 귀국 중이어서, 아내를 데리고 서울대 병원 빈소에 문상을 갔었는데, 그동안 내가 얼마나 무심하였는지, 고개를 들 수 없었다.

나는 언젠가 선생님께 대한 감사의 마음을 졸렬하게도 다음과 같이 역설적으로 표현했다.

"저는 선생님 은덕을 크게 입었지만 세곱으로 갚아 드렸습니다. 附中 교사로 있으면서 선생님의 자제 鍾和·鍾國·鍾珍 세 형제를 가르치고 또 담임도 했으니까요."

내 버릇없는 이런 말에도 선생님께서는 웃음으로 받아 주셨으니 돌이켜 생각하면 등에 식은땀이 날 지경이다.

선생님의 사랑과 은덕은, 나로서는 '각골난망(刻骨難忘)'이요 '결초보은(結草報恩)'해도 모자란다. 그런데 선생님께서는 이미 이 세상에는 안 계신다.

언젠가 선생님께서 해암장학금(海巖奬學金) 수여를 위해 사대 국어교육과에 오셨을 때, 나는 선생님의 모습을 촬영하여 한 장은 댁에 갖다 드리고 또 한 장은 내 서재에 걸어 조석으로 우러러보는 것으로 일과를 삼아 왔다. 나는 이 세상에서는 뵈올 수 없는 선생님의 인자하신 얼굴을 마음에 떠올리며, 그 하해와 같으신 은덕을 사모하고 기리며, 너무나 무심했던 나 자신을 책망할 뿐이다.

해암(海巖) 선생님을 회상하며

정 동 화(鄭東華)
전 인천교대 총장, 국어교육과 53학번(10회)

선생님이 별세하신 지도 어느덧 10여 년이 넘는가 보니 세월의 무상함을 새삼 느낀다. 아직도 온화한 가운데 항상 잔잔한 미소를 지으시나 접근하기는 쉽지 않은 엄한 면을 느끼던 인상이 눈에 선하다.

입학하여 처음 뵙던 선생님은 당시 40대 초반으로 학과장을 맡고 계셔서 자주 뵐 수 있었다.

이 시기에 선생님은 "국어사", "고가주석(古歌註釋)" 등 대저(大著)를 많이 내시고 학문적 열정도 가장 왕성하던 시기가 아니었던가 한다. 선생님은 수업시간을 철저히 지키시었음은 물론 졸거나 자세를 흐트러뜨릴 수가 없을 정도로 열강을 하셨다. 특히 국어사 강의를 하실 때의 선생님은 자신에 찬 열강을 하시던 모습이 눈에 선하다. 선생님은 국어사 외에도 고전시가 특강과 두시언해 등의 강의를 하신데다가 대학원 강의까지 들은 나는 다른 선생님보다 사사(師事)의 기회가 많았다. 모든 강좌가 학문을 하거나 교단에서 필요하지 않는 것이 없겠으나 선생님의 강의 내용 중

특히 고려가요 해석과 두시언해 등의 강의는 나의 일선 교단생활에서 직접적 도움이 가장 컸다. 아직도 자음접변, 히아투스(hiatus)현상 등의 어휘가 귀에 쟁쟁하다. 나는 선생님의 깊은 학문적 업적과 충실하면서도 열성적인 강의에도 감화를 많이 받았지만 선생님의 인격적인 강의 자세에서도 감화를 많이 받았다. 선생님은 다른 학자와의 학설적 이견(異見)을 소개할 때도 학설의 차이만을 소개할 뿐 흔히 많은 학자들이 잘 범하는 인신공격 따위는 전혀 없었다. 나는 선생님의 이런 학자적 인격에서도 많은 감화를 받았다.

퇴임하신 후에도 '계절의 향기' 라는 수필집 중 고향을 그리워하는 '사진'이라는 고향의 향수를 그린 명 작품에서 감명을 받던 기억이 생생하며, 선생님과 봄가을마다 '해암배(海巖盃)' 테니스 대회를 함께 즐기며 인간적 교분을 쌓던 때도 잊을 수가 없다.

이 밖에도 내가 선생님을 회상할 때마다 떠오르는 다음 네 가지가 추억이 있다.

그 첫째가 2학년 때인가 국어사 시험을 본 후 평을 하시는데 이번 시험 답안지 중에서 당신에게 만족한 답안을 쓴 학생이 있어서 최고점을 주었다고 하신 후 알고 보니 나였다. 그 후부터는 선생님에 대한 강의시간을 기다리게 되고 선생님을 존경하는 마음이 남다르게 됐다.

둘째는 주례를 서 주신 일인데, '같은 국문학 전공을 한 부부이니 살아가는 데 많은 도움이 될 것이다. 인생의 행복은 먼 데 있는 것이 아니라 노력에 비례하는 것이니 부부가 서로 도우며 열심히 살라.'고 하시던 간

곡한 당부의 말씀이 아직도 귓가에 생생하다.

셋째가 대학원 논문 심사 때의 면접을 하시던 일이다. 나에게 예리한 질문을 하셔서 진땀을 흘리던 일이 아직도 잊을 수 없으며, 동료 한 사람에게는 더욱 의문의 눈초리로 많은 질문을 하시더니 통과시키지 않을 정도로 제자들의 학문 연구 태도의 평가에 매우 엄격하셨다.

넷째는 4학년 때 수학여행을 해인사로 갔을 때의 일화다. 선생님이 우리를 인솔하셨는데 뜻밖의 일이 일어났다. 해인사 앞 한 여관에 방 세 개를 예약해 놓고 등산을 하고 내려왔더니 우리가 예약해 놓은 방 하나를 다른 손님들이 차지하고 술판을 벌리고 있지 않은가. 어이없는 우리들은 주인에게 자초지종을 묻기도 전에 그들에게 화풀이를 했다. 당신네들 우리가 잡아 놓은 방에 짐을 마음대로 치고 여기서 술타령을 하느냐. 다 나오라고 소리를 지르며 당장 요절이라도 낼 듯이 법석을 떨었다. 다급한 주인이 와서 자기가 방이 모자라서 양해 없이 방을 내 준 것이니 제발 봐 달라는 것이었다. 그러면서 진수성찬의 술상을 차려 주는 것이었다. 당시는 매우 어려울 때라 겨우 여비만 준비해 간 우리는 못 이기는 척하고 받아드렸다. 따로 조용한 곳에 모셔서 전혀 이런 일이 일어난 것을 모르고 계시던 선생님을 모셔 와서 대접을 하였던 철없던 일이 아직도 눈에 선하다.

선생님은 퇴직 후에도 한양대학교 초빙 교수로 계셨고, 학자에게 최고의 명예인 학술회원으로 추대되셨으며, 초대 국어연구소(현 국립국어원) 원장도 맡으셔서 학문 연구를 지속하셨을 뿐 아니라 국어연구소의 기반도 공고하게 닦으셨다. 이렇게 학자로서 크나큰 업적을 남기신 후 유종의 미를 거두고 일생을 마치셨다.

선생님은 학자로 추앙을 받았을 뿐 아니라 매우 가정적인 분으로도 널리 알려져 있다. 다복하신 선생님은 다섯 아들 모두를 서울대학교에 진학시켰고, 그들은 각계에 고르게 진출하여 중진으로 활동하고 있다.

이렇게 훌륭하고 다복한 은사님에게 지도를 받은 나는 청출어람(靑出於藍)은커녕 선생님의 기대에조차 너무 부응하지 못하여 학문적으로도 그렇지만 사회활동에서도 이렇다 할 만한 자취도 못 남겼음에 부끄러움을 감출 길 없다.

어느덧 노년기에 접어든 나는 이제라도 보람 있는 생활을 하는 것이 선생님에 대한 도리가 아닌가 하며 새로운 다짐을 해 본다.

산수 간(山水間) 바위 아래
―해암 김형규(海巖 金亨奎) 선생님을 그리며

정 진 권(鄭震權)
한국체대 교수, 국어교육과 54학번(11회)

여러분은 이 글의 제목을 보고 좀 이상하게 생각할지 모르겠다. 해암(海巖) 선생님을 그린다면서 웬 '산수 간(山水間) 바위 아래'인가? 하도 오래된 일이라 언제 어느 자리에서였는지는 확실치 않다. 어떻든 선생님께서 종암동에 새로 집을 지으신 지 얼마 안 되어서이다. 새로 지은 그 집은 아담하고 볕 잘 들고 근처의 산과도 잘 어울려 정말 '그림 같은 집'이었다. 그러나 큰길에서 좀 멀리 떨어져 있어서 한참 힘들게 걸어 올라가지 않으면 안 되었다. 누군가가 선생님께 여쭈었다.

"선생님, 하필 그 오르기 힘든 곳에 집을 지으셨습니까?"

선생님께서 웃는 얼굴로 한 수 읊으셨다.

"산수(山水) 간 바위 아래 띳집을 짓노라니/그 모른 남들은 웃는다 한다마는/어리고 하암의 뜻에는 내 분(分)인가 하노라. 나도 윤선도(尹善道) 한 번 돼 보려고, 하하."

이 글을 쓰자니 그때 우리(누가 그 자리에 있었는지도 생각나지 않는다.)가 함께 와아 웃던 기억이 희미하게 떠오른다. 나는 학교를 졸업한 후 해마다 정초가 되면 선후배 동기들과 함께 이 '산수 간(山水間) 바위 아래' 선생님 서재에 모여 앉아 늦도록 '섰다'를 하며 술을 먹곤 했다. 지금은 사모님도 안 계시니 누가 사는지…….

이것은 내가 1학년 때의 일이다. 선생님께서는 우리에게 국어학개론(國語學概論)을 강의하셨다. 더러는 휴강이라는 것도 한 번쯤 있어야 학생들이 숨도 좀 쉬는데 선생님께서는 전혀 그런 것을 모르셨다. 휴강은 고사하고 단 10분도 늦게 시작하거나 5분도 일찍 끝내시는 법이 없었다. 그때만 해도 방학 3, 4주 전이면 벌써 종강을 하시는 선생님들이 많았다. 그런데 선생님께서는 그러질 않으셨으므로 시골에서 온 학생들은 이 국어학개론(國語學概論) 한 시간 때문에 하숙비 들여가며 서울에 더 남아 있어야 했다. 여간 곤혹스러운 게 아니었다. 아니, 원성이 자자했다. 곤혹, 원성, 그러나 선생님에 대한 우리의 존경(尊敬)은 오히려 그런 속에서 굳어갔던 것이 아닌가 한다.

2학년 때, 선생님께서는 우리에게 국어사(國語史)를 강의하셨다. 교재는 선생님께서 직접 지으신 "국어학사(國語學史)", 그 첫 시간이었다. 선생님께서 우선 그 서문(序文)을 읽으셨다. 우리가 와아 웃었다. 그 문장이 너무도 문학적이었기 때문이다. 그때만 해도 우리는 선생님을 학문과 논리만 아는(정서적(情緖的)인 데가 전혀 없는) 차가운 학자로만 알고 있었던 게 아닌가 싶다. 그때 선생님께서 빙긋이 웃으며 하신 말씀이 있다. 기억나는 대로 옮겨 보면 대강 이렇다.

"나도 문학(文學)에 대한 열정이 있었어. 아니, 지금도 그래. 내 이름 규(奎) 자가 바로 문장[文運]을 관장하는 별[星]이야."

그 후 언제부터인지 선생님께서는 "현대문학(現代文學)"에 수필(隨筆)을 연재하셨다. 그리고 "계절(季節)의 향기(香氣)"라는 수필집도 내셨다. 편편(篇篇)이 다 잔잔한 문장 속에 선생님의 높고 넉넉하신 인품이 그대로 배어 있다.

이것은 1959년의 일이다. 그해 6월에 제대를 한 나는 학교로 선생님을 찾아뵈었다. 선생님께서는 명함에다 추천사 몇 줄 써 주시면서 인천 제물포고등학교 길영희(吉瑛羲) 교장 선생님을 찾아가 보라고 하셨다. 그리고 "길(吉) 교장이 부탁을 해서 졸업생 한 사람을 추천했는데, 어쩌면 한 사람 더 필요할지도 모른다고 하더군." 하고 덧붙이셨다. 그 말씀 속에는 너무 큰 기대는 하지 말라는 뜻이 함축되어 있는 듯했다. 내가 낙망할까 봐 미리 그렇게 말씀하신 것일 게다. 나는 곧 인천으로 가 길(吉) 교장 선생님을 뵈었다. 교장 선생님께서는 한 사람을 이미 썼다고 하시며, 그러나 정(鄭)군도 함께 일하고 싶으니 당분간 강사로 있어 줄 수 없겠느냐고 하셨다. 나는 그러겠다고 했다. 그리고 그해 11월에 정식 교사 발령을 받았다. 이 학교는 내가 청년 교사로서 열정을 불태운 곳이다. 50년 가까운 세월이 흘렀지만 나는 늘 그 시절이 그립다. 명함에 추천사를 써 주시던 선생님의 그 인자하신 모습과 함께….

우리 동문들이 언제부터 모여서 테니스를 치게 되었는지는 잘 기억나지 않는다. 어떻든 우리는 강윤호(康允浩)(당시 이화여대(梨花女大), 4회) 선배를 회장으로 모시고 테니스를 쳤는데, 살림은 정우상(鄭愚相)(당시 서울교대(敎大), 10회) 선배가 맡아 했다. 정(鄭) 선배는 소문난 살림꾼이다. 지금도 우리 테니스회(會)에 거금이 남아 있는데 이것은 회원들이 열심히 낸 그 회비를 정(鄭) 선배가 아끼고 늘리고 참 알뜰히 관리한 결과다. 테니스를 치고 나면 함께 목욕을 하고 가까운 음식점에 아무렇게나 둘러앉아 서로 잔을 권하며 즐거운 한때를 보냈다. 그런데 어느 해던가, 해암(海巖) 선생님께서 컵 하나를 하사하셨다.(누군가가 졸랐는지도 모르겠다.) 그래서 우리는 1년에 한 번씩 해암배(海巖盃) 쟁탈을 위하여 동문끼리 혈투를 벌이곤 했다. 아니, 지금도 그러고 있다. 선생님 가신 뒤로는 그 아드님들이 꼭 참석한다. 그 아드님들을 보면 라켓을 잡고 코트로 들어서시는 선생님의 그 미소 띠신 모습이 눈앞에 뵙는 듯하다. 요 며칠 전 정우상(鄭愚相) 선배를 만났는데 곧 '해암배(海巖盃) 테니스 대회'를 열겠다고 했다. 못 치는 솜씨지만 나도 참가하려고 한다.

이제 이 글을 마쳐야겠다. 나는 국어학(國語學) 공부를 못 해서 선생님의 제자의 반열에 설 수는 없다. 그러나 비록 무면허 수필가지만(등단 절차를 못 밟았다고 해서 사람들이 나를 이렇게 부른다.) 선생님의 "계절(季節)의 향기(香氣)"를 잇고 있으니, 그런 대로 선생님께서는 기특하다고 하실 것이다.

빨간 모자 아드님과 만나서 즐기시기를

안 병 옥(安秉玉)
전 경기여고, 국어교육과 57학번(14회)

1.

해암 선생님께 배운 고려가요의 여운에 잠긴 때문일까? 아니면, 영락없는 선비이신 선생님의 인품에 은근한 이끌림이 그 까닭일까?

우리 14회 여학생 다섯 명은 졸업 후에도 해마다 연말연시 어느 날에 종암동 선생님 댁을 찾아뵈었다. 그 때마다 상냥하게 우리를 맞아주고 차 심부름까지 도맡은 사람은 곱상하게 생긴 선생님의 막내 아드님이었다.

슬하에 따님이 없이 아들만 다섯을 두신 선생님 댁에서 막내가 잔심부름을 하는 게, 아직 젊었던 우리에겐 재미있어서 늘 깔깔거리고 웃었었는데, 한 번은 무심코 "사모님은 어떻게 아드님만 다섯이나 낳으셨어요?" 했더니 두 분 안면에 별안간 어두운 그림자가 드리우면서 사모님께서 "실은 아들이 하나 더 있었어." 하셨다.

"그 애가 늘 빨간 모자를 쓰고 뒷동산에서 놀았었거든, 그 후론 빨간 모자만 보면 그 애 생각이 나고 마음이 아파." 하시던 사모님의 쓸쓸한 모습이 내 마음에 깊이 새겨져 버렸다.

마치 내가 겪은 일인 양 사내아이의 빨간 모자는 언제나 해암 선생님의 먼저 간 아드님을 연상시키는 아릿한 슬픔의 상징이 되었다.

선생님은 점잖으셨다.

강의 중에도 부드럽고 차분하셨을 뿐 아니라, 4.19 직후 열에 들뜬 학생들이 용솟음치는 혈기로 무능력한 교수님들을 몰아내기라도 할 듯이 수선을 부릴 때도 조금도 흔들림이 없으셨다.

선생님 특유의 몸짓—허리춤은 슬쩍 올리시는—으로 스스로를 다스리시고 변함없는 음성으로 점잖게 타이르시는 바람에 교실 안이 물을 끼얹은 듯 가라앉던 기억이 아직껏 생생하다.

4학년 졸업여행의 인솔교수가 선생님이란 걸 알았을 때, 장난꾸러기 친구들은 모두 재미없어 했지만 우리 여학생들은 다들 좋아했다. 아버지랑 같이 가는 것처럼 푸근하고 든든했으니까.

설악산에서 문제가 생겼다.

캠프파이어를 하려고 밤을 기다려 장작가지에 불을 붙이며 이제 막 멋있게 놀아보려는 참에, 바로 옆에서 이대(梨大) 가정과 여학생들이 역시 캠프파이어를 하려고 준비를 하는 게 보인 것이다.

철딱서니 없는 우리 동기 남학생들을 보라!

하나 둘……. 둥그런 우리의 원을 벗어나 이대생들에게 다가가서 어떤 작자는 나뭇가지에 불을 붙여 주고 어떤 위인은 짐을 날라다 주고……. 기꺼이 삼돌이 머슴이 되면서도 희희낙락하는 모습이란…….

'우리도 여자란 말이야! 여기에도 여학생이 다섯이나 있단 말이야!'

그러나 대세는 이미 기울어졌다.

용감한 친구들은 이미 이대 캠프로 가고, 우유부단한 친구들은 스스로의 용기 없음을 한탄하느라 맥이 빠져서 우리 쪽 캠프의 불은 이미 활기를 잃어버렸다.

여학생 다섯은 더 이상 참을 수 없어 발딱 일어나서 선생님께로 갔다.

"선생님 저희는 방에 들어가서 잠이나 일찍 자겠습니다."

물론 선생님도 동의하셨다.

방에 들어 온 우리는 그러나 자지 않았다. 복수의 칼을 갈았다.

그리곤 자는 듯이 있으려니 한참 후에야 남학생들이 들어오는 소리가 들렸다.

"야, 재미있었다."

"걔네들 옷차림부터 다르지?"

"내일 대청봉 오를 때 같이 가기로 약속했으니 잘 됐다."

"내일도 신나겠다."

"우리 얼른 자자. 내일을 위해."

옆방에서 우리가 이를 갈고 있는 건 전혀 모르고 그들은 곧 잠에 빠져들었다.

그즈음 우리 여학생들은 정말 숙맥이었다.

모양도 낼 줄 모르고 옷치장도 귀찮아서 서울대 여학생 교복을 줄기차게 입고 다녔으니 스무 살 안팎의 처녀라고 하기에는 모자라는 구석이 많았던 건 사실이었다.

아니, 그렇다고 함께 학문을 연마한 동급생들과 졸업여행을 와서 우리를 팽개치고 이대생들에게 그렇게 꼬리를 치다니 이건 가만 둘 수는 없는 일이었다.

마침 한 친구의 이모가 미국에서 지워지지 않는 립스틱과 눈썹 그리는 연필을 사왔다고 선물 받은 것을 가지고 왔다기에 일을 꾸미기로 하였다.

옆방에 가니 남학생들은 곤히 자고 있기에 하나하나 얼굴에 립스틱과 검은색 연필로 앙괭이를 그리기 시작했다.

다음 방에는 해암 선생님께서 학생들과 함께 주무시고 계시니 잠시 머뭇거리다가 들어갔는데 우리가 들어가는 서슬에 선생님이 눈을 확 뜨시는 게 아닌가?

어두컴컴한 중에 선생님의 눈이 '왜?' 하시기에 우리는 남학생들을 향해 주먹질을 하며 혼내 주련다는 손짓을 했더니 선생님께선 훈훈히 웃으시며 모른 척 돌아누우시는 것이 아닌가? 누가 선생님을 재미없는 분이라고 했나?

이튿날, 얼굴 깊이 새겨진 우리의 미술 작품을 닦느라고 이대생과의 데이트도 못하고 수돗가에서 절절매는 남학생들을 보면서 그 선한 눈을 장난스럽게 찡긋하시던 선생님의 모습이야말로 재미있으셨는데…….

결혼 후 살림이 바빠지면서 선생님 댁도 못 찾아뵙던 중 선생님의 부음을 들었다.

그즈음 경제적으로 너무 맑아서 힘드셨을 교수님댁 살림을 말없이 내조하시던 사모님, 언제나 한 발짝 뒤에서 깊은 믿음과 사랑을 드렸던 선생님을 떠나보냈을 사모님의 슬픔을 위로하지 못한 죄가 크다.

아마 지금쯤 선생님께서는 빨간 모자를 쓰고 마중 나온 아드님과 못다한 사랑을 키우고 계시리라 믿는다.

김형규 선생님 추모비 제막식

이 상 익(李相翊)
서울대학교 명예교수, 국어교육과 54학번(15회)
조 연 희(趙蓮姬)
전 수도여고, 국어교육과 58학번(15회)

1988년 10월 31일 토요일

남편은 만사를 제쳐놓고 김형규 선생님 추모비 제막식에 가자고 했다. 얼마 전 다친 발 때문에 아직도 걷기가 불편했지만 따라가기로 했다.

아침부터 서둘러 영문과 이경식 교수 댁 결혼식에 참석하여 점심을 드는 둥 마는 둥 하고, 논현동에서 택시를 잡아타고 서울대 정문에 도착하니 오후 1시 55분. 2시 출발의 예약 버스가 떠날 참이었다. 근 서른 명의 선후배 동문들과 눈인사를 나누었다.

가을비가 오락가락하는 차창 밖 단풍은 며칠 전보다 더한 빛으로, 안성의 유성공원 묘지로 내려갈수록 가을빛은 '비오는 날의 수채화'였다.

유성공원 입구에서 버스가 길을 잘못 들어 밭두렁에 틀어박혀 10분간 지체되었다. 비는 여전히 추적추적 내리고……. 결국 제막식은 예정보다 20분 늦은 4시 20분에야 시작되었다.

해암 김형규 선생님 학덕 추모비의 글은 박갑수 교수가 짓고 글씨는 남편 이상익 교수가 썼다. 몸도 쾌차하지 않은 남편이 근 한 달간 밤잠 못 자고 연습에 연습을 거듭하여 쓴 예서작품이다. 제막하니 150cm× 55cm 비석에 '海巖金亨奎先生學德追慕碑' 12자가 균형 잡힌 서체를 드러내었다. 뒷면에 새겨진 추모비 326자 비문은 아래와 같다.

"海巖 金亨奎 先生은 國語學界의 泰斗요 民族志士이며 큰 스승이시다. 선생은 남다른 뜻을 세워 京城帝國大學에서 國語學을 전공하여 일찍이 國語學의 개척자가 되셨고 마침내 學術院 會員의 榮譽를 누리는 學界의 巨木이 되셨다. 선생은 國語學槪論, 國語史와 같은 우리나라 初有의 저서와 國語學徒의 필독서인 古歌柱釋 등 많은 論著를 著述하셨다. 선생은 일제 시대에는 朝鮮語를 가르치며 民族魂을 불러일으키셨고 해방 후에는 信託統治 反對運動을 펴다 투옥되는 겨레의 올곧은 指導者이시기도 하였다. 선생은 또한 고매한 人品으로 講壇에서 後學을 感化하고 熱과 誠으로 後進을 깨우치신 훌륭한 스승이셨다. 문자 그대로 後學들의 師表가 되는 분이시다. 이에 선생의 學德을 기려 追慕碑를 세운다.

一九九八年 十月 三十一日

문하생 朴甲洙가 짓고, 李相翊이 쓰고, 海巖先生學德追慕碑 建立委員會에서 세우다."

박갑수 교수 인사말에 이어 안병희 교수의 간곡한 추모사가 있었다. 유족 대표로 큰아드님 김종오 교수의 편지글 낭독은 감동적이어서, 살아계신 아버지께 말씀을 여쭙듯 하는데 지하 유택과 바깥 세상이 핸드폰으로 통화되는 듯 여겨져 그만 박수를 치고 말았다. 모두들 엄숙하게 서 있는 자리에서 혼자 박수를 치는 유치함을 보였지만 아무도 나무라지는 않았다.

김형규 선생님에 대한 추억이 꼬리를 물고 이어졌다.

아! 그래. 강의를 듣던 중 '정과정'의 '벼기더시니 뉘러시니잇가'를 해석하는 대목이었다. 나는 "선생님께서는 '우기시던 분이 누구십니까?'라고 해석하시는데, '벼기다'는 '자랑한다. 자신만만해한다'는 뜻의 '뻐기다'의 옛말이 아닐까요?" 했다.

"조 군. 그럼 그렇게 쓰인 문헌적 증거를 대 보게" 하신다.

"지금 이 자리에서 자신 있게 말할 수 있는 입장은 못 되지만 선생님 말씀대로 생각하자니 시상이 잘 연결되지 않아서 그럽니다. 연구해 보시라는 뜻에서 말씀드린 것입니다"라고 대답했다.

결국 그 과목은 치명적인 C학점을 받게 했다. 학점 따기 어렵다고 소문난 최현배 선생님 "우리말본"도 1, 2학기 모두 A학점을 받았는데 말이다.

지금부터 36년 전 남편은 김형규 선생님 댁에 세배 갔다가 62년 전 졸업앨범을 보았단다. 게서 나를 아내 삼기로 마음을 굳히게 되었다고 한다. 이때부터 내 운명은 내 것이 아니었다.

우리 둘의 주례를 서 주신 분! '수레바퀴의 양바퀴처럼 어긋남 없이 잘 살라'시던 그 말씀. 우리가 아이들 셋을 데리고 세배 갔을 때 온화한 표정으로 말씀 이상의 가르침을 주시던 분! 얼마 전까지 사모님과 자식 기르시던 정으로 곱게 난을 기르시며 사신, 생활규범 하나하나가 금과옥조이셨던 내외분! 더구나 금혼식 때 확인되었지만 5형제 모두 서울대를 졸업시키셔서, 교수, 의사, 예술가 등으로 성공시키신 가정!

김형규 선생님께선 삶의 지표가 무엇인지를 구체적으로 보여 주신 우리들의 영원한 사표이시다.

문화적으로 국어학계의 태두요 사회적으로는 항일투쟁으로 옥고를 치르신 민족지사로 일컫지만, 나로서는 가정적으로 가장 완전한 가장이였다는 점을 높이 새기고 싶다. 아내를 인정해 주는 참사랑의 실천자요, 자손들 하나하나의 개성을 신장・발전 성공시키신 교육자요, 회혼례를 한 달 앞두고 삼성의료원에 1주일 입원 끝에 86세로 고종명하신 5복을 갖추신 분이셨다. 선생님께서는 어학 연구로만 그치지 않고, "계절의 향기", "인생의 향기" 등 수필집을 내셨기에 더욱 존경하게 된다. 만약 개인적으로는 불행하고 사회적으로만 저명한 인사라면 아무도 따르지 않았으리라 생각한다.

남편과 돌아오는 버스에서 나는 살짝 왼손가락에 낀 반지를 들어 보였다.

"이거 무슨 반지인가요?"

"홍옥 아니야?"

"그런데 이거 홍옥반지라는 걸 물은 게 아니고 결혼 10주년 반지로 당신이 해 준 걸 아시나 해서 물어본 거예요. 결혼 35주년 기념으로 오늘 우리는 주례선생님을 찾아뵙고 온 셈이에요. 우리는 꼭 회혼례할거죠?"

남편이 웃으며 고개를 끄덕였다.

해암 선생님 연구실

성 기 철(成耆徹)
서울시립대 명예교수, 국어교육과 58학번(15회)

해암 선생님과는 후학이나 제자 된 사람들 모두 각별한 사연이 있을 수 있겠지만, 나에게도 역시 몇 가지 잊을 수 없는 사연이 있다. 내 경우는 사연이라기보다 사은(師恩)이라야 옳겠다. 물론 첫 인연이야 사범대학에 입학해서 선생님의 국어학 강의를 들은 것일 게다. 첫 번째 전공과목인 일학년 때의 국어학개론을 D 학점 받았다가, 후에 다시 재수강하여 A로 바꾼 것이야 사은이라고 할 수 없지만, 기억력이 나쁜 내 머리에 지금껏 남아 있는 것을 보면, 그것도 내게 아주 예사스런 일만은 아니었나 보다.

내가 학부 시절 선생님의 연구실을 마음대로 사용했던 것이 내 평생 연구실 생활의 시작이었다 할 수 있다. 3학년 때인가 제기동에 있던 사범대학 본관 뒤쪽에 구 건물을 허물고 새 건물을 신축하면서 선생님들의 연구실이 들어서게 되었다. 여기에 해암 선생님과 난대 선생님의 공동 연구실이 마련되었다. 처음에는 두 분 모두 나오시지 않았다. 난대 선생님의 허락도 있어야 했겠지만, 기억으로는 내가 해암 선생님의 허락을 받고

이 연구실을 쓰게 되었던 것 같다. 물론 혼자 사용했다. 지금 생각해 보면 학부 학생으로 선생님들의 연구실을 독차지할 수 있었다는 것이 여간 큰 복이 아니었다. 4학년 때에는 최초로 실시되었던 국가 학사 자격 고사 준비도 여기서 할 수 있었고, 대학원 석사 과정 입학시험 준비도 여기서 할 수 있었다. 생각지도 못하게 경쟁이 심했던 시험이었다. 결과를 보니 9대 2의 경쟁이었다. 사범대학에서는 나 혼자 응시하고, 문리대에서는 8명이 응시하여 각각 한 명씩 두 명이 합격되었는데, 이것은 분명히 이 연구실의 덕이었다. 이 연구실로 해서 한 생애를 통한 연구실 생활이 이루어졌는지도 모를 일이다.

1962년 봄 대학원에 입학하면서 바로 5월 군에 입대하였고, 이듬해 6월 제대와 함께 다시 이 연구실에 돌아올 수 있었는데, 아무 구실도 없는 내가 내 자신의 연구실에 들어온 것 같은 그 때의 기분을 지금도 짐작하기에 어렵지 않아 보인다. 제대 후에는 바로 숭의여고 야간에 직장을 얻었기 때문에, 연구실은 주간만 이용할 수 있었다. 해암 선생님 연구실을 사용하면서도, 국어학을 공부하겠다는 내가 심악 이숭녕 선생님을 지도 교수로 할 수밖에 없었던 것은 아쉬운 점이었다. 제대 후 이 연구실에 돌아온 후에는, 난대 선생님께서도 이 연구실을 더러더러 사용하시었다. 세상에 그렇게 멋없고 촌스러운 나를 한 방에 두시고, 얼마나 아쉽고 답답하셨을까 상상이 가고도 남는다. 역시 난대 선생님이신지라 그 모든 내 흠을 따뜻이 감싸 주셨다.

주간을 이용하여 연구실에서 공부를 하면서 석사 논문을 준비하고 있었다. 그러던 중 학과에서는 최초의 조교를 채용하게 되었다. 무급 조교이기는 하지만 처음 도입되는 조교에 선생님들께서 나를 불러 주신 것은 여간 고마운 일이 아니었다. 조교라야 이름이 조교이지, 요즘처럼 조교가 할 일이 많은 것은 아니었기 때문에, 내 개인 공부에는 지장이 없었다. 이 연구실은 1966년 석사 학위를 받고 직장을 숭의여고 야간에서 휘문중학으로 옮기면서, 사오년 동안 정이 들었던 인연이 다하게 되었다. 이 연구실은 해암 선생님께서 내게 주신 참으로 큰 선물이었다.

1970년 12월 노총각을 면할 때, 선생님께서 주례를 해 주신 것은 개인적으로 다시 없이 큰 인연이다. 대학 인연이 제일의 인연이었다면 연구실 사용은 두 번째의 인연이고, 주례를 해 주신 것은 세 번째의 인연이라 할 수 있다. 이 해는 내가 청주여자대학(현 서원대학)에서 자리를 옮겨 충북대학에 임명을 받은 해로 결혼과 함께 일찍이 주말부부가 되었던 시기이기도 하다.

충북대학에 가던 첫 해 여름이었던 것 같다. 어느 날 선생님께서 나를 부르셨다. 별 말씀도 없이 방언 조사를 도와 달라는 말씀이셨다. 전라북도와 충청남도의 각 고을을 다니면서 그 지역 방언을 조사하라는 것이었다. 연구실 사은(師恩)이 아니었기로 선생님 부탁 말씀을 거절할 수는 없는 일이었다. 내 대답은 지체할 수가 없었다. 이래서 여름 방학이 되자마자 내 녹음기 하나를 들쳐 메고, 전라도 길에 나섰다. 선생님으로부터 특별한 조사 훈련을 받지도 못했다. 내가 특별히 따로 공부한 것도 없었다. 그저 나선 것이다. 어찌 보면 무식해서 담대했는지도 모를 일이다. 대체로 고어와 관련된 현대어의 조사에 무게가 놓여 있었다. 첫 조사를 금산에서 시작하였다. 3대 이상 거주자 중에서 출입이 적은 노인들을 찾아서, 그런 대로 조사를 하였다. 둘째 날은 무주였다. 조사 후에 잠시 말만 듣던 구천동에 들어가 자그마한 계곡 물에 잠시 발을 담글 수 있었다. 얼마 올라가지도 않았지만, 물은 움켜 마셔도 좋을 만큼 맑았다. 계곡에서 만난 한 여인의 순박한 만류를 물리치고 서둘러 다음 목적지로 떠났던 이야기는 더러더러 친구들과의 자리에서 되살아나기도 한다.

셋째 날 진안으로 향했다. 여름인지라 어디나 집에는 사람들이 별로 없었다. 흔히 밭에 나가서 농부들을 만나야 했다. 이날도 동네에 들어갔지만 사람이 보이지 않아 밭으로 나갔다. 사연을 말하고 제보자를 골라 녹음을 하면서 이것저것 물어 보고 있었다. 그런데 시간이 별로 지나지도 않아서 웬 청년들이 한 패 몰려 닥쳤다. 금방 나를 둘러싸는 것이었다. 녹음기도 금방 그들의 손에 넘어갔다. 그리고는 심문을 받기 시작하였다. 어디서 왔느냐, 무엇을 하는 사람이냐, 왜 그런 것을 조사하느냐, 이 녹음기에 무엇이 들어 있느냐 등 조목조목 따져 물었다. 녹음한 것도 이것저것 들춰 들어보고 있었다. 저들이 나를 간첩으로 의심하고 있는 것을 어렵지 않게 알아차릴 수 있었다. 그들의 방첩 네트워크와 수고에 감사를 표하면서, 차근차근 설명을 하니 그들은 오히려 미안하다며 물러갔다. 간첩을 잡았다는 그들의 부푼 기대를 순간에 물거품으로 만든 것 같았다.

이렇게 해서 이해 여름에는 전라북도를 순회하며 면책의 조사를 할 수 있었다. 처음에는 그런 대로 돌았지만, 날이 갈수록 무더위에 혼자 다니는 지루함에 꾀가 나기도 했던 것을 숨길 수 없다.

이 방언 조사는 71년 여름에도 계속되었다. 이번은 충청남도 차례였다. 고향 땅이라 낯익은 곳도 있고 해서, 지난해보다는 덜 지루했던 것 같다.

어쩌면 신혼에 아이를 가진 아내가 몇 고을 동반해 준 덕택이었을지도 모른다. 충남 방언 조사에서 재미있었던 것으로 기억에 남는 것은 중부 방언에서 탈락된 ㅂ이 대덕군에서 한 예가 발견되었던 점, 그리고 전라북도에서 사용되는 '소소리바람'(회오리바람)이 충남 서천을 거쳐 일부 홍성에까지 뻗쳐 있었던 사실이다. 홍성 지역의 대세는 회오리바람이었지만, 이 지역은 두 방언 어휘의 접점이었다.

해암 선생님에 대해서 잊을 수 없는 기억이 하나 있다. 1988년이었던 것 같다. 해암 선생님이 처음 만들어진 국어연구소 소장이실 때 맞춤법 통일안을 사정하게 되었다. 교육부에서 맞춤법 사정을 하면서, '하시오'의 표기가 문제가 되었다. 해암 선생님께서는 북한의 표기법, 중고교 교사 대상의 현실 발음 조사 등을 근거로 '하시요' 표기를 강력히 주장하셨다. 그런데 나는 그것을 강력 반대하는 쪽에 서 있었던 것이다. 발음대로 적는 데에 문제가 있음을 지적하지 않을 수 없었다. 이 회의 다음 날 해암 선생님한테서 전화가 왔다. 좀 보자는 말씀이었다. 무슨 사연인지는 직감적으로 알 수 있었다. 안국동 국어연구소로 찾아뵈었다. 굳은 표정을 하시고는 모든 사람이 발음하는 '하시요' 표기를 왜 반대하느냐고 다그치시는 것이었다. 조용히 목소리를 낮추어, 그런 표기가 적절하지 않다는 것을 조목조목 다시 말씀드릴 수밖에 없었다. 무엇보다도 '하오체'의 '—오'가 통일성을 잃게 되고, 발음대로 표기하게 되면 '(명사)—이다'의 활용형 '—이어도', '—이어야' 등도 '—이여도', '—이여야' 등으로 표기해야 통일성이 유지되고, 선생님께서 '하시요'의 '-요'를 '해요'체의 '-요'와 관련시키는 것은 잘못이라는 것 등을 되풀이해 말씀드릴 수밖에 없었다. 결국 둘이서 의견 접근을 보지 못하고, 서로가 씁쓸한 마음을 감추지 못한 채 물러

나와야 했고, 나중에 '-시요' 표기는 부결되고 말았다. 똑똑한(?) 제자는 끝내 선생님의 얄미운 제자로 전락할 수밖에 없었다.

엄격하시기에 제자들의 더 큰 존경을 받으신 점도 있지만, 늘 그렇게 엄격하신 것만도 아니었다. 재학 시절에도 명절에 인사를 다니기는 했지만, 내가 대학을 졸업하고 직장을 가진 이후에는 추석, 설 명절에 선배 선생님들을 따라서 인사를 다녔다. 말이 인사지, 인사를 가면 진수성찬 대접을 받으면서 '섰다'를 하며 진탕 놀다 오는 것이 관행 아닌 관행이었다. 흔히 신설동으로 난대 선생님을 먼저 뵙고, 종암동 해암 선생님 댁으로 향하곤 하였다. 여기서는 이차(二次)가 되는지라, 분위기는 더욱 들뜨게 마련이다. 그렇게 깔끔하고 엄격하신 해암 선생님도 이날만은 만면에 미소시고, 간간이 너털웃음이 터져 나오곤 하신다. 난대 선생님 사모님이나 해암 선생님 사모님은 두 분이 너무도 닮은 데가 있으시다. 전형적인 양반댁 안어른의 모습으로, 모두 허물없는 제자들이건만, 음식물 하나하나 접빈객의 격식을 갖추신다. 그러기에 명절 인사 가는 제자들에게는 다시없는 좋은 명절이 되고, 즐거운 날이 된다.

비단 서울사대뿐 아니라 기타 여러 대학에 제자가 적지 않지만, 선생님의 국어사 연구를 이어 받은 제자가 드러나지 못한 점은 아쉬운 일이 아닐 수 없다. 그렇지만 언제나 청아한 동매(冬梅)의 향이 머무는 인자하신 모습, 그러면서도 구김과 흐트러짐이 없는 엄격하신 일상의 선비 생활, 그리고 다사로운 제자 사랑은, 선생님의 깊은 천착의 우뚝 선 연구 성과와 함께, 길이 제자와 후학들의 마음 속 깊은 자리에 면면이 살아남을 것이다.

2007. 4. 20.

인연(因緣)

심 영 자(沈英子)
전 국어연구원, 국어교육과 59학번(16회)

선생님 가신 지가 벌써 10년이 지났다. 물리적 시간은 이렇게 속절없이 흘러가지만, 심정적 시간은 순간순간이 영상이 되어 흐릿하게 혹은 아주 선명하게 그 흔적을 남기며 간다.

1963년 3·1 문화상 시상식장에서였다. 졸업한 지 며칠 안 된 햇병아리가 선생님께서 수상하신다기에 축하드리러 갔는데 느닷없이 날보고 졸업생 대표로 꽃다발을 드리라고 해서 얼떨결에 그 높은 단상까지 오르는 영광을 누렸다. 그리고 대선배님들 틈에 끼어 선생님을 모시고 기념촬영까지 했다.

그해 가을 남편 될 사람과 인사를 드리러 갔다. 둘이 같이 온 것을 의아해 하시는 것 같았다. 주례를 해 주십사고 했더니,

"아 그래? 언제 이렇게들 됐어? 잘 됐구만. 어쩐지 심영자가 높은 구두를 신고 목에 까만 털깃을 두르고 멋을 부리두먼."

활짝 웃으시면서 농담을 하셨다. 선생님께서 언제 나를 눈여겨보셨을

까? 내가 선생님의 관심 안에 있었다는 게 기뻤다. 두 제자가 부부가 된다고 아주 기뻐하시면서 사진 한 장을 주셨다.

"3.1 문화상 기념사진이야. 마침 두 사람이 같이 있구먼."

인연이라는 건 참 신비롭기도 하다. 그때까지도 우리 두 사람은 잘 알지도 못한 사이였는데 우연히 한 장의 사진 속에 들어 있다니, 그리고 그 사진 속 주인공이신 선생님을 주례로 모시게 되었다니…….

그 해 12월 1일 선생님을 모시고 결혼식을 올렸다. 같은 학문을 하는 사람들이니 서로 도와가며 연구해서 국어학계의 큰 학자가 되라고 하셨는데 그 모습을 보여드리지 못해서 늘 부끄러웠다.

그로부터 1년에 두세 번씩 인사를 드리러 갔다. 1965년 설에 세배를 갔는데 아직 애기가 없느냐시며 아주 귀한 선물을 주셨다. 두어 달쯤 된 독일산 순종 포인터였다. 회색 바탕에 갈색 점박이로 투실투실한 놈이 아주 귀엽게 생겼다. 포인터는 사냥개이기 때문에 어렸을 때 꼬리를 잘라 준다고 하셨다. 이 녀석이 낯도 안 가리고 밑둥만 남은 짧은 꼬리를 흔들며 내게 안겨왔다. 너무 감사해서 "쉔"이라고 불렀다(Danke shön에서 따옴). 털이 무척 짧은 놈이라 추위를 몹시 탔다. 방에서만 살려고 했다. 그 해 3월인가 제법 싸늘한 날이었는데 청소를 하느라고 방에서 안 나오려는 놈을 억지로 끌어내어 줄을 풀어줬더니 나가서 영영 돌아오지를 않았다. 남편이 청량리 일대 개집을 찾아다니며 살펴보았으나 허사였다. 워낙 귀티가 나는 놈이라 멍멍탕집에는 가지 않았으리라 위안을 삼았지만 나중에 선생님께 어떻게 말씀을 드리나 큰 걱정이었다. 후에 그 소리를 들으시고 무척 애석해 하셨다. 그 일이 있은 몇 년 후 우리 집 진돌이 진순이 부부가 새끼를 낳아서 강아지 한 마리를 갖다드렸다. 진돗개 순종이라고 어찌나 좋아하시던지 사모님께서는 강아지는 그냥 받는 게 아니라고 소리 나는 그릇을 주는 거라시며 바닥이 두꺼운 스텐 냄비를 주셨다. 찌개를 끓일 때마다 두 분의 모습을 떠올리며 따뜻해 했다. 나는 그것도 모르고 포인터를 그냥 받아왔는데 그래서 그만 잃어버렸나 보다.

1970년 가을 시아버님의 회갑잔치를 집에서 치렀다. 날을 잡아 사흘 동안 잔치를 벌였는데 3일 내내 줄기차게 비가 내렸다. 그때 선생님 몇 분을 모셨다. 비 맞은 병아리처럼 젖은 몸으로 이리저리 뛰어다니는 내가 딱해 보이셨던지 큰아들 내외가 나와 춤을 추라고 하셨다. 젖은 옷을 입은 채로 어설프게 스텝을 밟으며 큰마루를 돌았다. 우리 부부가 어떤 곳에서 어떤 모습으로 살고 있는지 선생님께 적나라하게 보여드린 셈이다. 그날 이후 선생님께서는 인사 갈 적마다 아버님 안부를 묻곤 하셨다. 그때부터 내게는 선생님이 저만큼 계신 교수님이 아니라 늘 자주 뵙는 집안 어른 같으신 분으로 여겨졌다.

1985년은 특별한 해였다. 선생님께서 내게 국어연구소(현 국립국어연구원) 연구실장직을 맡겨주셨다. 내 학문이 일천하여 자주 송구스러웠다. 한글 맞춤법 통일안을 심의하는 동안 국어학계의 원로학자님들을 만나 뵙게 된 것도 선생님 덕이요, 큰 은혜였다. 국어연구소 초대 소장으로 계시면서 현실에 맞게 한글 맞춤법을 고치는 어려운 작업을 시작하시어 3년 동안 심의에 심의를 거쳐 1988년 드디어 새로운 "한글 맞춤법 통일안"을 내놓으셨다. 이 일이 당신의 마지막 봉사라고 하시며 심혈을 기울이셨다. 그때 옆에서 모셨다는 게 나에게는 큰 영광이었다.

선생님 댁은 종암동 산중턱 양지바른 곳에 있었다. 조금 가파른 언덕이라 노인들이 다니시기에 힘든 곳이었다. 그러나 그 집을 무척 사랑하셨다. 건축을 전공한 아드님이 직접 설계해 지으신 집이라고 자랑이 대단하셨다. 앞이 탁 트이고 공기 맑고 조용해서 살기 좋은 곳이라고 어디 가서 이런 집을 또 짓겠느냐고 하시면서 나중에 손주들이 이곳에 모여 당신을 기억하는 그런 집으로 남기를 바란다고 하셨다. 세배를 가면 사모님께서 문을 열어주시며 "심 선생 올라오느라고 힘들었지?" 하고 맞아주시던 모습, 선생님께서 현관에서 "어서들 와." 반기시던 모습이 지금도 눈에 선하다. 마당에는 장미, 라일락, 영산홍 등 꽃이 다양하고 개집에서는 개가 멍멍거리며 손님을 맞았다. 선생님께서는 이렇게 살아있는 것들을 아끼셨는데 특히 난을 사랑하셨다. 어느 해엔가 갔더니 붉은 난이 화려한 자태로 웃고 있었다.

"이게 카틀리아야, 보기 좋지? 이렇게 키워서 애들 집에 보내지. 애들은 잘 못 키워."

볕이 좋아 잘 자란다고 손주 돌보듯 하셨다 집안에 들어가면 편안하고 안온함이 감돌고 두 분이 서로 바라보시는 눈길이 늘 웃음과 따뜻함으로 가득했다. 언제나 한복을 깨끗이 입으시고 조용히 앉아 계시던 선생님은 고고한 선비, 단아한 노학자, 바로 그런 분이셨다.

1987년 선생님 금혼식에 우리 부부를 초대해 주셨다. 선생님께서 주례를 서신 부부 중에서 내외가 제자인 몇 쌍을 부르셨다. 다섯 아드님 가족들에 둘러싸이신 두 분이 참으로 다복해 보이셨다. 그 자리에 우리를 불러주신 것도 특별한 기쁨이요, 자랑이었다.

내가 잊지 못할 감사한 일은 1995년 2월, 남편의 회갑연에 오셔서 축사를 해 주신 일이다.

"나는 이 두 사람의 결혼식에서 주례를 맡았었는데……."

얼마나 감격스럽고 황송하던지. 그러나 그날 날씨도 추운데 선생님을 댁으로 모셔다 드리지 못한 게 정말로 죄송스러웠다. 그 당시 우리 애들이 모두 미혼으로 외국에 있어서 서울여대 학생들이 중심이 된 행사였는데 미처 선생님을 챙겨드리지 못하는 잘못을 저지르고 말았다. 나중에 찾아 뵈었더니 오히려 이렇게 칭찬해 주시는 게 아닌가.

"잘 썼두먼."

회갑 기념으로 낸 우리 부부 수필집을 읽으신 소감이셨다. 사랑은 내리사랑이라고 했던가. 제자의 잘못, 서운함, 그런 것은 내색 않으시고 그저 대견하게 다독이고 보듬어 주시던 부모님 같으셨던 선생님. 흔히 선생은 있고 스승은 없다고들 하는데 나는 복이 많아서 진정한 스승님을 가졌고 그 스승님의 사랑을 듬뿍 받았으며 그 분은 내 마음 속에 지금도 살아 계시다.

1996년 10월 미국에 다녀오는 통에 선생님을 병원에 계실 때 뵙지 못하고 영안실에 가서 뵙게 되었다. 그것이 회한으로 남는다. 참 부족하고 괘씸한 제자다. 선생님을 먼 곳으로 모시던 날 우리 부부는 그 자리에 같이 있었다. 우리 부부가 선생님 앞에 같이 선 것은 그날이 마지막이었다.

1998년 늦여름 나만 덩그마니 혼자 있는 집에 사모님께서 아드님을 대동하시고 찾아오셨다.

"사모님 어떻게?"

"어유. 내가 와야지. 내가 와 봐야지. 그래 어떻게 지내. 나는 80이 넘어 갔는데도 이렇게 힘든데 심 선생 어떻게 하나……."

내 손을 잡아주시며, 등을 쓸어주시며 혼자된 딸을 대하듯 마음 아파하셨다.

"심 선생, 이거 내 마음이야. 이 선생한테 갈 때 꽃이라도 사 가."

흰 봉투를 내 손에 꼬옥 쥐어 주고 가신 사모님. 나는 사모님께도 살뜰한 사랑을 받은 제자다.

1998년 시월 그믐 선생님 묘비 제막식에 혼자 참석했다. 남편 떠난 지 100일밖에 안 됐지만 혼자라도 선생님 앞에 서고 싶었다. 마땅히 그래야 될 것 같았다.

선생님과의 만남을 하나하나 더듬어보니 참 귀하고, 정겹고, 따뜻하고, 그립고, 그리고 부끄럽다. 내게 이런 소중한 추억들을 심어주고 가신 해암 김형규 선생님. 지금도 잔잔한 웃음으로 맞아주시는 나의 선생님, 이런 분을 스승으로 모셨음에 감사하고 행복하다.

내 평생의 일을 주신 분

이 석 주(李奭周)
한성대 교수, 국어교육과 60학번(17회)

고등학교 1학년 때 내가 몸이 약해서 의사는 휴학을 권했었다. 죽어도 휴학을 못 하겠다고 하자 그럼 학교 공부만 하라는 처방을 해 주었다. 시간이 남자 소설이나 시를 닥치는 대로 읽고 지냈다. 그런 탓으로 대학 전공을 위한 적성 검사 결과를 보니 문학 분야가 매우 높게 나왔다. 담임 선생님께서 '너 국문과로 가라. 전망을 고려해 보면 사범대학 국어과로 가는 것이 좋겠다.'고 하셨고 나도 건강 때문에 미래에 대한 설계도 제대로 하지 않은 상황이라 별 생각 없이 선생님 말씀을 따르게 되었다. 대학에 진학하던 1960년, 당시 우리나라는 국민 소득이 $87일 때라서 변변한 기업도 없었다. 이렇게 해서 사범대학 국어과를 택하게 되었다. 숙명(宿命)으로 정해진 섭리(攝理)이고 연기(緣起)인가 보다.

사실 나는 예술적인 소질은 전혀 없어서 문학과는 거리가 멀다. 꼬치꼬치 따져드는 국어학에도 흥미를 느끼지 못했다. 다른 데에 정신을 팔고 학과에는 적(籍)만 두고 있는 상태였다. 특히 해암 선생님께서는 결강도 없이 꼬박꼬박 강의를 하셨다. 학점은 따야 하니 싫어도 강의에는 출석을 하는 수밖에 없었다. 당연히 'A'를 받아 본 적이 한 번도 없었다. 잘 해야 'B'였다. 대학을 졸업하고 철이 들어 공부를 더 하고자 전공을 정할 때, 억지로라도 수강을 했던 선생님 강의 내용이 생각나서 국어학 분야로 정했다. 이것이 내 평생의 연구가 되었다. 이제 선생님께서 출제하신다면 누구보다도 답안을 제일 잘 쓸 수 있고 'A+'를 받을 자신이 있다.

제대하고 중학교에 근무를 할 때 결혼을 하게 되었다. 해암 선생님을 찾아뵙고 주례를 허락 받은 후, 이런 저런 말씀을 드리다가 선생님께서 몇 번 주례를 서신 결혼식에서 들은 기억이 나서 무심하게 '선생님 주례사는 항상 부부는 수레바퀴 두 바퀴와 같다는 내용이 주제인 것 같습니다.'라고 말씀을 드렸다. 선생님께서는 대뜸 '군(君)은 그 말이 싫은가?'라고 하시며 웃으시었다. 그런 뜻으로 말씀 드린 것이 아닌 나는 당황해서 그렇지 않다고 부인했지만 분별없이 말을 꺼낸 일을 적잖이 후회했다.

얼마 후 내 결혼식에서 선생님께서는 '수레바퀴 두 바퀴' 말씀을 빼시고 하지 않으셨다. 그런 까닭에서인지 살아가면서 집안에서 바퀴 한 쪽이 삐걱거리게 되면 빼놓으신 주례사가 생각난다. 나는 본디 말주변이 없는 지라 생각이 부족한 그 때나 학생들에게 '화법' 강의를 하고 있는 지금이나 말을 하고 나서 보면, 하지 않아도 좋았을 말은 하고 꼭 해야 했을 말은 빠뜨리기가 일쑤이다.

대학원 때에는 원생 몇이 선생님 댁에서 강의를 받았다. 종암동 뒷산을 약간 오르면 남향받이로 볕이 잘 드는 곳에 선생님 댁이 있다. 이층(二層) 서재에서는 얕은 골 건너편 산자락이 아름답게 보인다. 선생님 말씀으로는 여기서 네 계절을 마음껏 맛볼 수 있다고 하셨다. 서재에서 단아하신 선생님을 모시고 강의를 듣다가 봄날 창을 통해 쏟아지는 따뜻한 햇살을 이기지 못하고 비몽사몽 속을 헤맬 때면 사모님께서 어김없이 먹을 것을 쟁반에 받쳐 들고 오신다. 따사롭고 아련한 옛 추억이다.

대학에 들어와서 선배들이 교수님들께 세배하러 다니는 모습을 보고 우리도 설날이면 몇 푼 안 되는 사과 상자나 술병을 들고 떼거리를 지어 교수님들 댁으로 찾아다니며 북새판을 벌리던 때가 엊그제련만, 세월이 흘러 이제는 더 뵐 수 없는 교수님, 그리고 사모님이 여러 분이시니 그 분들의 온후하심과 다정하심을 어디서 만날 수 있겠는가.

나도 돌아오는 8월이면 정년이 되어 퇴직을 하게 되는데, 주제넘게도 교수님들께서 우리에게 정성을 들여 주신 만큼 제자들에게 내 딴에는 하노라고 했다고 생각하고 있었다. 지난날을 돌이켜 보면 우리 교수님들께서 우리에게 쏟아주신 마음의 반에 반만큼도 제자들에게 베풀어 주지를 못했다.

천복(天福)으로 서울대학교 사범대학 국어과를 다닌 덕분에 인생은 윤택하여졌고 아름다워졌고, 그래서 나는 지금 행복하게 지내고 있다.

큰 스승 해암 선생님

이 광 정(李光政)
경원대 국어국문학과 교수, 국어교육과 61학번(18회)

어디 귀하고 소중하지 않은 스승이 있겠나마는 해암 김형규 선생님은 나의 큰 스승님이시다.

면 소재지의 시골학교 출신이 낯설고 물설은 서울의 대학이라는 데를 입학하고 보니 모든 것이 생소하고 어설펐다. 자랑스럽고, 꿈에 부풀고 희망에 넘친다기보다는 의기소침하였고, 십대의 감상과 더불어 잿빛 하늘처럼 우울하고 고독한 날들이 많았다. 특별히 무슨 나만의 고민이 있었던 것도 아니고, 6.25전란을 후유증이 가시지 않은, 그 당시 우리 시대 젊은이들이 공유하던 그런 모습이기도 했다. 일종의 아프레 게르의 데카당스라고나 할까.

그때에, 학문에 -학문이라기보다는 수업에 재미를 붙여주신 분이 해암 선생님이시다.

44명이 졸업생 전부인 시골 학교에서 공부하는 동안, 나는 국어와 역사를 좋아하였고, 특히 문법 공부에 관심이 많았다. 최현배 선생님의 "우리 말본"은 꽤 아는 편에 속한다고 생각했다.

선생님께 처음 들은 강의는 학부 1학년 때, '국어학개론' 시간이었다.

남들은 어렵고 재미없다고 했지만, 나는 무척 재미가 있었다. 대부분의 동료들이 문학을 꿈꾸는 소년 소녀이기 때문이리라. 성적도 몇 명 안 되는 A를 받았다. 이후 선생님의 지도로 졸업논문도 썼고, 다시 대학원에 진학하여 석사과정 지도교수님으로 논문을 써서 석사학위도 받았다.

그러는 동안에 종암동 학교 뒤의 위치한 한옥집의 육중한 노란 대문도 몇 차례 밀고 들어갔고, 선생님께서 돌아가시기 전까지 거처하시던 종암동 2층집도 여러 차례 오르내리었다.

내가 내게 아무리 후한 점수를 준다고 하여도, 나는 선생님 같은 인격과 학문에 그 몇 십 분지 일도 못 미친다. 부끄럽다.

선생님은 일견 뵈오면 무척 엄하게 느껴지는 어려운 분이다. 그러나 가까이 뫼시면 무척 다정다감하신 분이다. '嚴而慈(엄이자), 慈而嚴(자이엄)' 하신 분이라고 평소 생각해 왔다. 아버지처럼 엄하게 학문을 지도하시었고, 어머니처럼 사랑으로 제자를 사랑하셨던 분이시다.

큰 스승이신 선생님을 위시하여, 이응백 선생님, 이두현 선생님, 타계하신 이탁 선생님, 이용주 선생님 등 여러 은사님들의 가르침을 받아 나도 남을 가르친다는 생활을 한 지 이미 40년이 넘었다. 이제 얼마 안 있어 이룬 것 없이 강단을 떠난다고 생각하니 일생이 덧없고 부끄럽다.

금년 2007년은 선생님께서 탄생하신 지 96주년이 되시는 해다.

선생님께서는 테니스를 무척 좋아하셨다. 선생님 생전에 우리는 선생님을 뫼시고 여러 차례 "해암배 테니스 대회"를 가졌다. 선생님께서는 여러 모로 대회를 후원해 주시고 참석해 주시었다.

타계 하신 후로는 우리는 매년 선생님을 추모하는 테니스 대회를 갖는다. 우리라야 이제는 몇 안 되는 정우상 회장님, 정동화 총장님, 이상익, 이철수, 정진권, 김상대, 최현섭 교수님 등 선배님들과 해암 선생님의 자제분들이신 종화, 종국, 종진 등 3형제분이 선수로 참여하신다. 큰 아드님, 둘째 아드님도 비록 선수로 참여하시지는 않으나 이 모임을 적극 후원하신다. 선수로 참여하시는 자제분의 실력이 아주 고수다. 아드님 다섯 분이 다 테니스를 잘 치신다고 하신다. 다복하시고 다감하셨던 우리 선생님을 제자들은 모두 그리워한다.

지난 12월 17일 "해암 탄신 95주년 기념 테니스 대회"를 계획하였더니 큰 눈이 내려 서운하지만 뒤로 금년 3월에서야 모임을 가졌다. 이해가 저물기 전에 우리는 다시 모임을 갖고 선생님에 대한 말씀을 나누며 하루를 즐거워 할 것이다. "탄신 100주년 대회"를 성황리를 이루어야 할 터인데……. 선배님들의 건강을 기원한다.

2007. 10. 6.

비롯 바회 그리메

박 경 현(朴景賢)
경찰대 교수, 국어교육과 64학번(21회)

새삼 해암 선생님을 떠올리니, 나는 지금 묵묵히 동해 바다를 굽어보고 있는 커다란 바위가 드리운 그림자 속에 웅크리고 앉아 있는 듯하다.

1. 그 스승에 그 제자, 그 선배에 그 후배

선생님의 존함은 고등학교 때부터 익히 들어 왔지만, 직접 뵙기는 1964년 대학입학시험 면접장에서 처음이었다. 그다지 크지 않은 체구에 지그시 감은 듯한 눈에서 그윽이 뿜어내는 선비의 안광(眼光)은 18세 소년의 기(氣)를 누르고도 남았다. 고개조차 제대로 들지 못하고 있는 까까머리 수험생에게 선생님은 면접자료를 뒤적이며 나직하게 "제물포고등학교 졸업했는가?"라고 물으셨다. 순간, 나는 얼른 "네!"라고 하지 않고, 한 박자 늦추었다가 의도적으로 "네에, 정진권 선생님께 가르침을 받았습니다."라고 힘차게 대답했다. 선생님은 빙그레 웃으시면서 더 이상 질문을 하지 않으셨다. 내 유치하고 다급한 속내를 다 알아 차리셨다는 듯이.

그때 나는 20명 정원에 362명이 지원하여 18 : 1이라는 국어과 개과 이래 가장 치열한 경쟁률로 잔뜩 긴장하고 있었다. 그런데 면접에서 고작 출신학교만 묻고 그치니 다소 섭섭하기도 했고 내심으로는 불안하기도 했다. 그러나 그 무렵 우리 과에 재학 중이던 고교 선배들이 모범적인 학교생활을 하고 있었고, 더구나 정 선생님의 수제자인 양 목청을 돋우는 짓 하나만으로도 나를 충분히 검증된 학생으로 여기셨던 것 같다. 그 후로 나는 우리 과에 입학한 모교 후배들과 내 제자들이 '그 선배에 그 후배', '그 스승에 그 제자'로 인정받을 수 있도록 알게 모르게 조신(操身)해 왔다.

2. 어학과 문학, 고전과 현대의 넘나듦

선생님이 저술하신 "국어학개론"은 대학에 들어와 처음으로 접한 전공서적이다. 이 책은 여기저기 밑줄이 그어지고 여백에는 깨알 같은 메모를 그대로 간직한 채, 지금도 내 서재에 성전(聖典)처럼 모셔져 있다. 선생님은 이 책에서, "개론서는 국어학의 모든 부면을 다루기 때문에, 이 학문 전면에 통달한 사람이어야만 능히 쓸 수 있는 저술이라고 생각한다."라고 말씀하셨다. 교수가 된 지 몇 년 되지도 않았는데 당돌하게 '무슨 무슨 개론'을 쓰겠다고 과욕을 부렸던 나 스스로를 다시 돌아보게 한다. 또한 선생님은 이 책에서 국어학 분야뿐 아니라 국어교육론, 국문학 분야까지 망라해서 다루어, 국어학 연구의 학제적(學際的) 접근을 시도하셨다. 선생님은 이 책을 교재로 쓰시면서 우리들에게 람스테드(Ramstedt), 블룸필드(Bloomfield), 울만(Ullmann), 소쉬르(Saussure), 예스페르센(Jespersen), 방드리에(Vendryes), 오구라 신페이(小倉進平), 고노 로쿠로(河野六郞), 하토리 시로(服部

四郞), 시라토리 구라키치(白鳥庫吉) 등 동서양 학자들의 견해를 소개해 주셨다. 이처럼 선생님은 어학과 문학, 동양과 서양, 고대와 현대를 넘나들며 연구하는 방법을 보여 주셨다. 그런데 요즈음 우리 동문들은 같은 국어교육과를 다니고도 '어학 전공'이니 '문학 전공'이니 '국어교육 전공'이니 하며 갈리고 심지어는 더욱 세분화된 전공별로 나뉘어, 전공이 다르면 전혀 다른 학과 출신인 것처럼 여기며 지내는 경향이 있다.

3. 분석적 - 종합적 천착(穿鑿)

선생님의 연구와 강의 방법은 분석적이고 종합적으로 파고드는 것이었다. 첫 강의 시간에 선생님은 당신의 존함을 칠판에 쓰시면서 "내 이름의 '규'자는 '홀 규(圭)'가 아니고, '별이름 규(奎)'입니다."라고 꼼꼼하게 구별해 주셨다. 나도 교편생활을 하면서 사제(師弟)가 서로서로의 이름을 한자(漢字)로는 물론 그 뜻까지도 알고 있는 일이 교육현장에서 대단히 유용하다는 걸 깨달은 바 있다.

선생님은 시험 때면 채점이 다 끝난 답안지를 어김없이 돌려주어 확인시키고 성적이 부진한 학생들에게는 재시험을 보게 하시었다. 정규 강의 시간 이외에 시간을 내어 일일이 답안지를 검토해 주시는 정성은, 당시 등록금 1,860원밖에 안 내던 우리들에게는 너무나도 황송한 베풂이었다. 이런 점을 본떠서 나도 학생들에게 답안지를 내주어 이의가 있는지 확인한 뒤 다시 돌려받기를 한다. 리포트도 절대로 조교의 도움을 받지 않고 내가 직접 읽고 새빨갛게 고치고 깁고 다듬어 주어 돌려준다.

선생님은 고전을 해독할 때는 원전에 충실해야 한다고 강조하셨다.

1966년 3학년 때 학생대표로 연건동 함춘원에서 연포 이하윤(蓮圃 異河潤) 선생께 화갑기념 논문집을 봉전(奉呈)한 적이 있다. 이 논문집은 300부 한정판이었는데, 영광스럽게도 학생으로서는 나 혼자 1권을 얻게 되었다. 생전 처음으로 스승님의 논문집을 읽으면서, 나는 '논문이란 난해한 것이구나.'라는 부정적인 느낌을 받았다. 그후로 나는 논문을 '어렵지 않게 써 보자'고 스스로 다짐하곤 했지만 매번 허사로 돌아갔다. 이 논문집에는 선생님의 '고전 해독의 문제점'이라는 논문이 실려 있었다. 거기에서 선생님은 악학궤범 원간본이 발견된 것을 계기로 그 동안 적지 않은 의문점을 풀려고 애를 쓰셨다.

한때, 선생님은 당시에는 오기(誤記)로 보아오던 정과정곡의 한 소절 '말힛마리신뎌'는 '뭀이마러신뎌'로 '뭀다'는 '슬프다'는 뜻이므로 이 구절은 '슬프게 하지 마십시오.'라고 풀이할 수 있다고 하셨다. 지금은 통상 '뭇사람의 참언이었습니다.'라고 해석하지만, 오랫동안 나는 선생님의 해설을 눈감고 따랐다. 초임교사 시절에는 동료교사들에게 호통을 치며 선생님의 견해를 신학설이라며 강요한 적도 있다.

선생님의 분석 방법에 흥미를 느껴 우리 21회 동기들은 모이기만 하면 심심찮게 어원 분석 놀이를 하곤 했다. '조금 어리석고 모자라 제 구실을 못하는 사람'을 속되게 말하는 '조다(쪼다)'의 어원은 'jaw down'이며 '노다지'가 'No touch'에 말뿌리를 둔 것과 같다고 하는 학우도 있었고, 엉뚱하게 '사람의 생식기 둘레에 난 털'을 이르는 '거웃'의 어원을 '거기 위'라고 외설적으로 분석하는 녀석도 있었다.

4. 과묵 속의 결단력

선생님은 수업 시간에 강의 내용 이외 농담이나 잡담을 별로 하지 않으셨다. 학생들이 간혹 무례한 언행을 보일 경우에도 애국지사의 기상이 깃든 날카로운 눈매로 상대를 제압할 뿐 말씀이 없으셨다. 한일회담 반대 데모 때 우리 과 몇몇 친구들은 시위대 선봉에 서서 극렬한 행동을 보였다. 수업을 하는 강의실을 향해 돌팔매질하며 학우들의 동참을 을러대기도 했다. 어느 날이던가, 선생님이 3층 강의실에서 강의하시는 도중에 돌이 날아와 유리창이 깨진 적이 있다. 선생님은 호통 한번 치시지 않고 그저 허공을 쳐다보시면서, 그 지경이 된 우리나라의 현실을 안타까워하시는 것 같았다.

언젠가는 우리 과 학생들과 가정과 여학생 여러 명이 함께 속리산으로 답사여행을 간 적이 있다. 속리산 문장대를 오르던 중에, 불량기 있는 타 대학 학생이 가정과 여학생이 쓰고 있던 빨간 모자를 빼앗아 가버린 일이 벌어졌다. 몇몇 남학생이 기사도를 발휘해 협상과 회유로 돌려받기는 했다. 그러나 그날 밤 만취한 타대생들이 우리가 묵고 있던 숙소로 몰려와 난장판을 벌였다. 이유는 협상 과정에서 자신들의 자존심을 건드렸다는 것이다. 아마 열등의식을 트집으로 보상받아 보려고 하는 것 같았다. 욕설을 퍼부으며 돌을 던지고 깡통을 두드리며 요란을 떨었다. 우리는 내심 벌벌 떨면서도 입으로는 맞대응하자고 했다. 인솔교수였던 해암 선생님은 정말 답답할 정도로 아무 말씀도 하지 않으셨다. 다만 흥분한 몇몇 남학생이 밖으로 나가지 못하게 점잖게 출입구에 묵묵히 앉아 계셨을 뿐이었다. 새벽녘이 되어서야 공포 분위기는 저절로 사라졌다. 그때 아마

심신이 별로 튼실하지 못한 우리들이 그 악동들에게 맞섰다면 큰 일이 벌어졌을 것이다. 이제 와 생각하니 선생님의 과묵과 인내가 그 소란을 해결하는 데 가장 적절했던 방책이었던 것 같다.

1968년 대학을 졸업하고 난 뒤 여러 해 찾아뵙지 못하다가, 1974년 대학원 입학 면접장에서 선생님을 다시 뵙게 되었다. 오랜만에 나타난 나를 기억해 주셨다. 이번에는 면접 자료도 보시지 않고 부드럽게 "필기시험 잘 봤나?" 한 마디만 물으셨다.

이제 와서 선생님과의 연줄을 한 올 한 올 다시 이어보니, 나는 여전히 '바룴바회' 해암(海巖) 선생님의 길고도 넓은 '그리메(그림자)' 속에서 포근히 졸고 있는 듯하다.

올곧음 비켜가기

박 영 목(朴泳穆)
홍익대 국어교육과 교수, 국어교육과 66학번(23회)

사람들의 기억 속에 자리 잡은 정보는 세월의 흐름과 함께 사람들이 자신의 경험을 해석하는 방식에 맞추어 변용되기 마련이다. 해암 김형규 선생님에 대한 나의 기억은 흐릿하고 왜곡되어 어느 것 하나 정확한 것이 없을 것이다. 그럼에도 불구하고 대단히 올곧은 학자요 스승으로서의 해암 선생님에 대한 정보는 나의 머릿속에 뚜렷하게 저장되어 있다고 믿고 싶다. 나는 해암 선생님의 그 올곧음을 제대로 본받지 못하고 늘 비켜가는 삶을 살아왔기에 참으로 부끄럽기 한이 없다.

내가 해암 선생님을 처음 뵌 것은 1966년 3월 초였다. 고등학교를 갓 졸업한 우리들에게 해암 선생님은 참으로 근엄하시고도 인자하신 모습으로 인식되었다. 1966년 3월 입학 후 어느 봄날에 우리 국어교육과 교수님들을 모시고 찍은 사진을 보면 이두현 선생님 모습은 보이지 않고 김은전, 이응백, 이하윤, 김형규, 이용주 선생님들께서 앉아 계신다. 흐릿한 사진 속의 해암 선생님 모습에서 지금도 나는 인자함과 온유함과 강인함을 두루 갖춘 성품을 진하게 느낄 수 있다.

대학 3학년 2학기 성적표를 받아보고 나는 몹시도 난감해 한 적이 있다. 해암 선생님 과목을 수강하면서 내 나름으로는 열심히 공부하였는데 성적이 아예 나오지 않았던 것이다. 그 때 마침 같은 문제로 고민하고 있던 내 절친한 학우 김희락 학형과 함께 종암동에 있는 2층 양옥의 해암 선생님 댁을 찾아갔던 기억이 지금도 생생하다. 앞뒤 사정을 말씀 드렸더니 해암 선생님께서는 나를 따뜻하게 위로하시면서 해결책을 찾아보자고 하시었다. 그리고는 아래층으로 내려가시어서 늘 들고 다니시던 가방의 어느 모퉁이에 따로 보관되어 있는 나의 시험 답안지를 찾아내시고는 문제가 해결되었다며 환하게 웃으셨다. 그때 내 마음 속에는 은근히 해암 선생님을 원망하는 생각이 들었던 것 같다. 그런데 지금 생각하면 대학에서 학생들을 지도하고 있는 지금의 나는 학생의 편에 서서 어려움을 함께 고민하고 문제가 해결되면 함께 기뻐하는 그런 교수의 모양새를 도저히 갖추지 못하고 있는 것 같아서 해암 선생님께 대하여 부끄럽고 송구하기 그지없다.

1969년도에 청량원에서 사대 학생들을 대상으로 논문 현상 모집을 한 적이 있었다. 내가 제출한 '국어 용언 어간에 대한 형태론적 시고'라는 졸작이 가작으로 뽑히어서 상금을 탄 적이 있다. 나는 내가 운이 좋아서 그리고 좋은 논문을 작성하여서 상금을 타게 된 줄 알고는 그 상금으로 친구들과 함께 기고만장하여 상당한 주연을 즐긴 적이 있다. 그런데 내가 입상을 하게 된 까닭은 심사를 맡으셨던 해암 선생님께서 내 논문의 질에 비해 과분하게 후한 점수를 주신 데 있다는 사실을 나중에 제효 이용주 선생님의 말씀을 듣고서야 알게 되었다. 올바른 제자라면 당연히 해암 선생님을 찾아뵙고 감사의 인사를 드려야 함에도 불구하고 무엇이 그리 부끄러웠던지 나는 선생님을 피해 다니기만 하였다.

내가 대학 4학년 때인 1969년도에 우리 국어교육과 4학년 학생들은 해암 선생님을 모시고 오대산 방면으로 졸업여행을 갔었다. 그 당시 해암 선생님은 예순에 가까운 연세에도 불구하고 한창 나이의 우리들보다 산행을 더 잘하셨던 것으로 기억이 난다. 더구나 해암 선생님께서는 밤을 거의 새우면서 조금도 흐트러짐도 없이 우리들과 함께 머루주를 드시면서 제자들에게 도움이 될 만한 당신의 경험담을 들려주셨다. 지금 생각하면 해암 선생님께서는 불철주야로 학문에 정진하시면서도 건강관리를 잘 하셨던 같다. 나는 해암 선생님의 그 근면하심과 성실하심을 조금도 본받지 못하고 내 자신의 건강을 위해서 좀 더 노력해야지 하는 다짐만 가끔씩 하다가 제대로 노력 한번 못해 보고 벌써 예순의 나이에 이르게 되었으니 해암 선생님의 제자로서 매우 부끄럽고 송구하기 짝이 없다.

나는 대학원을 졸업하면서 동국대하교 사범대학 부속고등학교 국어 교사직을 그만 두고 최현섭 선배님의 주선으로 1978년 4월부터 문교부 국어심의회 상근 전문위원으로 일하게 되었다. 내가 석사과정에서 졸업 논문으로 '국어 사동사와 피동사의 의미 구조'라는 국어학 논문을 쓸 수 있었던 것은 해암 선생님과 제효 선생님의 훌륭한 가르침 덕분이었다. 국어심의회 전문위원으로 일하면서 나는 국어 어문 규정 초안을 작성하는 실무 작업을 일 년가량 하였다. 그리고는 당시 문교부 장학편수실장으로 계셨던 김상준 선배님의 배려로 1979년 5월부터 문교부 교육연구장학관실의 교육연구사로 발령을 받아 일을 하였다. 이 때 내가 한 일 중에서 가장 기억에 남는 일은 교육평가와 통계를 공부해 가면서 '고교 성적 내신제 관리 지침'을 마련한 일과 '7 30 교육개혁' 조치에 따른 학교교육 정상화 방안의 추진 과정을 점검하고 관리하는 일이었다. 그러다가 1983년부터 4년가량의 미국 유학생활을 마치고 1987년에 복직하여 문교부 인문과학 편수관실에 일하게 되었다.

국어심의회 전문위원 경력으로 인하여 인문과학편수관실에서 내가 맡은 일 중의 하나는 바로 '한글 맞춤법' 개정안을 확정하여 고시하는 일이었다. '표준어 규정' 관련 업무는 인문과학편수관실의 교육연구관으로 계셨던 정준섭 선배님께서 맡으셨다. 이 무렵에 나는 내가 맡은 업무 때문에 해암 선생님을 자주 뵙게 되었다. 그 당시 해암 선생님께서는 문교부 산하 기관인 국어연구소의 소장으로 계시면서 국어 어문 규정 개정안을 마련하는 일의 책임을 지고 계셨다. 지금 우리가 사용하고 있는 한글 맞춤법 규정이 옛날 규정에 비해 개선된 것이 있다면 그것은 해암 선생님의 끈질긴 노력 덕분이라고 나는 지금도 단호하게 믿는다.

국어심의회 한글 맞춤법 분과위원회의 간사를 맡고 있던 나는 해암 선생님께서 심의위원들을 상대로 참으로 진지하게 설명도 하시고 설득도 하시는 모습을 가까이에서 지켜볼 수 있었다. 그 당시 해암 선생님께서 강력하게 주장하셨던 개선안 중의 하나는 '-이오'와 '-시오'의 표기 방식에 관한 것이었다. 선생님께서는 현실음을 고려하여 '-이요'와 '-시요'로 표기해야 한다고 주장하셨다. 그러나 심의위원들의 다수는 선생님의 주장에 대하여 반대 의견을 제시하였다. 그리하여 타협안으로 등장한 것이 바로 지금의 한글맞춤법 규정인데, '-이고'에 대응되는 '-이오'는 '-이요'로 표기하고 '-시오'는 원래대로 '-시오'로 표기하는 방안이었다.

이러한 타협안에 대하여 해암 선생님께서는 그 부당함을 주장하시면서 국어연구소의 원안대로 통과시킬 것을 한글맞춤법 분과 심의위원들을 상대로 참으로 의연하고도 당당하게 설파하셨다. 나는 해암 선생님의 제자로서 당연히 심의위원들을 상대로 해암 선생님 주장의 타당성을 설득하는 일을 게을리 하지 말아야 했었다. 그럼에도 불구하고 어문 규정의 기한 내 고시라는 정책 일정에 충실하기 위해 해암 선생님의 그 의연하고도 올곧은 주장이 실현될 수 있도록 도움을 드리지 못하고 슬그머니 외면한 내 행태가 나는 너무나 부끄럽고 송구할 따름이다.

해암 선생님께서 타계하신 지 벌써 십 년이 지났다. 훌륭한 스승으로서 선생님께서 우리 제자들에게 보여 주셨던 그 온화함과 의젓함과 올곧음은 우리 제자들의 가슴 속에서 언제나 살아 숨 쉴 것이다. 나는 지금부터라도 개과천선하여 내 제자들에게 올곧은 스승으로 기억될 수 있도록 앞으로 남은 기간이나마 최선의 노력을 기울여 나가야 하겠다.

마지막 수업

서 혁(徐赫)
이화여대 교수, 국어교육과 82학번(42회)

지금 생각해 보면 1989년의 대학원 석사 과정에서 해암(海巖) 선생님의 강의를 들을 수 있었던 것은 대단한 행운이었다. '국어사 연습'이라는 과목이었는데, 당시 이승복 조교 선생님의 적극적인 추천이 있어서 85학번 후배인 김정환, 민현주 선생과 함께 학과 티에이(TA)를 하면서 종암동에 있던 해암 선생님 댁으로 강의를 들으러 다니게 되었다.

선생님의 댁은 종암동에 위치한 아담한 2층집 단독 주택이었던 것으로 기억된다. 강의 첫날 우리는 간단한 음료수를 사 들고 선생님 댁에 수업을 들으러 갔다. 초인종을 누르자 단아한 한복 차림의 사모님께서 친히 문을 열어 주시고, 선생님께서도 현관에서 반갑게 맞이해 주셨다. 인자한 모습의 해암 선생님께서는 '오느라 고생 많았다'며 허허 웃으시면서 2층 서재로 앞장서 오르셨다. 1층은 생활공간으로, 2층은 선생님의 서재 겸 연구 공간으로 사용하신 것으로 기억된다. 사모님께서 내어 오신 깔끔한 다과만큼이나 집안 어느 곳 하나 군더더기 없이 깔끔한 상태를 유지하셨다.

사모님을 자주 뵙지는 못했지만, 성품을 짐작할 수 있었다.

선생님의 강의는 강의라기보다는 때로는 잔잔하고 때로는 일제 하의 어려운 국어학 연구의 거친 파도 속의 항해사의 이야기처럼 시간 가는 줄 모르고 계속 되었다. 매주 두어 시간의 수업이 마치 한 편의 긴 이야기로 계속되는 드라마와 같았다. 처음에 우리는 숨소리마저 죽이고 그렇게 선생님의 이야기를 들었다. 그러다가 문득 문득 던지는 선생님의 질문에 우리는 답변을 하지 못하고 쩔쩔매기 일쑤였다.

강의의 주 교재는 선생님께서 1962년에 손수 발간하시고 1986년에 증보판을 내신 "국어사연구(國語史硏究)"라는 단행본이었다. 국어 어휘의 역사적 연구를 주로 하셨던 해암 선생님께서는 어간 ㄱ, ㅂ, ㅅ음의 약화 탈락 현상 등에 대해 매우 폭 넓게 설명을 해 주셨다. 일부는 학부 때 배웠던 국어사의 내용을 통해 쉽게 이해되기도 했지만 상당 부분 우리가 알지 못하거나 이해하지 못하는 부분도 늘어나기 시작했다. 일일이 기억할 수는 없지만 "국어사 개설"과는 사뭇 다른 선생님의 국어사에 대한 관점과 해석도 있었던 것으로 생각된다. 때로 우리는 선생님의 새로운 관점과 해석에 당황하기도 했고 받아 적기에도 바빴다.

조용히 듣기만 하는 우리에게 선생님은 궁금한 것은 없는지, 주요 관심사는 무엇인지 물으셨다. 그러시면서 어떻게 아시는지 당시 우리 셋 모두가 국어학보다는 국어교육 분야에 관심을 가지고 있으며, 당시의 대학원생들이 국어사에 대한 관심이 예전만 못한 것 같다며 아쉬워하시는 기색이 역력하였다. 우리는 그저 죄송할 따름이었다.

수업 진행이 학기 후반으로 접어들면서 우리는 각자 주제를 잡아서 기말 보고서를 준비하고 돌아가면서 발표했다. 해암 선생님께서는 우리의 부족한 점을 하나씩 차근차근 지적하시고 도움 말씀을 주셨다. 필자는 중세어의 성조, 특히 상성이 현대 국어의 장음(長音)과 어떠한 관련성이 있는지를 고어사전과 국어사전을 비교 대조하여 정리하고 체언과 용언에 얼마나 남아 있으며, 규칙과 불규칙 활용 현상과 어떠한 관계가 있는지를 살펴보고자 했다. 지금 생각해 보면 어설프기 짝이 없는 내용이었으나 해암 선생님께서는 대부분 확인된 사실이긴 하지만 애썼다고 격려해 주셨다.

드디어 한 학기를 마치고 우리는 최종 기말 보고서를 제출하고 일주일 후에 선생님께 종강 인사도 드릴 겸 성적표도 받을 겸 다시 선생님 댁을 방문하였다. 선생님께서는 한 학기 동안 수고했다며 성적표에 손수 기입하신 결과를 우리에게 건네주셨는데, '평생 이렇게 후한 학점은 처음 줘 본다.'며 허허 웃으셨다. 과사무실로부터 '요즘은 대체로 선생님들이 학점을 후하게 주시는 편'이라는 얘기를 여러 차례 들으셨다며 '압력(?)' 아닌 압력(壓力)을 받으신 듯한 느낌이었다.

당신은 평생 A학점을 줘 본 일이 거의 없으시고, 최고 학점이 B 플러스 정도였으며 대부분 C학점을 주셨다는 것이다. 이는 후에 다른 선생님들과 선배님들의 증언(?)을 통해서도 확인할 수 있었다. 선생님께서 우리에게 주신 학점은 세 명 모두 A 마이너스였다(본의 아니게 두 후배의 학점을 공개해 버리게 된 점 양해를 구한다.). 당시의 대학원 학점치고는 상당히 짠 편이었는데 그도 그럴 것이 당시의 학부나 대학원 성적은 이미 인플레가 시작되고 있어서, 보고서나 수업을 제대로 완수하지 못해 B 플러스를 받게 되더라도 마치 D나 F를 받은 느낌을 갖고 하는 분위기였기 때문이다.

아무튼 우리는 해암 선생님으로부터 최고의 학점을 받은 동시에 마지막 수업의 주인공이 되었다. 해암 선생님께서 이제는 더 이상 강의를 맡지 않으시겠다는 뜻을 학과에 말씀하셨다고 한다. 해암 선생님께서 우리를 마지막으로 강의를 더 하시지 않겠다고 결심하신 이유를 우리는 알 길은 없으나 우리 세 수강생의 부족함 때문에 실망하신 탓이 아닌가 해서 두고두고 죄스런 마음을 떨쳐버릴 수 없었다. 특히 마치 선생님을 졸라 후한 학점을 받은 듯한 느낌으로 죄송할 따름이다. 그러나 분명한 것은 우리가 결코 학점 때문에 선생님 강의를 신청한 것도 아니고, 또 강의 그 자체보다도 훨씬 더 값진 많은 경험을 했다는 점이다. 국학을 하는 학자로서의 자세, 스승으로서의 인품 등 그것은 어떤 학점과도 바꿀 수 없는 소중한 것이 아닐 수 없다. 아직도 학자라고 하기에는 스스로 모든 면에서 부끄러울 뿐이지만, 해암 선생님의 은혜를 받은 제자의 한 사람이 되었다는 것이 자랑스럽고 감사할 따름이다.

석사 과정에서 해암 선생님의 강의를 들은 지 몇 해 뒤에 박사 과정에서 공부하면서 학과 조교를 하게 되었다. 1993년 연말쯤으로 기억된다. 학과장이시던 박갑수 교수님께서 고 제효(霽曉) 이용주 교수님과 함께 해암 선생님께 묵은세배를 가시던 날 필자는 두 선생님을 종암동 댁까지 차로 모셔다 드릴 기회가 있었다. 박갑수 교수님께서는 정성스럽게 소고기를 몇 근 준비하셨다고 말씀하셨다.

두 분은 관악 캠퍼스에서 종암동까지 가시는 길에 도란도란 많은 말씀을 나누셨다. 당시 바뀐 지 얼마 되지 않은 새 어문 규정에 대한 이야기며 우리말 띄어쓰기 문제, 표준어 문제 등을 밀리는 차 속에서 오래도록 주고받으셨고 나는 귀동냥을 하던 일이 잊혀지지 않는다. 그리고 무엇보다도 학부와 대학원에서 오랜 세월 가르침을 주셨던 은사님들께서 당신들의- 물론 마지막 수업을 들은 제자의 입장에서 물론 나의 은사님이기도 하지만- 은사님을 찾아뵙고 묵은세배를 드리는 모습이 너무도 생생하게 아직까지 뇌리에 남아 있다. 그리고 한동안 지방에 있었다는 이유로, 그리고 이러저러한 사정을 이유로 세배도 제대로 드리지 못하고 지나온 세월을 생각하면 죄송하기 그지없다.

2004년도 말에 필자는 보잘 것 없는 학술적 업적에도 불구하고 학과 선생님들의 배려(?)로 해암상을 수상하는 영광을 안게 되었다. 더 열심히 학문에 임하라는 채찍질로 생각하고 감사하는 마음을 잊지 않고 있다. 해암상 수여가 있던 그날 대학원 종강모임도 함께 치러지게 되었는데, 비록 해암 선생님께서는 돌아가셨지만, 여러 학과 선생님들과 대학원 후배들이 모두 모여 한 해를 마무리하고 있었다. 이제는 국어교육과의 석박사 졸업생들이 전국에 흩어져서 여러 대학에서 강의와 학문에 열중하고 있다. 해암 선생님과 해암상은 그 가운데에서 굳건히 국어교육과를 뒷받침해 주시는 반석임에 틀림없다. 다시 한 번 선생님과 가족들께 고개 숙여 감사드린다.

가슴으로 보여 주신 사랑

김 나 미 (金那美)
분당 돌마고 교사, 해암 선생 손녀

서울시 성북구 종암동, 비탈진 언덕에 자리 잡은 아담한 2층집……. 나에게 제 2의 고향인 할아버지댁이다. 아직도 그 집에 가면 할아버지께서 "어서오너라."하며 반겨 주실 것만 같은데, 할아버지께서 돌아가신 지도 벌써 10년이 넘었다. 이제는 그리움으로 추억 속에 살아계신 할아버지…….

어린 시절 내게 할아버지는 다소 무섭게 느껴지는 분이셨다. 명절 때 가끔씩 뵙는 할아버지는 늘 근엄한 모습이셔서 어린 마음에 무섭게 느껴졌던 것 같다. 그러던 중 초등학교 3학년이 되었을 때 부모님이 사정상 동생들을 데리고 일본에 가게 되었고 나와 언니는 부득이 할아버지 댁에 맡겨지게 되었다. 1년여의 시간 동안 함께 살면서 보게 된 할아버지는 그동안 내가 알던 무섭기만 한 분은 아니셨다. 할아버지께서는 평소 집에선 별로 말씀이 없으셨는데 학교에서 돌아와 할머니께 학교에서 있었던 일을 이것저것 이야기하노라면 옆에서 들으시면서 간혹 미소를 짓곤 하셨다. 특히 상장을 받아온 때에는 할아버지께서 "거참 잘 했구나. 허허 허……." 하시며 칭찬해 주셨는데 나는 할아버지께 칭찬 받는 일이 그 무엇보다도 기쁘고 자랑스러웠다.

할아버지께서는 늘 규칙적이고 절도 있는 생활을 하셨다. 아침 일찍 일어나셔서 하루도 빠짐없이 마당에서 아침 운동을 하셨고, 식사 시간도 늘 규칙적이셨다. 아침 식사는 보리빵과 깨죽을 드시고 커피 한 잔을 마신 후 출근을 하셨다. 할아버지께서 출근하실 때 나는 반드시 현관에 나가 인사를 드리고 마중을 하였다. 집에 계신 날 점심은 간단히 국수류를 드시는 때가 많았다. 할아버지께선 국수를 좋아하셔서 할머니께서 직접 반죽을 하여 칼국수를 만들어 먹곤 하였다. 저녁 식사 시간에는 반주를 곁들이곤 하셨는데 오늘은 반주를 하실 건지 아닌지를 여쭤보는 일은 내 몫이었다. 저녁상에선 나와 언니에게 식사 예절이나 생활 예절에 대해 알려 주시거나 세상 돌아가는 이야기를 들려주곤 하셨다. 그때는 어려서 잘 몰랐지만 지금 돌이켜 생각해 보면 어린 시절 할아버지 댁에서의 생활은 나에게 예의범절을 몸소 익히게 해 주었다.

내가 다시 할아버지 댁으로 오게 된 것은 대학에 입학하면서이다. 대전에서 서울로 대학을 오게 되면서 할아버지 댁으로 거처를 옮긴 것이다. 언니는 이미 할아버지 댁에 먼저 와 있었고 할아버지, 할머니, 언니와 나, 이렇게 네 식구가 된 모습은 10여 년 전 할아버지 댁에서 살던 때와 같은 모습이었다. 그러나 다시 온 할아버지 댁은 어린 시절의 느낌과는 사뭇 달랐다. 이젠 할아버지께서도 연세가 더 많아지셨고 현역에서 은퇴하셔서 집에서만 지내시니 왠지 더 쓸쓸해진 느낌이랄까.

그러나 할아버지의 규칙적이고 절도 있는 생활은 변함이 없으셨다. 집에서만 지내시면서도 결코 흐트러진 모습을 보이는 법이 없으셨다. 늘 단정한 한복 차림에 여름에도 양말을 벗지 않으셨다. 저녁 식사 후 간혹 목침을 베고 눕긴 하셨지만 대부분의 시간을 꼿꼿한 자세로 앉아서 책을 읽으시거나 바둑을 두셨다.

나는 대학에서 국어교육을 전공했는데, 사실 내 전공 선택이 할아버지의 영향을 받아서는 아니다. 교육자 집안에서 자란지라 어려서부터 선생님이 되는 것이 꿈이었는데 어찌하다 보니 국어교육과에 진학하게 된 것이다. 고등학교 시절 국어 과목을 좋아하긴 했지만 막상 전공 공부를 하다 보니 어려운 내용들이 많았다. 특히 국어학 쪽은 생소한 내용들이 많았는데 공부를 하게 되면서 할아버지께서 우리 국어학계의 거목이심을 새삼 알게 되었다. 당시 국어학을 가르쳐 주시던 신현숙 교수님께 우연히 할아버지에 대해 말씀드린 적이 있는데 교수님께선 무척 반가워하시며 훌륭한 할아버지의 손녀답게 열심히 하라고 격려해 주셨다. 내게는 그저 집에서 늘 뵙는 할아버지이지만 국어학계에서는 수많은 제자들을 키우시고 우리말 사랑에 앞장서신 훌륭한 국어학자이셨다는 사실을 알고는 내가 할아버지의 손녀임이 자랑스러워짐과 동시에 국어학도로서 어깨가 무거워짐도 느꼈다.

아무래도 전공 공부와 관련해서는 할아버지의 도움을 많이 받았다. 무엇보다 2층 할아버지 서재는 내 전용 도서관이나 다름없었다. 할아버지께서는 당신이 쓰신 “국어학개론” 등 책들도 손수 내게 주셨는데 지금도 그 책들은 소중한 보물들로 간직하고 있다. 간혹 내가 대학 생활에 대해 불만스런 이야기를 하면 할아버지께서는 늘 교육자의 길은 힘들지만 참으로 보람있는 길이라는 말씀을 자주 해 주셨다. 그러면서 교사가 되기 위해 사대에 간 것은 참으로 잘 한 일이라고 말씀하셨다. 할아버지께 내가 교사가 된 모습을 보여드렸으면 참으로 기뻐하셨을 텐데, 그 모습을 보여드리지 못한 것이 가슴 아프다.

겉으로 내색은 잘 하지 않으셨지만 할아버지께서는 할아버지 댁과 인연이 깊은 언니와 나를 각별히 여기셨다. 할아버지께서는 내게 잔심부름을 많이 시키시곤 하셨는데 다른 손주들이 있어도 "나미야!" 하며 나를 부르셔서 때론 귀찮게 느껴지기도 하였다. 그러나 별로 착하지도 않은 나를 늘 착하다고 말씀해 주시고 부모님께도 내 칭찬을 많이 해 주셨으니, 지금 생각해 보면 나를 참 많이 아껴 주셨다. 할머니가 안 계실 때 점심으로 라면을 끓여 드리면 그 푹 익은 라면을 맛있다고 잡수시고, 아르바이트 끝나고 저녁 늦게 귀가할 때 죄송한 마음에 군고구마나 과자 같은 것을 사가지고 들어가면 "보기보다 맛있구나." 하시며 웃으시던 모습도 눈에 선하다. 할아버지 사후에 출간된 수필집 "세월은 가고"에서 할아버지께선 두 손녀가 나가고 난 후의 적막함에 대해 언급해 놓으셨는데, 그 부분을 읽으면서 할아버지에 대한 죄송함과 그리움에 목이 메었다. 언니와 내가 자취집을 구해 할아버지 댁을 나오게 되었을 때 당신께선 별로 내색하진 않으셨지만 많이 섭섭하셨던 것이다. 그때는 할아버지께서 훨씬 오래 건강히 사실 줄 알았는데, 너무나 갑작스럽게 하늘나라로 떠나 버리셨다.

1996년 겨울, 할아버지께서 편찮으시다는 이야기를 듣고 종암동 댁으로 찾아가려 했으나 임용시험 준비로 바쁘다는 핑계로 다음에 찾아뵙겠다고 전화만 드렸었다. 그런데 그러고 며칠이 지나지 않아 병원에 입원을 하신 것이다. 부리나케 병원으로 갔을 때는 이미 할아버지께서는 많이 위중하신 상태였다. 나를 알아보신 듯 "나미야……."라고 불러 주셨지만 그 다음은 말씀을 이어 나가질 못하셨다. 좀 더 의식이 있으실 때 찾아뵈었어야 했는데 그 정도로 상태가 빨리 나빠지실 줄 몰랐다. 그 전에 찾아뵙지 못한 것이 못내 한이 된다.

내가 교사 생활을 한 지도 벌써 10년이 다 되어 간다. 그동안 현장의 국어교육은 수능 위주의 교육으로 바뀌면서 국어 교과에서 국어학 분야가 소홀히 다뤄지고 있고, 고등학교의 경우 '문법'을 선택과목으로 택하는 학교도 거의 없어지고 있다. 또한 외래어의 범람과 무분별한 통신 언어의 사용은 우리 아이들의 국어 생활을 더욱 잘못된 방향으로 몰아가고 있는 것이 현실이다. 이런 세태를 할아버지께서는 어떻게 바라보고 계실까? 아마 살아 계시다면 나를 비롯한 국어 교사들이 앞장서서 바로잡아야 한다고 힘주어 말씀하실 것이다.

할아버지의 뜻을 본받아 나도 국어 교사로서 앞으로 꾸준히 우리말 바로세우기에 앞장서야겠다. 우리 국어를 사랑하신 위대한 국어학자이면서 제자들을 사랑하신 훌륭한 교육자이셨던 할아버지께 부끄럽지 않은 자랑스런 손녀로 우리 국어 교육에 일조하도록 노력할 것이다. 그리고 무엇보다 할아버지께서 내게 가슴으로 보여 주신 그 속 깊은 사랑을 잊지 않을 것이다.

유난히도 길게 느껴졌던 올 여름도 서서히 저물고 있다. 조만간 시간을 내어 종암동 집에 찾아가야겠다. 얼마 전 태어난 아들을 안고……. 어릴 적 언덕을 오르면 마당에서 아래를 내려다보시며 반갑게 맞아주셨는데, 이제는 하늘에서 내려다보시고 기쁘게 반겨 주시지 않을까?

해암 선생님의 진면목

아버지를 생각하면

김 종 오(金鍾悟)
충남대학교 명예교수, 해암 선생 장남

나는 매일 아버지를 본다. 아침에 세수하면서 거울을 보면 내 얼굴에서 아버지를 보게 되는 것이다. 우리 집은 오형제인데 동생들을 만날 때마다 동생들 얼굴에서 또 다른 모습의 아버지를 보게 되니 아버지는 아직도 우리 곁에 살아계신다.

선친은 1996년 12월 6일 작고하셨으니 벌써 10년이 넘게 세월이 흘렀다. 살아생전 땅 투기를 하신 적이 없으셨지만 오직 말년에 본인과 후손들을 위해 안성공원 묘원의 3단 터 200여 평을 장만하시고 한 분뿐인 숙부 가족까지 함께 묘를 쓸 수 있도록 해놓으셨다. 제일 윗단에는 아버지·어머니가 벌써 잠들어 계시고, 옆에 숙부·숙모의 자리와 아랫단 우리 형제 내외가 들어갈 곳은 비어 있으나 언젠가는 차례차례 채워질 것이다. 남향받이 얕은 경사로 되어 있어 햇빛이 잘 들고 수해 걱정이 없으니 가히 명당자리를 잡으신 것이다. 나야 장남이니까 아버지 밑에 묻혀야겠지만 동생들은 제각기 일가를 이루게 될 터이고 장묘 문화가 변하고 있으니 아버지 뜻대로 될지 모르겠다.

한식과 추석에는 온 식구가 성묘를 가며 나는 안성 부근 골프장을 가다 오다 가끔 들리는데 제자들이 만들어 세워주신 추모공적비를 볼 때마다 아버지의 나라사랑, 국어사랑, 제자사랑과 또한 제자들의 아버지를 존경하고 따르는 마음을 느끼면서 아버지의 피를 받고 태어난 자식임을 자랑스럽게 여긴다.

나도 충남대학교에서 30여 년간 교수로 봉직하고 금년 2월 말에 정년을 맞았다. 내 전공은 아버지와는 다른 재료공학으로, 실험실에서 유용한 신물질을 찾아내는 연구를 해왔으며 논문 300여 편, 저서 4편, 특허 10건, 석·박사 70여명 배출, 국내외 학회 활동 등 나름대로 충실하게 교수생활을 했다고 생각되나 아버지와 비교하면 부끄러울 따름이다.

나는 어려서부터 우리 아버지는 잠이 없으신 분이라고 생각했다. 자다가 한밤중에 어쩌다 깨어보면 아버지 서재에는 늘 불이 켜져 있었기 때문이다. 아버지는 방 한가운데 교자상을 놓고 그 위에 많은 책을 펴놓으시고 깔끔한 한복차림에 의자도 없이 꼿꼿이 앉은 자세로 원고를 쓰고 계셨다. 이렇게 불철주야 국어학 연구에 매진하셔서 많은 저서와 논문을 발표하시고 그 업적으로 3.1문화상, 학술원상을 연달아 수상하시고 한국 최고의 학문의 전당인 학술원 종신회원까지 되셨으니 어찌 나와 비교를 할 수 있겠는가? 여생을 한가롭게 보내셔야 할 나이인 74세에 국립국어연구소를 주도하여 창설하시고 초대·2대 소장을 역임하시면서 연구소 기틀을 마련하고 맞춤법 연구에도 매진하셨으니 참으로 국어학을 위해 태어나신 것 같다.

내가 아버지를 생각할 때 후회스러운 것이 몇 가지 떠오른다.

첫째는 한 집에 모시고 살지 못한 것이다. 결혼 초에는 내 형편이 그래서 둘째를 낳을 때까지 같이 살다 분가하고, 더구나 대전으로 이사 와서는 찾아뵙는 것도 쉽지 않았다. 1988년 대전 연구단지에 오래 전에 사두었던 150평 터에 단독주택을 짓게 되었는데 내 계획은 2층을 부모님이 쓰실 수 있도록 하는 것이었다. 동네가 조용하고 터도 넓고 축대가 6m이상 되어 앞이 트여있어 아버지도 매우 흡족하게 생각하고 계셨다.

그러나 막상 건축을 시작하니 건축비가 만만치 않아 부모님이 쓰실 이층방과 거실이 작아지게 되었고, 부모님은 대전으로 거처를 옮기시기를 주저하시게 되었다. 나도 애들이 다섯으로 초등학교에서 고등학교까지 다닐 때이므로 애들 방도 마련해 줘야 하고, 아파트 늘리고 집터 마련하느라고 늘 빚지고 갚느라 허덕여서 더는 무리하고 싶지 않을 때였다.

지금 생각하면 무리를 해서라도 거처하실 방을 크게 해드렸다면 모시고 살았을 터인데 후회가 막급하다. 아버지 돌아가신 후 어머니를 대전 집으로 모시고 내려왔으나, 친구가 없어 심심하시다고 몇 개월 안 돼 다시 서울로 올라가시고 말았다. 나는 무능한 불효자인 것 같아 부모님께 죄스러울 따름이다.

둘째는 아버지가 그렇게 기다리시던 회혼례를 못 해드린 것이다. 1997년 1월, 부모님 결혼회갑을 맞이하게 되어 아버지는 그 준비로 마음이 들떠 있으셨고 하객들에게 드릴 수필집 "세월은 가고"를 준비하고 계셨다. 매사에 절도 있고 규칙적인 생활을 하시며 제자리 뜀박질도 매일 하실 정도로 건강을 챙기시고 지병도 없으셔서 자타가 백수(白壽)를 누리실 거라고 믿었다. 그런데 우연히 간 검사를 하다가 손을 쓸 수 없을 정도로 간암이 퍼져있다는 사실을 알게 되었다. 더욱이 3~4개월밖에 생존할 수 없다는 것이었다. 의사인 셋째 동생이 본인에게 알리면 충격이 크실 것이라 하여 알려드리지 않기로 하고 그야말로 죽음을 기다리는 것뿐, 6개월만 넘기어 회혼례를 올릴 수 있도록 생존해 계시기를 기원하는 것이 전부였다.

그러나 이제와 생각하니 이것은 잘못된 희망이었으며 증세가 나타나기 전에 미리 회혼례를 차려 드렸어야 했다. 정신력이 강하시니까 사실을 알려드렸더라면 오히려 죽음을 받아들이시고 친척・친지・제자들과의 이 세상에서 마지막 즐거운 만남 회혼례를 가지셨을 터인데, 회혼례는 못 치르고 종래 장례식장에서 만나게 해드렸으니 너무도 안타까울 따름이다.

나도 자식이 둘이나 의사인데 내가 죽을병에 걸려 희망이 없게 되면 정리할 수 있는 시간을 가질 수 있도록 미리 알려주기를 바란다. 그리하여 자식들에게 마지막 당부, 친지・친구들과의 작별, 재산 정리 등을 할 수 있도록 해야 한다고 생각한다.

나는 일 년에 한 번씩 아버지가 근무하시던 서울대학교 사범대학 국어교육과에서 아버지가 출원하신 해암학술상 시상식에 참석해 시상과 축사를 하고 있다. 상금액이 적어서 부모님이 사시던 집을 처분하여 그 돈의 일부를 해암학술상기금으로 서울대에 기탁하기로 하였는데, 그렇게 되면 상금액도 올라가게 되고 국어교육과 교수님들께도 노고를 덜 끼치게 될 것 같다. 시상식에 참석한 국어교육과 학부・대학원생 중에는 외국에서 유학 온 학생들이 많고 특히 대학원에는 반수 이상이 외국인 학생이라는 것에 놀랐는데, 그만큼 우리의 국력이 높아지고 우리 국어가 국제화되고 있음을 실감할 수 있었다.

그런데 국내에서는 국어가 영어에 밀리고 있음을 여러 가지 측면에서 볼 수 있다. TV 대담프로에서 토론자들이 경쟁적으로 영어를 쓰고 있으며 간판, 상품명, 심지어는 아이들 이름까지 영어식으로 되어가고 있으니, 한 100년 후에는 우리 국어의 모습이 어떻게 될지 심히 염려가 된다. 더구나 한글날에는 이런 문제를 가지고 반성도 하고 국어사랑 캠페인도 벌였으나 요사이는 그런 행사도 없는 것 같아 안타까울 따름이다.

북한의 우리말 지키는 노력은 우리보다 월등한 것 같다. 반면 우리는 너무 등한시하는 것 같아 대조를 이루고 있다. 우리도 도저히 우리말로 바꿀 수 없는 것 이외에는 될 수 있는 한 우리말을 써야 할 것이다. 버젓이 우리말이 있는데도 왜 굳이 영어를 쓰는지, 왜 그런 것이 허용되고 방치되고 심지어 권장되는지 알 수가 없다. 이는 국어를 사랑하고 지키는 중·고등학교 국어과 교사들이 반성하고 분발해야 할 부분이며, 이런 측면에서 서울대학교 사범대학 국어교육과 출신들의 책무가 막중하다고 본다.

아버지가 생존해 계셨더라면 순수 우리말 지키기에 또 한 번 앞장을 서셨을 것이다. 이제 아버지는 안 계시지만 아마도 아버지의 학문적인 정신을 이어받은 많은 제자 국어학자들이 이를 대신할 것으로 믿는다.

"아버지는 저 세상에서 국어의 국제화와 영어의 침식을 어떤 마음으로 바라보고 계시는지요. 국어만을 위해 태어나시고 일생을 바치신 아버지, 이 땅에 영어의 침식을 막아주시고 국어의 국제화가 이루어지도록 도와주십시오."

1964년 장남 종오 대학 졸업식장

1983년 장손자 근호와

1979년 손녀 나미 돌상에서

1990년 4월 15일 대전 장남 댁에서 장남가족과 함께

부산 구덕 산록에서 종암산장까지

구 인 환(丘仁煥)
서울대 명예교수, 국어교육과 50학번(7회)

1. 불타는 구덕 산록

부산 구덕 산록의 진흙 바탕에 세운 텐트 가교사, 포화에 불타는 '젊은 이들의 양지'가 달아오르던 그해, 우리는 그대로 서 있지 않고 불끈 일어서고 있었다. 비록 진흙 바닥에 텐트를 친 가교사이지만 거기에는 내일의 꿈에 불타는 젊은이의 번민과 낭만이 있었고, 칠판만 붙어 있는 엉성한 교실이지만 강의의 열정과 학생들의 빛나는 눈초리가 있어서 일선의 치열한 전투와 포화를 압도하고 있었다.

겨우 눈을 떴다. 화학과 후배 성하경이 흔들어 깨우고 있었다.

"준비 다 됐어요. 늦겠어요."

눈을 비비면서 무거운 몸을 일으켰다. 머리가 띵 하고 맑지가 않다. 잠을 못 잤으니 그럴 수밖에 없었다. 저녁 6시부터 새벽 4시까지 중간에 한 시간 쉬는 시간은 뺀다고 해도 9시간을 꼬빡 서 있으니 이것부터가 쉽지 않은 일이다. 제2부두에서 자갈치 시장을 거쳐 토성동을 지나 아미

산 중턱의 허술한 방에 가기까지 걸어야 하고, 세수를 하고 누우면 누가 업어가도 모를 정도로 죽음 같은 잠에 빠지는 것이다.

6·25전쟁이 터지면서 계속 흉년이었다. 정말 난리 통에 풍년이나 들어 먹고사는 데 불편이 없어야 하는데 풍년을 고사하고 계속해서 흉년이니, 무론 머위에 콩찌개를 넣어서 끓이면 이건 꿀맛이다. 고향인 장항도 흉년으로 봉근리 집도 말이 아니라고 한다. 밤에는 제2부두 체커로 나가고 낮에는 서대신동 구덕 산록의 텐트 가교사에 가서 강의를 듣는 둥 마는 둥하고, 저녁때에 부두로 달려가 올빼미가 되어 기선의 헷지에서 밤을 드샜다.

오늘 '고려가요'의 개강일이다. 대구에 있는 고려대의 김형규 교수가 첫 강의를 하는 날이다. 땅바닥 강의실은 을씨년스럽다. 제각기 엉망인 학생들이 핼쑥한 얼굴로 그저 의자에 몸을 내던지고 있다. 비닐로 씌워진 문을 열고 김형규 선생님이 들어왔다. 가볍게 머리를 숙이고는 자신을 소개했다.

"나 김형규 교수요. 사대 강의를 하게 되어 여러 학생들을 만나니 기쁘오. 전시에 어렵지만 같이 연구를 잘 해 보자구요."

그리 크지 않은 키에 인자함과 매서움이 함께 섞인 눈매, 맑고 낭랑한 목소리가 장내를 압도했다. 김형규 교수는 경성제대 출신이요, 사대의 납북된 정학모, 정형용, 고정옥, 그리고 손낙범 교수와 고대의 구자균 같은 학자들이 우리어문학회를 결성하고 "국문학개론"과 "조선문학사"를 공동 집필 출간한 50 전후 지천명의 쟁쟁한 학자들과 함께 활동하는 분이었다.

김형규 선생의 강의는 어제나 잔잔한 물결과 같이 50대의 열정으로 고려가요와 '국어학사'를 강의하여 전시 학생들에게 면학의 열이 없다고 염려를 하곤 했다. 수복 후 "고가주석"으로 발간된 고려가요의 강의는 새로운 생물을 발견한 것 같은 기쁨과 열정으로 강의를 해 나갔다. 하루하루 살아가는 데 바쁜 학생들은 거기에 따라가지 못해 아쉬워했다. 사립문 같은 교문 앞에서 감시하던 우인섭 배속장교, 이응호 국어과 학생 대표와 이용주, 곽한철, 하만천, 강태중 등이 직접 줄판(일본어로 가리방)을 긁어 국어과 회보를 낸 것도 바로 구덕 산록의 열정의 소산이었다. 이하윤 교수와 문리대의 방종현 교수, 충남대에 머문 손낙범 교수가 출강하고 김덕환, 이을환, 이응백 선배들이 강사로 출강한 구덕 산록의 텐트 교실의 애환은 휴전이 되어 을지로6가 본교로 복교하면서 그 막을 내렸다.

부산에서 선생님을 처음 만난 후 수복이 되어 상경해서 사대 전임으로 부임한 뒤까지 선생님과의 학연은 지속되었고, 생활의 정감은 더욱 짙어갔다.

2. 정과 학풍의 종암산장

전쟁의 포화는 멈추었으나 그 전흔(戰痕)의 상처는 너무 처참했다. 수백만 명의 사상자에 온 국토는 파괴되고 흉년까지 겹쳐 초근목피로 연명하는 생활에 허덕이었다. 이런 가운데 을지로 6가의 캠퍼스 생활이 시작되었다. 옛 우리어문학회 중심이었던 교수들이 납북된 상황에서 김형규 교수가 사대 전임으로 부임하고 손낙범 교수는 국제대학으로 오게 되며, 법대 소속인 이하윤 교수가 사대로 보직되어 왔다. 사대는 김형규, 이하윤, 이탁 교수 체제로 50년대 후반을 맞는다.

공주사대 전시연합대학 부산 분교 등지를 전전하면서 학점을 욕심도 많이 취득하여 180학점을 넘겨 들었다. 53년 2학기 강의는 거의 듣지 않고 광주 숭일고에 근무하다가 55년 성동공고에 이용주 동문과 같이 근무를 하면서 창작, 영화 등에 관심이 가기 시작했다. 당시 재미있는 일은 이용주 선생이 이탁 교수(후계자로 생각하고 있는 듯함)의 강의를 듣는다고 을지로 6가 사대로 자주 나가는 것이다. 물론 이탁 교수의 강의도 들었겠지만 기실은 한 여학생을 만나러 다닌 것을 나중에 짐작을 했다. 그 여학생이 바로 윤필희 교장 선생이다.

선생님을 가까이 모시게 된 계기는 동문들이 세배를 가서 저녁까지 서재에서 섯다를 하면서 보내는 데서 마련되었다. 거기에다가 해암 선생은 수필을 "현대문학"에 연재하여 "계절의 향기"를 발간하는 문학애호가며 집필가이어서 '문체론의 동향'을 소개하여 "현대문학"에 게재하게 할 정도의 문단과의 인연도 있어서 더 친근하게 모셨다.

거기에는 나라고사(奈良高師) 출신인 사모님의 따뜻한 온정이 더 정겹게 했다. 5.16 혁명 이후에 당시 실력자 김종필 총리가 용두동 캠퍼스 청량대에 학생회관을 지어주어 사대는 그 넓은 대지에 교수 연구실을 갖추고 활발하게 연구하는 분위기가 조성되는 대학가가 되어 있었다. 60년 사대 부고로 자리를 옮기고 62년도부터 사대 강사로 나가게 되어 용두동 캠퍼스의 교수 휴게실에 자주 들리게 되어 부산 구덕 산록 가교사에서 허수룩한 옷을 입고 강의하던 선생님들을 자주 뵈올 수가 있었다. 헤겔 철학의 권위자 김계숙 교수, 교수법 전공의 한제영 교수, 칸트 전공의 김기석 교수, 윤리학의 권위자 김석목 교수, 문예사조와 시인인 이하윤(異河潤) 교수,

우리 한자가 중국을 건너갔다는 서지학 국어학자인 이탁 교수, 고려가요를 위시한 고가 연구의 권위자인 김형규 선생, 그때 벌서 "서양사개설"을 출간한 김성근 교수, 피바디대에서 교육학을 연구하고 온 정범모 교수, 한자교육을 강조하는 국어교육의 이응백 교수, 각과교육의 학문적 체계를 강조하는 한기언 교수 등 쟁쟁한 교수가 포진하여 그 휴게실에 앉아 있으면 저절로 학문의 높은 경지에 들어간 듯한 착각을 느끼게 된다.

해암 선생을 회상하면 학연이 있는 동문, 제자들이 모여 하루를 같이 즐기는 세배 풍속이 떠오른다. "고가 주석", "국어사 연구", "구어학사 연구"에 수필집 "계절의 향기"를 내는 활발한 활동을 하면서 5형제가 전부 서울대에 입학하는 축복 속에 '종암산장'은 언제나 제자들의 안식처가 되어 왔다. 주 멤버는 이용주, 박갑수, 이상익, 이인섭, 최문봉, 구인환 등이요, 그때그때 같이 세배 온 동문들이 격의 없이 어울리곤 했다. 그 가운데 가장 좋아하는 사람은 이용주, 이인섭이요, 가장 재미 보는 사람은 최문봉이다. 이용주는 서둘고, 이인섭은 잘 굴리고, 최문봉은 실속파다. 선생님도 섰다를 좋아하여 같이 동참하여 늦게까지 즐겁게 시중하는 사모님의 정을 담뿍 느끼면서 밤늦도록 그 오묘한 섰다의 무아지경에 빠지는 것이다. 막내 신현천도 가끔 참여하여 해암계가 형성되어 가고 있는 듯 보인다. 선생님의 의중을 보면 이용주에 이인섭, 그리고 신현천으로 가는 라인과 선생님을 따르는 우리들이 그 외연에 서 있다고 보여진다.

선생님의 감당하기 어려운 관심과 사랑을 받은 것을 항상 감사하고, 그에 대한 보답은 학문이나 창작에서 보다 뛰어난 업적을 내는 것이라고 느껴왔다. 겉으로 표명을 하지는 않았지만 그에 부응하려고 정진한 결과가 "운당 구인환 문학전집 27권"을 상재한 것이라고 보면, 선생님이 내리신 홍복이 아닐 수 없다.

선생님의 마음을 상하게 한 사건을 그대로 묻어 둘 수가 없어서 속죄하는 마음으로 여기에 고백하기로 한다. 70년 초에 선생님의 회갑기념논문집 봉정식이 성황리에 끝나고 나서 얼마 후의 일이다. 이하윤 교수가 정년을 하여 그 후임을 뽑는 기간이다. 65년에 사대에 자리가 하나 생겨서 임용될 뻔 하다가 실축된 아픔이 있는 터라 나름대로 긴장하여 선발을 주시하고 있던 시기였다. 논문집을 만들고 행사를 하느라고 애쓴 편집위원을 '종암산장'에 초청을 했다. '종암산장'은 선생님이 직접 설계하여 공들여 지은 이층의 양옥에 대해 내가 붙이는 이름이다. 아래층은 거실이요 이층은 서재로 분재 화훼를 고이 가꾸는 품이 돋보였고, 집안에는 자제들이 모두 웅건하게 일어서고 있으니 사모님의 정성이 가득한 복된 집이다.

좀 과장하자면, 상다리가 쓰러지게 차린 음식에 큰 행사가 무사히 끝나고 난 안도의 기쁨에 젖은 선생님의 가장 아끼는 측근 제자들이 모였으니 웃음이 넘치는 자리다. 이응백 교수도 초청되어 자리를 같이하여 자리는 넘치는 화기가 번져 가고 있었다. 이런 좋은 자리에서 그 누구도 술을 피하거나 엉뚱한 다른 생각을 할 수 없게 주흥이 넘쳐 갔다.

술은 오묘한 마력을 가지고 있어서 즐거운 사람이 마시면 더욱 즐겁고 슬픈 사람이 마시면 더욱 슬퍼지는 신비성을 지니고 있다. 그리고 술은 화제를 한 쪽으로 모이게 하는 마력을 지니고 있다. 해암 선생은 매우 만족하여 한 사람 한 사람 술을 권하면서 크게 성장하고 있는 제자들을 바라보면서 즐거워했다. 그런데 앞에 있는 이 교수가 속을 건드리는 말을 쉬지 않고 해대는 바람에 못들은 척, 한 귀로 흘리고 있는데 자꾸만 속을 긁어 댔다. 비위가 상하고 속에서 치밀어 오르는 것을 참고 분위기에 맞추어 나가는데 그런 표정이 재미있었던지 점점 더 심하게 속을 긁어 댔다. 참다못해 일어서려고 하는데도 붙잡아 앉히고는 또 긁어 대는 것이다. 할 수 없었다. 면구스러워서 선생님을 이층 서재로 모셔 드리고 내려왔는데도 여전했다. 사실 전임 문제도 있어서 여간 조심스러운 게 아니었다. 선생님이 듣고 계시는 것이 면구스럽다든지 하는 것은 아랑곳없었다.

아마 농담 삼아 그랬겠지만 자리에 앉아도 속을 긁어 대니 이건 정신이 아찔할 수밖에 없다. 속에서 치솟는 것을 참지 못하고 일어나서 무어라곤가 외치면서 술상을 들어 집어 던졌다. 순간 아수라장이 된 것은 뻔하다. 실내가 난리가 났다. 누구 하나 번득 일어나 그 상황을 수습할 엄두를 못 내고 뒤로 몸을 빼면서 놀란 토끼가 다 되어 있다. 정신을 차리고 보니 이런 상황이 벌어지고 있었으니 이건 난감한 일이 아닐 수 없다. 선생님이 내려 오셔서 그 상황을 보시고 아무 말 없이 이층으로 다시 올라가셨다. 먼저 자리를 뜨는 사람도 있었다.

"구 선생 취했나 보네……."

사모님 목소리였다.

"죄송합니다. 제가 취해 잘못 되었습니다. 사모님 이걸 어쩌죠?"

구원의 눈길을 기다리며 그 자리에 서 있었다. 모였던 사람들이 거의 다 돌아가고 보이지 않았다.

"어서 가서 쉬어요. 선생님께는 내가 잘 말씀드릴 테니……."

사모님이 등허리를 다독거리며 마음을 가라앉혀 주었다. 이건 있을 수 없는 일이다. 술상을 뒤집어엎었으니, 그것도 선생님 댁에서 차린 잔치에. 모든 것이 물거품이 되는 것 같아 난감했다. 궁리 끝에 그 다음날 본차이나 도자기 세트를 사가지고 '종암산장'을 찾았다. 마침 선생님은 대학에 가고 안 계셨다.

"구 교수 대단해요. 그런 용기가 있는 줄은 몰랐어요. 선생님도 잘 이해하고 계시니 아무 걱정 말아요. 모든 것이 잘 될 거예요."

사모님 말이 가슴에 따뜻이 안겨 왔다.

"감사합니다. 다시는 이런 일이 없을 것입니다."

"아무나 그런 용기를 낼 수 있는 게 아니에요."

그 뒤에 그 건에 대해선 아무 말씀도 없었다.

이렇게 종암산장의 해암 김형규 교수의 후덕은 이 가파른 세상을 살아가는 덕목의 지표가 되었고 내 삶의 여로에 이정표 역할을 하여 오늘에 이르고 있다. '종암산장'을 그리워하는 마음을 짧게 되돌아본다.

종암산장 노교수의 그늘

鍾岩山 기슭 흩어진 골목길을 지나
언덕에 멀쑥하게 서 있는 이층 양옥
갈색 나무 벽 아래 난이 방긋이 웃고
금붕어가 시원하게 헤엄을 치는데
자개장 보료 저쪽 정갈히 하얀 벽
수줍게 웃고 있는 한 쌍의 젊은이

속절없이 지나간 두 세대의 격동
전주의 연이 깊어 개성 가는 길에
경성의 오빠네 하숙집 근처의 찻집
먼 발치의 눈길이 五男의 열매를 맺어
반백에 홍조를 띠며 洋蘭 꽃을 어루만진다.

마주앙의 건배 속에 그 빛나는 瞳子
제자들의 성숙과 성장을 굽어보며
서대신동과 용두동의 옛 동산은 꿈의 배
그 배에 몸을 싣고 출렁이는데
어제가 오늘이 되어 뛰어논다.

아무타 가고 오는 세월 막지 말고
그 속에 묻혀 마구 뒹굴면서
쌓아 놓은 볏단 위에 올라서서
연두와 주황색이 어울려 춤추며
별들이 흐드러진 푸른 하늘을 그린다.

1995. 2. 4. 아침

세월 이야기

김 봉 군(金奉郡)
가톨릭대학교 교수, 국어교육과 60학번(17회)

버지니아 울프의 '세월' 얘기를 하려는 게 아니다. 은사(恩師) 김형규(金亨奎) 선생님의 수필집 "세월은 가고"에 비친 그 세월의 뜻을 생각해 보자는 것이다.

해암(海岩) 김형규 선생님은 우리의 귀하신 스승이시고 학술원 종신회원이신 대학자이시다. 이렇게 요약하고 나면, 마음이 휑하게 비어 허전하기 짝이 없다. 그래서 선생님의 마지막 수필집 "세월이 가고"를 펼치고, 그 분의 인생담을 읽으며 생전의 모습 갈피갈피를 되짚어 보기로 한다.

하기야 김형규 선생님의 가장 인상 깊은 모습은 강의 시간의 열정(熱情)이다. "국어사연구(國語史硏究)"의 '오/우 삽입 모음 고'는 압권이고, "고가연구(古歌硏究)"의 '처용가'나 '청산별곡' 주석 또한 놓칠 수 없는 강의 요목들이다. 중간고사 채점지를 하나하나 나누어 주시며, 붉은 글자로 일일이 오류와 허점을 지적하기 마지 않으셨던 선생님의 열성은 이 나라 교사단사(敎師壇史)가 길이 기억해야 할 소중한 한 대목이 아닌가 한다.

그런데 그런 찬란한 순간들이 세월의 여울 속에 휩쓸려가고, 이제는 아득한 기억의 저편에서 다만 눈물 어린 그리움으로 남았다.

선생님의 수필집 “계절의 향기”, “인생의 향기”에 이어 “세월은 가고”에서 선생님의 인생관과 일대기가 대강 짚인다. 야유회 때나 기념모임 같은 데서 힘주어 부르시던 노래 ‘학도가’와 ‘희망가’에 얽힌 사연이 그리움을 북돋운다. 네 번 댁을 옮겨 사신 사연 중에, 새로 집을 짓느라 진 빚 때문에 밤잠을 설치신 이야기며, 많은 식구와 좁은 집에서 사시던 시절의 삶의 곡절이 우리의 폐부를 찌른다.

선생님의 훌륭하신 점은 성품이 낙천적(樂天的)이시라는 점이다. 고해(苦海)같은 인생의 우여곡절에도 굴하시거나 단지 비탄(悲嘆)하시기보다, 이를 소탈하게 또는 초연(超然)하게 극복하며 낙천적으로 사셨다는 점이 선생님의 크나큰 장처(長處)시다.

나는 매일 아침 일찍 일어나 밝아 오는 동쪽 하늘을 바라보며 무한한 기쁨과 감사하는 마음으로 그 하루를 맞이한다. 내 인생에 있어 무사히 또 이 하루를 맞이한다는 것이 얼마나 고맙고 기쁜지 모르겠다.

선생님의 수필 ‘살아가는 즐거움’의 첫 대목이다. 선생님은 인생을 이처럼 낙천적으로 사셨기에, 내외분이 모두 건강히 장수(長壽)하시고 아드님 다섯 분이 다들 성공하였을 것이다.

선생님은 ‘스승의 길’을 천직(天職)으로 여기신 참스승이셨다.

스승의 길은 인간이 가지는 가장 정신적인 숭고한 기쁨에 만족하는 사람들이 걷는 길이라 생각된다. 만일 권력이나 물질적인 욕망 또는 향락만을 바라는 사람이 있다면, 그는 이 길에 들어서지 말아야 한다. 제자를 가르쳐 그들이 올바르고 훌륭한 사람이 되는 것을 보며 만족과 보람을 느끼는 삶이 교육자의 길이다.

선생님은 수필 '인간 교육'에서 교육의 보람과 의의를 이렇게 피력하셨다. 선생님이 진실로 숭고한 교육자이셨음이 여기서 확인된다.

이런 선생님께도 절통(切痛)해 하시는 회한(悔恨)이 있으셨다. 홀로 원산의 고향 댁을 지키시다 돌아가신 모친(母親)을 다시는 뵙지 못하신 일이 그것이다.

> 듣자 하니 어머니의 묘를 과수원 한 곳에 모셨다고 한다. 나는 거기를 찾아가야 한다. 차편이 엇으면 걸어서 갈 것이요, 걷지 못하면 기어서라도 찾아가야 한다. 그리고 그 묘 앞에 엎드려 한없이 한없이 통곡하고 싶구나! 그러나 북쪽 하늘은 한없이 멀고, 길은 꽉 막혔으니 이를 어쩌랴!

역시 선생님의 수필 '명사십리(明沙十里)'의 한 대목이다. 분단국가, 이 역사의 비극적인 상황이 한없이 원망스럽다. 늘 만면(滿面)에 웃음 가득하시던 선생님의 가슴 속에 이런 절통한 회한이 깃들여 있었으니, 어찌 이 민족의 이 비극을 한탄치 않을 수 있겠는가. 유명(幽明)을 달리하신 저 세상에서나마 그리운 어머님을 뵈올 수 있으셨기를 빈다. 생전에 종교에 관심이 많으셨음에도, 끝내 신자(信者)가 되지 못하셨던 선생님의 일이 새삼 안타깝기 그지없다.

선생님의 수필집 "세월은 가고"에서 잠시 선생님의 일대기와 인생담의 편린을 추려 적어 보았다.

그리운 해암(海岩) 선생님!

이렇게 다시 한 번 불러 보는 것도 다 부질없는 일인가.

해암(海巖)의 참뜻

김 대 행(金大幸)
서울대 국어교육과 교수, 국어교육과 61학번(18회)

지금도 해암(海巖) 선생님은 눈웃음으로 기억된다. 무슨 일에든지 커다란 표정의 변화보다는 조용히 눈웃음을 지으시던 것으로 각인되어 있다. 그 눈웃음으로 하여 선생님의 표정은 마치 달빛이 비쳐드는 문 창호지의 화안함 같은 느낌을 갖게 하였다.

해암(海巖)선생님의 눈웃음을 처음으로 대한 것은 대학 입학시험의 면접 자리에서였다. 이탁(李鐸) 선생님과 짝을 이루어 면접을 하시던 선생님은 시종 그 눈웃음의 표정을 짓고는 질문을 던지셨다. 고등학생 시절에 시를 써서 상도 더러 받았노라는 내 말에 '그럼 한번 외어 보라'고 하시었고, 그것을 암송하는 동안 그저 그 조용한 눈웃음을 짓고 계셨다. 밝고 환하다는 느낌이 초조한 입시생에게도 전해 왔던 기억이다.

그런 표정을 자주 대하게 된 것은 대학 시절에 이런저런 강의를 들으면서였다. 국어학개론, 국어사, 문법론, 가사론, 고려가요론 등 참 많은 강의를 들으면서 시종 그 환한 눈웃음 앞에서 기분 좋은 수업을 받곤 하였다.

문 창호지에 드는 달빛 가운데서도 보름달의 그것 같다는 생각을 늘 했었다.

그렇기는 해도 선생님과의 거리는 아득하게만 느껴졌었다. 지금 헤아려 보니 내가 대학 신입생이었을 때 선생님은 50대에 접어드셨으니 아득한 느낌은 오히려 당연한 것이었으리라. 그 당시 젊었다고나 할 수밖에 없는 30대의 선생님들조차도 아득하였던 터에 50대의 교수님은 더욱 아득한 세월을 생각하게 하였다. 더구나 야유회 자리 같은 데서 부르시는 노래가 '학도야 학도야 청년 학도야……'로 이어지는 '학도가'였으니 그 느낌은 차라리 고색창연한 것이라고 해야 옳을 것이다.

나이로만 그런 것이 아니었다. 이미 없어져버린 경성제국대학을 나오셨다는 사실, 그리고 우리나라 국어학계의 제1세대로서 이미 높은 산이거나 깊은 골짜기이거나 한 자취를 지니고 계신다는 사실이 더욱 아득함을 생각하게 하였던 것이 사실이다. 우리가 재학생이던 시절에 선생님은 의욕적으로 저술 활동을 하셔서 '국어사연구'며 '국어문법론' 등을 새로 펴내시는 등 열정적으로 업적을 쌓아 나가셨기에 아득한 느낌은 더할 수밖에 없었을 것이다.

그런데도 이런 아득함을 상쇄하게 만드는 것이 선생님의 그 눈웃음이었다. 누구라도 다정한 느낌을 갖게 만드는 그 눈웃음은 그 뒤로도 변함이 없어서 아득함 대신에 친근감을 느끼게 만드는 효과가 있었다. 훨씬 나중의 일이지만, 선배 교수님들을 따라서 세배를 다니던 시절에 마지막 밤샘의 자리는 꼭 해암(海巖) 선생님 댁이었다. 통행금지가 해제되는 날이라서 시간이 자유로운 우리는 선생님 댁의 2층 서재에 자리를 잡고 섰다판을 벌이곤 했었다. 선생님은 자리를 마련해 주시고는 옆의 안락의자에 앉아서 예의 그 눈웃음을 머금고 우리의 노는 양을 바라보곤 하시었다. 세월이 아름답게 흘러간 노교수, 그저 선하고 밝기만한 선생님— 이것이 선생님을 대하는 느낌의 모두였다.

그런 생각은 내가 학과의 첫 번째 유급조교가 되어 선생님의 연구실에서 그 일을 하게 되었을 때 구체적으로 확인이 되었다. 그 때가 1971년이니 선생님이 회갑을 맞으신 해였고, 내가 선생님의 연구실을 쓰게 된 것은 학과 사무실이 따로 없는데다가 선생님께서는 연구를 주로 댁에서 하시므로 방이 많이 빈다는 이유에서였다. 그것은 사실이었다. 선생님께서는 강의가 있을 때만 학교에 오시어 출석부 등을 챙기러 연구실에 들르셨다. 연구실에 오실 때는 꼭 남의 방을 방문하는 사람처럼 노크를 하고 들어오시곤 하였다. 그 뿐인가? 공부 좀 해 보겠노라고 곧잘 연구실에서 밤을 새우기도 했던 내가 연구실에 야전용 침대를 들여놓겠다고 했을 때도 선선히 허락을 하셨다. 무엇이든지 그렇게 선선하셨고, 그럴 때면 영락없이 예의 그 눈웃음을 지으셨다. 그러기에 선생님은 모진 데라고는 그림자조차 없는 선함으로만 뭉친 분이라는 생각을 더욱 굳게 지녔다.

그러나 이런 관찰과 생각이 그저 피상적인 것임을 늘 생각하게 된 것은 그럴 만한 계기가 있어서였다. 한 번은 선생님께서 근무하셨던 옛날의 전주사범학교 시절 제자가 연구실을 방문하였는데 그 분에게서 이런 말을 듣게 되었다. 전주사범 시절의 수업시간에 일본인 학생의 이름을 부를 때에는 꼭 우리말로 부르셨다는 얘기였다. '나까무라[中村]'라고 불러야 맞을 것을 '중촌', '야마구찌[山口]'라고 불러 줘야 할 것을 '산구'—이렇게 부르시고는 어리둥절해 하는 일본인 학생에게 '여기는 조선 땅이고

네 이름은 조선말로 그러하니 대답하라'고 호통을 치셨다는 것이다. 그저 부드러운 말씀과 선한 눈웃음만 기억하는 이에게는 대단한 파격이 아닐 수 없는 사건이었다. 그러나 그것은 일회적인 사건이라기보다 선생님의 강직한 한 면모를 엿보게 하는 부분이라고 나는 생각한다. 그러기에 식민지 시대에 일제 당국의 시련조차 겪지 않으셨던가? 눈웃음에 가려져서 드러나지 않는 강한 열정을 짐작하게 해 준다.

밝고 선한 눈웃음 뒤에 그런 뜨거운 열정이 자리 잡고 있음을 생각하게 해 주는 추억은 많이 있다. 선생님은 그 당시 화제가 되었던 언어학자인 블룸필드(Bloomfield)의 이름을 자주 들어 말씀하시곤 하였는데, 선생님의 당시 연세로 보거나, 당시 외국 도서의 입수가 쉽지 않았던 환경을 생각하거나 파격적인 일이 아닐 수 없었다. 그래서 학생들은 한 때 선생님의 별명을 '그린필드'라고 부르기도 하였다. 그 때 유행했던 미국의 팝송에 'Greenfield'라는 것이 있어서 우리로서는 그 쪽이 재미났지만, 그런다고 선생님의 학문에 대한 열정을 잊은 것은 아니었다.

내가 기억할 수 있는 선생님의 열정은 주로 학문과 관련된 것인데 이는 어쩌면 당연한 것이었다. 지금도 기억되는 것은 국어학개론이나 문법론 시간에 '토끼는 앞발이 짧다.'라는 문장을 예로 들어 이것을 보어라고 하기 어렵고 서술절의 주어로 보아야 한다는 말씀을 여러 차례 거듭하신 일, 국어사 시간에는 '가위'를 '가시개'라고 하는 방언의 예를 들어 '-개'의 역사성을 몇 번이고 강조하시던 일, 고전시가 작품에 나오는 어휘의 주석 문제를 놓고 당신의 주장을 되풀이하신 일 등이다. 어느 것이 옳고 어느 것이 그른가는 나중의 문제요 지금으로서는 기억조차 하기 힘든 일이 되었지만, 어린 학생들을 대하여 학문적 주장을 강하게 하시던 그 열정을 나는 본받지 못하고 살아 온 것이 사실이다.

그런 열정의 결정판이라고나 할 사건을 가까이에서 지켜보게 된 것은 어쩌면 행운일 것이다. 1972-3년 경이라고 기억된다. 선생님께서는 방학 중인데도 새벽이고 저녁때고 가리지 않고 불쑥 연구실에 들르시곤 하셨다. 그리고는 자료 한 뭉치씩을 들고 그 길로 그냥 나가시는 것이었다. 돌연하기도 하고 기이하기도 하여 여쭤 보았더니 '시골에 방언 조사하러' 가신다고 하셨다. 선생님께서는 1976년 8월에 정년을 맞으셨으니 이때야 말로 말 그대로 교수로서의 '말년'이라고 해야 옳다. 그런데 현지조사를 하러 시골엘 가신다니 연로하신 분이 농촌의 조악한 잠자리며 음식을 어찌 감당하시며, 다 늦은 때에 그렇게까지 하실 건 또 무어람…… 하고 생각한 것이 사실이다.

이 조사는 곧 이어 구체적인 결과로 나타나는 것을 보고서야 생각을 바로잡게 되었다. 하루는 연구실에 있는데 선생님 댁으로 좀 오라는 전화를 주셨다. 가보니 선생님은 물론 사모님까지 함께 교정을 보고 계셨다. 앞에서 이야기했어야 할 것을 이제 하는데, 내가 선생님의 연구실에서 근무를 했지만, 선생님께서는 개인적인 심부름은 전혀 시키지 않으셨다. 그런 분이 교정을 좀 보라고 한 것은 기일이 촉박해서였다. 그 동안 조사한 방언을 정리한 '한국방언연구'의 교정지였다. 이 책으로 선생님은 학술원에서 수여하는 학술원상을 받으셨던 것이다.

그 교정을 봐 드리고서는 학과의 교수님 몇 분과 함께 쑥덕거린 생각이 난다. 연세가 높으신 노인이 저처럼 급히 서두르는 것이 심상치 않다고 말하면서 웃었었다. 그러나 나중에 그 책이 학술원상을 받게 되었을 때에야 비로소 방학도 버리고 방언조사를 하고, 그 방대한 자료를 정리하여 방언의 체계를 세운 그 업적에 바친 집념과 열정을 생각하게 되었다. 이것은 선생님의 그 부드럽기만 한 눈웃음과는 전혀 다른 면모가 아닐 수 없다.

창호지에 드는 달빛처럼 밝고 선하기만한 눈웃음과 호되게 자신을 몰아세워서 뜻한 바를 이루어내는 강인함— 이런 걸 가리켜 외유내강(外柔內剛)이라고 할 수 있겠지만 그렇게만 말하고 말면 그 뜻이 너무 싱거워질 것 같다. 그보다는 선생님께서 만족해하셨던 당신의 그 아호 '해암(海巖)'이 이런 성품과 딱 어울리는 것은 아닐까 생각해 본다.

바닷가의 바위 해암(海巖)—무심히 생각하면 그저 멋스럽기만 할 따름이다. 그러나 생각해 본다. 바닷가에 선 바위는 멋스러운 것이 사실이다. 그러나 그것이 멋스럽자면 부딪쳐 오는 파도의 시련을 견디어 내야 한다. 밀려오는 파도가 없고서야 해암(海巖)이 어찌 해암(海巖)일까? 그 파도를 몸으로 이기고 선 바닷가의 바위— 그 멋스러움이 선생님의 밝은 눈웃음이라면, 부딪쳐 오는 파도를 이기는 강인함이 또한 선생님의 열정이라 할 것이다. 이 두 가지가 아울러지지 못하면 해암이 해암다울 수 없듯이, 선생님은 그 둘을 갖추었기에 진정한 해암(海巖)이 아니었을까?

스스로 우뚝하면서 사람을 편안하게 해 주셨던 해암(海巖)이 내게 한없이 고마운 것은 사람을 편하게 해 주셨던 그 따뜻한 배려 때문이다. 밝게 눈웃음 지으시며 연구실을 통째로 내주다시피 하셨던 그 넓으신 마음. 그런데 정작 선생님께서 세상을 떠나시던 1997년에 나는 영국에 머물고 있었기에 마지막 길도 배웅하지를 못했다. 은덕을 갚기는커녕 그저 무심하기가 남만도 못한 사람이 되고 말았다. 그러기에 옛사람들도 머리 검은 짐승을 거두지 말라고 한 것일까? 10년이 지난 오늘에도 송구스러운 마음을 금할 길이 없다.

교육자와 학자의 귀감

이 주 행(李周行)
중앙대 교수, 국어교육과 63학번(20회)

1960년대 초는 격동기이었다. 내가 고교 1학년인 1960년에는 4·19 혁명이 있었다. 그 이듬해에는 5·16 군사 정변이 있었다. 나의 고등학교 3학년 담임 선생님은 실력이 뛰어나시고 학생들을 헌신적으로 사랑하신 훌륭한 교육자이시었다. 그 선생님께서는 자주 훌륭한 인재 양성이 국가의 찬란한 미래를 보장하는 것이라고 역설하시곤 하시었다. 나도 그분과 같이 훌륭한 교육자가 되겠다는 막연한 꿈을 가지고 1963년 서울대학교 사범대학 국어과(國語科)에 입학하였다. 사범대학 국어과(師範大學 國語科) 교수님들의 강의는 교수님마다 개성이 있으시었다.

해암(海巖) 김형규(金亨奎) 선생님의 첫인상은 스스럼없이 뵙기가 어려운 엄한 스승님이시었다. 선생님께서는 강의실에 들어오시자마자 도입(導入)은 생략하시고 이내 전개(展開)로 들어가시었다. 정리(整理)와 발전(發展) 단계는 생략하시었다. 수업 시간마다 일목요연하게 교육 내용을 전달하시고 담당 과목과 관계가 없는 내용에 대해서는 거의 말씀을 하시지 않으신 것으로 기억된다. 국어학에 관심이 없는 수강생들은 청강(聽講)을 무척 힘들어하였다.

학생들이 강의 내용에 관심을 기울이지 않고 따분해하면 학생들의 주의를 끌 수 있는 잡담도 하실 수 있었을 텐데 김형규 선생님께서는 일절 잡담을 하시지 않으시었다. 선생님께서는 수업 중에 잡담하는 것을 일종의 직무 유기로 생각하시었던 것 같다. 선생님의 아호(雅號)인 '해암(海巖)'은 선생님의 고향인 함경남도 원산의 명사십리(明沙十里)에 있는 바위를 연상하여 몸소 지으신 것이라고 한다. 고향에 대한 그리움을 가득 안고 사시면서 수업 시간에 단 한 번도 고향에 관한 말씀을 하지 않으시었다. 다른 교수님들 가운데는 시국(時局)을 비판하는 말씀을 강의 중에 자주 하시는 분도 있으시었고, 당신께서 감명 깊게 감상하신 영화(映畵)에 대한 이야기도 하여 주신 분이 있으시었다. 그 교수님들은 학생들에게 대단히 인기가 많으셨다.

선생님께서는 대학을 다니실 적에 강의 내용과 거리가 먼 이야기를 해서는 안 되는 것으로 교육을 받으신 것 같다. 그래서 수업 중에 어떤 잡담도 하시지 않으신 것으로 생각한다. 선생님은 교육자의 의무를 충실히 수행하시는 분이시었다. 선생님께서는 강의 시간을 철저히 지키시었다. 결강을 한 번도 하시지 않으시었다. 과외(課外) 활동에 열중하느라고 학과 공부를 소홀히 하는 학생을 꾸짖기도 하시었다. 오늘날 우리나라의 교육계에는 학생 중심의 수업이라는 미명 아래 문제아가 있어도 수수방관하고 주업무인 수업과 인격 교육을 소홀히 하는 풍조가 만연되어 있다. 이러한 상황이 계속되면 기존의 초·중·고교, 대학 등이 없어지고 사이버

교육으로 대체될지도 모른다. 교사와 학생이 면 대 면 교수-학습을 하지 못하면 소기의 교육 목적을 달성하기가 어려운 법이다. 매우 안타깝고 답답한 일이다. 선생님께서도 하늘나라에서 우리나라의 이런 교육 현장의 병든 풍조를 몹시 개탄하고 계실 것이다. 교육 당국에서는 시급히 학교 교육의 정상화 방안을 국가의 제1 정책 과제로 삼아 해결 방안을 찾고 시행하도록 힘써야 한다.

선생님께서는 당신께서 지으신 저서를 주교재로 삼아 강의를 하셨다. 그 당시는 오늘날에 비해 집필과 출판 사정이 매우 열악하였음에도 불구하고 "국어학개론(國語學概論)", "국어사연구(國語史硏究)", "고가요주석(古歌謠註釋)" 등의 훌륭한 저서를 발간하여 강의를 하시었다. 1970년대에는 "한국 방언 연구", "국어사 개요" 등을 출간하시었다. 이와 같이 부단히 연구를 활발히 하신 결과로 1963년에는 삼일문화상(三一文化賞)을, 1974년에는 "한국 방언 연구"로 학술원의 저작상(著作賞)을 받기도 하시었다. 선생님께서 이렇게 하신 것은 제자들에게 부단히 연구하면서 교육하는 훌륭한 학자와 교육자의 모습을 몸소 실천을 통해 보여 주신 것이다. 이런 선생님께서 대학에 몸담고 있는 나에게 많은 영향을 끼치시었다. 그런데 선생님의 자랑스러운 제자가 되지 못해 송구스럽고 부끄럽기 그지없다.

어느덧 선생님께서 작고하신 지도 10년이 지났다. 선생님의 명복(冥福)을 빕니다.

단상(斷想)

한 인 숙(韓仁淑)
해암 선생 맏며느리, 국어교육과 66학번(23회)

"너 붙었구나!"

"네……."

환하게 웃으시며 반갑게 말을 걸어 주시던 교수님 말씀에 깜짝 놀라면서도 기쁘고 감사하여 수줍게 인사를 드렸던 날이 바로 엊그제만 같은데…….

용두동 서울사대 교정. 개나리꽃, 진달래꽃, 라일락과 목련이 흐드러지게 피었던 눈부시게 아름답던 그 봄날이 한 폭의 그림처럼 떠오른다. 감색 교복을 차려입은 얼뜨기 신입생이었던 내 모습도…….

그 노교수님은 사대 입학시험 장에서 바로 나의 면접시험을 보셨던 김형규 박사님이셨던 것이다. 그런데, 입학시험 면접 시 놀란 촌닭 같던 단발머리 여학생을 어떻게 기억해 주시다니…….

교수님은 수업 시간엔 좀 엄한 듯 보이셨지만 그래도 날씨가 좋은 날이면 "대기 속으로 가자!"고 하시면서 청량대에 올라 풀밭 위에 앉아서 야외 수업도 하곤 하시던 낭만도 많으셨던 분이다. 또 젊은 청년들의 기분도 잘 헤아려 주셨던 자상하신 면도 있으셨다.

건제(健齊) 정인승(鄭寅承)박사님이 나의 외종조부님(우리 외할아버지의 동생)이라는 걸 알게 되시고는 당시 종암동에 사셨던 정인승 박사님 댁에도 자주 가셔서 바둑도 두시고 즐겁게 지내시던 일도 어제 일 같다(한글학회 사건으로 정인승 박사께서 함흥 감옥에 투옥되셨을 때 큰형님인 우리 외할아버지 정인영(鄭寅泳) 선생님께서 그 추운 날 함흥까지 기차로 2일 걸린 먼 길을 3년간이나 옥바라지 다니시다가 득병하셔서 결국 그 병으로 일찍 타계하셨다 한다.). 정인승 할아버지께서 써주신 글로 여덟 폭 병풍('용비어천가')을 만드셔서 시아버님 생전에 쓰시다가 나에게 물려주신 것을 내가 이제는 교수님 아닌 시아버님의 제사 시에 펼쳐놓고 정성껏 제사를 지내드리게 되었으니 만감이 교차하며 어찌 세월이 무상타 아니할 수 있으랴.

이제와 가만히 생각해 보면 늘 존경하면서도 어려웠던 교수님의 큰 며느리가 되어 집안의 종부 노릇을 해온 것은 결코 쉽지는 않았지 싶다. 그래도 오랜 세월 동안 헤아릴 길 없는 큰 사랑을 받아왔음을 느끼고 귀여움도 많이 받았다. 또한 그토록 청빈하고 강직하고 지조 있는 인품을 옆에서 오랫동안 뵈었다는 것으로 인생의 큰 가르침을 얻었던 것이다.

이제 나도 나이를 먹어가니 아버님을 생각할수록 더욱 존경스럽고 그립고 더 잘 해드리지 못한 것이 죄송스럽다. 이제 아버님의 수필집 속에서 보듯 그토록 그리워하시던 당신의 어머님(나에게는 시조모님)을 고향땅 원산에서 만나 얼싸안고 즐겁게 지내시겠지. 시아버님 돌아가신 후 10년을 더 사시고 돌아가신 시어머님과 함께…….

내가 늘 글도 잘 못쓰고 말재주도 없는데 왜 국어과에 갔는지 모르겠다고 말하면 남편이 하는 말이 생각난다.

"나 만나려고 갔지 뭐."

강릉에서 원산을 바라보시던 선생님

우 한 용(禹漢鎔)
서울대 국어교육과 교수, 국어교육과 68학번(28회)

해암(海巖) 김형규(金亨奎) 선생님은 고향이 원산이시다. 선생님의 아호 해암이 원산 앞바다에 있는 바위섬에서 유래한다는 이야기를 들은 적도 있다. 글을 읽다가 원산과 마주치면 해암 선생님 생각을 하게 된다. 그러니까 선생님을 선생님의 고향으로 기억하는 셈이다. 인물 없이 어찌 땅을 의미있게 기억할 것인가.

해암 선생님을 마지막 뵌 것은 강릉에서이다. 강릉대학교에 교수가 되어 근무하는 막내 아드님을 만나려고 사모님과 함께 여행을 하신 모양이다. 경포대 호텔에서 선생님을 뵈었는데, 바다가 바라다 보이는 커피숍에서 차를 마시면서 잠시 이야기를 나누었다. 그런데 이야기를 하는 중에 이따금 바다 쪽으로 눈을 주시곤 했다. 보일 듯 말 듯한 우수가 눈가에 잡히는 것을 거니챌 수 있었다. 아마 북에 두고 온 고향 원산을 그리는 모양이었다. 그 기억은 그렇게 강렬하거나 인상적인 것은 아니었는데, 전부터 원산 말씀을 하셔서 그런지 혹은 내가 선생님을 원산과 연관지어 기억하기 때문에 그런지 잠시 잠시 떠오르는 선생님과 연관된 기억으로 마음속에 자리를 잡았다.

금강산 관광 길이 열린 것은 해암 선생께서 세상을 뜬 다음이었다. 동해시에 있는 묵호 항구에서 배를 타고 금강산으로 가면서 문득 해암 선생님을 떠올렸다. 당시 금강산 여행이라는 것이 민족적 국토애로 잔뜩 무장을 하지 않으면 견디기 어려운 것이었다. 북한이 우리가 사는 대한민국과 다른 나라라는 것을 실감하는 계기가 되었다. 여권을 챙기고 비자를 내고 통관 절차를 밟는 가운데, 유엔에 동시 가입이 된 두 나라라는 생각을 하면서, 그렇구나 하는 비애 서린 현실감각이 살아나는 체험이었다.

금강산 관광 길에서 느낀 다른 하나는, 재주는 곰이 넘고 돈은 되놈이 먹는다는 그 천박한 속담이 현실로 다가와 있다는 것이었다. 동해를 출발해서 두어 시간이면 족히 닿을 장전항에 배를 대기 위해 밤을 새워 가야 하는 것이었다. 거기다가 배 위에서는 밤늦도록 외국인 아가씨들이 출연하는 쇼 공연이 있었다. 한화를 사용할 수 없어서 미국 달러를 교환해 가지고 가서 그 돈을 내고 러시아 아가씨들의 춤과 노래를 보아야 하는 것은 참으로 아이러니라는 생각을 했다. 거기다가 입국수수료가 일인당 200달러든가로 되어 있어서 분단을 실감하게 되었다. 사촌 집에 가는데 통과세를 내는 꼴이었다.

배안에서 잠시 강릉에서 뵈었던 해암 선생님의 기억이 그림처럼 떠올랐다가는 사라졌다. 이 길로 북쪽을 향해 올라가면 원산에 닿게 된다는 생각 끝자락에 해암 선생님이 떠오른 것은 원산과 함께 기억되는 선생님의 영상 때문일 터였다.

이후 작품을 읽어가는 중에 원산을 직접 언급하였거나 원산을 환기하는 대목을 만나면 유다른 흥미를 가지고 살펴보게 되었다. 최인훈의 '화두'라는 소설은 작가의 자전적인 요소가 가득한데, 원산에 있는 중학교 국어시간에 조명희의 '낙동강'을 읽는 장면이 인상적으로 그려져 있다. 한국의 근대화와 원산의 지정학적 위상에 대한 고려가 작품의 맥락에 숨어 있다. 근대화는 제도상 사회체제의 개편을 요한다. 이전의 수구 세력이 몰락하고 신흥 세력이 세를 확장하는 과정을 거친다. 산업 구조의 변화 속에서 상공인들의 위상이 높아진다. 그런 가운데 노동자들의 권익 문제가 첨예하게 부각된다. 노동자의 권익을 둘러싼 쟁의와 파업이 표면으로 부상하기도 한다. 계층의 변화 가운데 이념적 의식인들의 운동 또한 활기를 띤다. 화두에 그려진 원산은 근대화의 풍경을 압축하고 있다. 근대화의 중심지 가운데 하나인 원산이 고향인 작가 최인훈과 해암 선생님께서 교분이 있었던지는 확인하지 못했다.

바리톤 오현명이 변훈의 '명태'를 부르는 장면에서, 나는 원산을 아름다운 고장으로 그리곤 한다. 명태의 생애 가운데 "꼬리나 대구리가 클 대로 컸을 때, 살기 좋다는 원산 구경이나 한 후, 이집트의 왕처럼 미라가 됐을 때……" 그렇게 나가는 가사에 나오는 원산. 사실은 원산의 어느 무심한 어부의 그물에 걸리어 육지로 끌려온 명태의 생애건만, 노래 가사에서는 "어떤 어진 어부"로 한껏 미화된다. 명태를 잡아 올린 어부는 '어진' 어부가 되고, 원산은 살기 좋은 고장으로 소문이 나 있다. 내장을 훑어 내고 덕장에서 말린 명태를 품위를 살려 이집트의 왕으로 격을 높여 준다. 어떤 외롭고 가난한 시인이 밤늦게 시를 쓰다가 '쏘주'를 마실 때, 명태는 제 몫을 한다. 그 시가 어쩌면 원산의 풍정을 읊은 시인지도 모를 일이다.

땅이 사람을 낳고, 그 땅에 산 사람이 땅의 이미지를 결정한다. 우리는 어느 도시를 사람과 연관하여 기억한다. 평양의 김동인, 서울의 염상섭, 부산의 김정한 하는 식이다. 나라도 마찬가지다. 독일의 괴테, 영국의 셰익스피어, 당나라의 이두(李杜)처럼 나라를 사람과 결부하여 기억한다. 원산에서 나고 거기서 초등학교와 중학교를 마친 해암 김형규 선생님을 원산이 낳은 학자로, 원산의 교육자로 우리는 기억할 것이다.

헌데 지금으로서는 원산을 맘대로 드나들 수 없는 땅이 돼 버렸다. 분단은 고향을 애절한 그리움의 대상으로 의미화했다. 박두환 작사, 김기태 작곡 '꿈에 본 내 고향'이 히트를 한 것은 고향이라는 감성대(感性帶)를 건드렸기 때문이다. "고향이 그리워도 못 가는 신세"는 6.25가 진행 중이던 1951년 부산에서 취입한 노래이다. 언제나 외롭게 타향에서 우는 몸이 되어 "꿈에 본 내 고향이 마냥 그리워" 하는 가사는 감상주의에 기울어 있는 게 사실이다. 그러나 그것이 고향을 떠올릴 때의 실감인 것을 어찌하랴. 해암 선생님께서도 그런 노래를 혼자 흥얼거리지 않았을까 하는 짐작을 해 본다.

북한에 두고 온 고향 원산, 강릉 해변에서 말씀은 안 하셨지만, 원산을 바라보던 아득한 눈길을 지금도 잊을 수 없는 것은 고향에 대한 애틋한 그리움을 보편적 정서로 지니고 사셨기 때문일 것이다. 통일이 되어 원산에 가게 되면 해암 선생님의 모교인 원산중학교를 들를 것이고, 그 때 해암 선생님의 은은한 미소가 원산 앞바다의 물결 위에 잔잔하게 흔들리고 있을 것이다.

학덕의 물굽이 닿는 언덕

해암 선생의 풍문과 해암학술상

김 창 원(金昶元)
경인교대 교수, 국어교육과 80학번(37회)

내가 해암 선생에 대해 처음 들은 건 대학교 2학년 때인 1981년이었다. 국어교육과의 논문집인 "선청어문" 11·12권 합본이 선생님의 고희 기념 특집으로 나온 덕분이었다. 그때는 선생님께서 퇴임하신 지 이미 5년이나 지난 때이므로, 나 같은 새내기 국어과 학생(그때는 2학년 때 과 배정을 받았다.)이 선생님에 대해 알 턱이 없었다. 그저 고정옥, 이하윤, 이탁 선생님처럼 수업 중 선생님들의 회고담 속에, 혹은 전설 속에나 존재할 뿐이었다. 그때 무척 두꺼웠던 논문집의 서두에 실린 선생님의 사진만은 지금도 선명하게 떠오른다.

두 번째로 해암 선생에 대해 들은 건 선생님께서 1984년 신설된 국립국어연구원(현 국립국어원)의 초대 원장으로 선임되셨을 때이다. 그때 나는 신규 교사로 첫발을 내딛는 동시에 대학원 공부를 막 시작한 참이었다. 현대시를 공부할 생각이었기 때문에 국어학 쪽으로는 크게 관심을 두지 않고 있었지만, 그래도 국어연구원이 새로 생긴다는 데 대해서는 참 잘된 일이라고 생각했다. 게다가 그 첫 원장으로 모교의 명예교수님이 가신다는데야. 그때 잘은 모르지만 해암 선생님이 국어학 쪽에서 대단한(실례!) 분이구나 하고 생각했던 기억이 난다.

세 번째이자 가장 큰 인연은 1999년에 제5회 해암학술상을 받으면서 맺어졌다. 별다른 학문적 성취도 없으면서 오로지 '40세 이하'라는 조건 덕분에 과분한 상을 받았고, 그 자리에서 사모님과 자제분도 뵈었다. 하지만 선생님은 이미 유명을 달리하신 뒤였다. 끝내 선생님과 개인적으로 교류할 기회를 얻지 못한 것이다. 선생님의 이름으로 된 상을 받으면서 그 분에 대해 너무 모르고 있다는 자괴감이 드는 것은 어쩔 수 없는 일이었다. 나뿐 아니라 대다수의 수상자들이 선생님과 특별한 인연이 없을 터인데, 그렇기 때문에 상을 제정하고 기금을 출연한 유족들의 뜻이 더욱 커 보였다.

사실, 해암학술상 제정은 국어교육과의 위상 변화를 상징적으로 보여주는 사건이다. 1986년 박사과정이 생기기 전까지 공부에 뜻을 둔 대부분의 동문들은 석사과정부터 국문과로 가는 것이 불문율처럼 되어 있었다. 물론 사대에도 석사과정이 있었지만, 오래된 교육대학원의 전통 때문에 학문적 깊이를 낮게 보는 경향이 있었던 것이다. 박사과정이 설치되고 국어교육을 전공한 박사들이 배출되면서 비로소 국어교육과는 '사대 국문과'가 아니라 '국어교육과'로 자기 정체성을 찾을 수 있었고, 그러한 자부심이 해암학술상으로 드러났다고 볼 수 있다. 그 자신은 순수 국어학자였던 해암 선생이 국어교육 분야의 큰 상을 대표하게 된 일은 그래서 더욱 뜻이 깊다.

이제 해암 선생에게 직접 배운 선배들도 연세가 들어가고, 국어교육 쪽에서 활발히 활동하는 동문들은 대부분 선생님을 잘 모른다. “국어사연구”나 “국어학논고”, “고가요주석” 같은 주옥같은 저서들이 있지만, 그것만으로 선생님의 인간적인 면모를 추측하기는 어려울 것이다. 오직 해암 학술상이 있어서 당신의 이름이 계속 전해지는 것을 다행스럽게 여겨야 할까. 나로서는 해암 선생뿐 아니라 내가 배웠던 스승들 — 난대 선생과 의민 선생, 제효 선생, 운당 선생 같은 분들도 어린 동문들이 마음 깊이 각자(刻字)해 주기를 바랄 뿐이다(여기서 나의 지도교수를 언급하지 못하는 마음도 해량하시라.). 국어교육과의 전통은 그렇게 유구하게 흘러오고, 또 흘러가는 것이다.

2007. 3. 10.

내 서재의 유일한 패(牌)

이 성 영(李成永)
춘천교대 교수, 국어교육과 81학번(41회)

타고난 재주가 있는 것도 아니고 그렇다고 노력파도 아니어서 그런지 나는 상복이 그리 많은 편이 아니다. 그렇다고 해서 상과 전혀 인연이 없었던 것은 아니다. 그 대표적인 것이 어린 시절 받았던 개근상이다.

나이가 들어 자식이라고 기르고 있는데, 예전에는 없던 별별 희한한 이름의 상장은 들고 오되 개근상이라는 것을 들고 오는 것은 보지 못했다. 아마도 요즘은 가족과 함께 하는 '현장 체험 학습' 같은 제도가 생겨서 학교를 가지 않아도 되는 경우가 많아 개근상이라는 것 자체가 사라진 모양이다. 그러나 다 알다시피 우리 시절에는 학교는 반드시 가야 하는 곳이었고, 그 규칙을 지킨 사람에게는 개근상이라는 보상이 주어졌다. 그런데 사실 그 당시 개근상을 받던 나는 상이라고 주니 기쁘게 받기는 했지만, 왜 이런 상을 받아야 하는지 의아해 하곤 했다. 지리산 자락 농사짓는 마을에서 자란 나로서는 학교 가는 게 집에 있는 것보다 훨씬 나았기 때문이다. 학교가 쉬는 날이면 어른들은 우리 어린이들에게 특별한 프로

그램을 제공해 주기는커녕 오히려 "밭에 가서 김을 매라.", "소 먹일 꼴 베어 오너라.", "뒤뜰 논에 새참 갖다 주고 오너라."와 같은 성화가 쏟아지기 때문이다. 그러니 비록 준비물을 구입해 가지 못해 친구들 신세를 지거나 아니면 선생님께 혼이 날지언정 아침이 되면 가방을 챙겨 들고 학교에 가는 게 더 좋았고, 오후에는 학교 공부가 왜 이리 일찍 파하나 불만이었으며, 특히 일철에는 일요일이 오히려 싫었다. 사정이 이러니 병치레가 없던 나에게 개근상은 떼 논 당상이었고, 그래서 그 상은 나에게 별다른 의미를 지니지 못했다.

어른이 되어서도 몇 가지 상을 받아 보긴 했다. 조그마한 모임에서 일을 맡아 하다가 임기가 끝나면 고생했다고 주는 공로상이나, 아니면 운동 동호회의 이런저런 대회에서 가끔씩 운 좋게 받는 장려상과 같은 부류이다. 이들은 대개 각양의 패와 함께 수여되는데, 그 패는 거의 예외 없이 서랍 속 깊숙한 어딘가에 처박혀 있다가 이삿날이 되어서야 겨우 제 존재를 알아 달라고 하소연하는 신세이게 마련이다. 그런데 그들과는 달리 우리 집 작은 서재의 책장에 진열되어 있는 패가 하나 있는데, 거기에는 한글로 '해암 학술상'이라 씌어 있다. 다른 것을 제치고 이것이 딱 하나밖에 없는 그 자리를 차지한 까닭은 여러 가지다. 우선 이 패는 크기가 손바닥만 해서 다른 것에 비해 작다. 서재라 하였지만 다른 이들처럼 많은 책들을 진열하고도 공간이 남는 그런 넉넉하고 번듯한 서재가 아니라 겨우 한 사람 비집고 들어가서 꼼지락거릴 수 있는 정도라 작은 덩치가 유리하게 작용했다. 그리고 이 패가 유리로 만들어져 있다는 점도 한 몫을 한 듯하다. 투명하고 깨끗한 유리라 우선 미관이 괜찮기도 하려니와 책장의 서가 앞자락에 올려 두어도 뒤에 꽂혀 있는 책들을 가리지 않기 때문이다. 그러나 이 상패가 다른 것에 비해 특별한 대우를 받는 가장 중요한 까닭은 역시 나 스스로가 해암 학술상의 수여를 자랑스럽게 여기기 때문일 것이다.

그런데 이 상패가 나를 자랑스럽게 만드는 실제적인 이유는 매우 유치하다. 앞에서 말한 것처럼 그 상패는 우리 집 서재의 서가에 놓여 있다. 그러니 사실상 그 상패를 볼 수 있는 사람은 우리 가족으로 한정된다. 한 3년쯤 전인가 보다. 그러니까 우리 집 큰아이가 초등학교 3학년쯤이었을 무렵 그 상패를 보고는 무어냐고 물은 적이 있다. 그래서 나는 아주 호기롭게, "상이라고 쓰여 있지? 학술상. 그러니까 아빠가 상을 받은 거야. 학술이라는 건 말이야 공부를 뜻하는 거야, 그러니까 아빠가 공부를 잘해서 상을 받은 거예요. 그리고 요기, 해암이라는 것은 아주 훌륭하신 분의 호야. 호는 옛날에 이름 대신에 쓰던 거지. 그러니까 아주 훌륭하신 분한테서 아빠가 공부 잘해서 상을 받은 거야." 하고 일장 설명을 해 주었다. 당연히 아빠를 바라보는 아이의 눈빛이 달라졌고 나의 위신은 하늘로 치솟을 밖에. 그 날 이후로 그 패로 향하는 나의 눈길 또한 더욱 잦아졌다.

그러나 '해암 학술상'이라 쓰인 패에 눈길이 갈 때마다 내 마음 한 구석에는 부끄러움 또한 자리 잡곤 한다. 이런 마음은 그 상을 받던 당일에도 그랬고 아이에게 자랑스럽게 설명을 해 주던 그 날도 그랬다. '해암'이라는 이름이 놓여 있기에 내 서재는 너무 초라하고, 나 또한 그 서재만큼이나 보잘것없기 때문이다. 학문으로나 인품으로나 언감생심 해암 선생님의 경지를 탐낼 수는 없는 노릇이지만, 행여 그 이름에 썩 부끄럽지 않은 그런 날이라도 올는지…….

2005년 어느 날을 기억하고, 넘어서기

임 경 순(林敬淳)
한국외대 교수, 국어교육과 83학번(40회)

2005년도 메모달력을 펴들었다. 12월 셋째 주 일정에는 송년모임, 대학원 종강, 사은회, 학부 기말시험, 학회 등이 빼곡히 적혀 있었다. 2005년 12월 15일에는 이런 메모도 적혀 있었다. 오후 5시 해암 학술상 수상식.

2007년 3월 10일. 토요일. 오전 11시 32분. 문자 메시지가 왔다.

"혹시 해암 선생님 추모 수필 원고 쓰셨어요?"

시간이 얼마나 흘렀을까. 나는 침묵을 깨고 손전화에 메모를 하고 있었다.

"혹시, 내일 제출해도 되는지요……"

해암 선생님에 대한 말씀을 전해 듣긴 했어도, 직접 선생님께 배운 적이 없는 나로서는 선생님과 관련된 어떠한 상념을 떠올릴 수가 없었다. 그래서 해암 선생님 추모집에 실을 글을 단 한 줄도 쓰지 못한 채 시간을 보내고 있었다. 그러던 차에 얼마 전에 편집인으로부터 해암학술상을 받은 사람은 그와 관련된 내용을 써도 좋다는 전갈이 왔다. 이제는 피할 수 없는 일이 되었다.

"네, 감사합니다."

뜸을 들인 것을 보니, 상당히 바쁜 모양이었다.

책상에 앉았다. 내 희미한 기억을 되살리기 위해서는 약간의 도움이 필요했다. 메모달력과 컴퓨터. 메모달력에는 그즈음의 내 삶의 흔적들이 일정들과 함께 적혀 있을 것이고, 컴퓨터에는 해암학술상 수상 소감을 적어 둔 메모 파일이 있을 것이다.

"해암 선생님을 잘 모르시는 분은 해암상 수상과 관련하여 쓰시면 된답니다."

12월 중순, 관악산 중턱의 기온은 그리 쌀쌀하지는 않았다. 그렇지만 낙성대 후문 길을 노랗게 물들인 은행나무잎도, 산허리를 붉게 물들인 단풍잎도 보이지 않았다. 가을의 문지방을 넘어섰던가.

메모달력에는 '서울대학교 국어교육연구소 2005년 연구보고 대회'라는 메모도 있었다. 발표논문집을 찾아 봤다.

주제1.

—전환기의 국어 문제에 대한 사례 연구:프랑스와 불가리아의 언어 정책과 국어교육 /윤희원(서울대학교 국어교육과), 토론: 최지현(서원대학교 국어교육과)

주제2.

—사범대학 국어과 교육과정의 구조 개선에 대한 연구. 1. 『문학창작교육론』 강의 개설을 위한 구성 / 우한용(서울대학교 국어교육과) 2. 문법교육과정의 구성 / 민현식(서울대학교 국어교육과) 3. 국어교육

과 문학교육과정 구성 / 김종철(서울대학교 국어교육과)
토론 : 이삼형(한양대학교 국어교육과)

- 윤희원(발표자) : "문제의 본질은 결국 한 가지였다. 요는, 문제를 문제로 파악하고, 그 가운데에서 해결해야 할 과제를 정하며, 이 과제를 해결하고자 하는 의지를 가져야 한다는 것이다. 그리하여 이 의지를 현실화시키는 데에 필요한 인적 자원과 재정적 뒷받침을 확보하고, 효율적인 행정 지원이 따라 준다면, 문제 해결의 수준과 속도는 자연 높아질 것이다."
- 최지현(토론자) : "윤 선생님의 결론에 힘입어 프랑스 쪽을 보고 있는 중이고, 프랑스의 언어 정책과 국어교육에서 우리가 보아야 할 요점이 무엇인지 찾는 중이다. 여전히 생각이 뒤엉켜 있기는 하지만, 토론자 나름으로 정리해 본 몇 개의 요점은 언어 정책이나 국어교육에서 국어는 역사 속에서 살피고 역사에 남겨야 한다는 관점을 견지해야 한다는 것이며 언어 사용 주체의 문제를 좀더 천착해야 한다는 것이다."
- 우한용(발표자) : "문학교육을 가능하게 하는 외적 조건 가운데 하나가 문학적 리터러시가 보편화되었다는 점이다. … 그런데 문학 창작은 그런 주장을 펴는 이들이나 문학을 향유하는 이들의 관심 영역에서 멀어져 있는 듯하다. … 문학 창작이 전문가의 소관사라는 오해가 풀려야 하고, 교육과정에 규정된 창작교육이 정상적으로 학습되어야 한다. 아울러 문학교육을 담당하는 교사를 양성하는 기관에서 '문학창작교육론'에 대한 설계와 실천이 필요하다.… 창작은 언어적 형상화를 통해 인간의 자기 존재 팽창을 위한 고투이다. 문학이 인간 생명의 발양의 한 방법인 것과 마찬가지로, 창작은 인간의 영혼과 육체를 동시에 초월할 수 있는 에너지를 일궈내는 작업이다."
- 민현식(발표자) : "역사적으로 사범대학은 민족계몽기의 인재를 모아 배출한 배움터였다. … 사범대학의 위상과 목표를 적극적으로 창출해야 할 학문

적 책임이 있다는 점에서 국어교육 전공 역시 이러한 시대적 소명을 깨닫고 교사 양성과정으로서의 국어과 교육과정 개선 노력을 게을리 할 수 없다. … 사범대 교육과정의 정체성이 결코 '교과학'에 안주하는 수동적 방어 논리로는 해결이 안 되며 '내용학'과 '교과학'의 상관적 발전 속에 이루어질 것이라는 전망 하에 그동안 소홀했던 '지식' 교육의 회복에 대한 강조를 담고자 하였다."

- 김종철(발표자) : "우리의 경우 국어교육은 기본적으로 민족어교육이다. 근대 국가 체제에서의 국어교육을 수립하는 과정에 식민지 경험을 했고, 지금은 분단의 고통을 겪고 있는 상황이어서 민족 차원의 다양한 요구가 국어교육에 부과되고 있다. 그 다양한 요구에 현재 국어교육의 특정한 내용 영역이 부응할 수 있을까? … 국어교육이 도구교육에 멈추지 않고 통합교육일 수밖에 없는 이유들은 이외에도 많고, 국어교육이 그러한 이유들을 도외시할 처지가 못 된다면 국어교육에 종사하는 우리들은 대승적(大乘的) 사고를 할 필요가 있다."
- 이삼형(토론자) : "교육의 질은 교사의 질을 능가할 수 없다는 명제에 대해서 이의를 제기하는 사람은 거의 없을 것입니다. 이것이 타당하다고 한다면 한국 교육을 위해서 교사의 질을 높이는 일에 힘을 써야 할 것이며, 사범교육의 질을 높이는 길이 교사의 질을 높이는 지름길일 것입니다. 사범교육의 질을 높이기 위해서는 여러 가지 방안이 있을 것입니다. 그 중에서도 현재의 사범교육을 되돌아보고 사범대학의 커리큘럼을 개선하는 일은 무엇보다도 먼저 서둘러야 할 일이라고 생각합니다. 이런 점에서 오늘의 연구 발표회는 뜻 깊은 자리라고 생각합니다."

이 글들을 읽는 동안 내내 착착함과 긴장감에 휩싸였다. 하나는 나 자신에 대한 자괴감이고, 또 하나는 어느 새 학문 한복판에 와 있게 되었다는 깨달음이었다. 그것이 나의 운명이고 넘어야 할 산이었다.

이 땅에 살면서 어느 것 하나 이념과 그 실천이 아닌 것이 있을까. 그 풍경의 일단을 나는 그 날도 확인하고 있었다. 그런데 이념과 실천을 궁극적으로 판단해 주고 힘을 실어주는 것은 도대체 무엇일까. 그 일을 위해 역사라는 굴을 파고 있는지도 모른다. 2005년은 국어교육을 논하는 담론과 더불어 그렇게 저물어 가고 있었다. 2006년은 교육과정 개정 과정에서 첨예하게 맞서 있는 학문 주체들의 담론도 새롭게 떠오르는 태양만큼이나 뜨거워질 것이다.

나는 1983년에 국어교육과에 입학하여 2003년에 박사학위를 받았으니, 만 20년을 꼬박 관악산에서 보냈다. 약간의 끼와 용기가 있었다면, 무언가를 찾아 떠났으련만 미련하게도 다니던 길을 밟고 또 밟았던 것이다. 그 사이에 나는 배우는 자에서 가르치는 자로 변해 있었고, 국어교육학이라는 학문의 언저리에서 서성이는 경계인이거나 이따금 중심을 향해 돌진하는 게릴라로 변해 있었다.

그런 나에게 대뜸 상을 받으라는 전갈이 왔다. 그리고 학술대회가 끝나고 곧바로 수상식을 시작한 자리에서 해암학술상 수상자 선정위원회(海巖學術賞 受賞者 選定委員會)는 나에게 이런 문구를 상패에 새겨 주었다.

위 사람은 "국어교육학과 서사교육론" 등을 비롯하여 국어교육학 분야에서 우수한 논저들을 꾸준히 발표함으로써 연구자로서의 모범을 보여주었기에 제11회 海巖 學術賞 수상자로 선정하고 상금과 상패를 수여함.

그리고는 곧장 수상자 기념 강연을 듣겠다고 하였다. 나는 당혹스럽지 않을 수 없었다. 기념 강연이 아니라 간략한 수상 소감을 하라는 요청을 받았기 때문이다. 아마도 강연을 준비할 충분한 시간적인 여유를 주지 못했기 때문에 그랬을 것이다.

나는 컴퓨터 파일을 뒤지기 시작했다. 그날 내가 했던 수상 소감의 흔적을 찾기 위해서였다. 메모 된 내용으로 보건데 그날 나는 다음과 같은 수상 소감을 담담히 이야기했던 듯싶다.

안녕하십니까. 저는 한국외국어대학교에 재직하고 있는 임경순 교수입니다.

먼저 해암학술상 선정 위원이신 교수님들께 감사의 말씀을 드립니다. 그리고 해암학술상을 마련해 주신 유족 여러분들께도 심심한 감사의 말씀을 드립니다.

지난 주 초에 국어교육과 조교실로부터 해암학술상 수상자로 선정되었다는 통보를 받았습니다. 저는 그 소식을 듣고 기쁨보다는 당혹감을 지울 수 없었습니다. 그것은 해암학술상이 학문적으로 일정한 업적을 쌓아왔을 뿐 아니라 앞으로도 그럴 가능성이 있는 신진 학자들에게 주어져 왔다고 생각했는데, 저로서는 아무리 생각해도 그럴만한 조건을 갖추었다고 보기 어려웠기 때문입니다.

다행히도 저에게는 살아온 날보다 살아갈 날이 많이 남아 있기 때문에, 앞으로 더욱 분발하라는 채찍으로 받아들이겠습니다.

저는 그동안 이야기와 이야기교육을 연구하는 데에 시간을 보냈습니다. 아울러 인정받는 이야기꾼이 되려고 노력해왔습니다만, 이야기교육 연구자와 이야기꾼과는 아무래도 거리가 있는 듯합니다.

사람을 알려면 그 사람이 살아온 이야기를 들어보면 알 수 있듯이, 허락해 주신다면, 저는 사실과 허구의 경계를 넘나들면서 제가 살아온 이야기를 잠시

하도록 하겠습니다.

저는 진눈깨비가 캠퍼스를 적시던 1983년 3월 서울대학교 사범대학 국어교육과에 입학했습니다. 깡촌인 김제에서 서울대학에 입학했으니, 그야말로 개천에서 용 난 격이었습니다. 그런데 용이어야 할 저는, 당시의 정권 쪽에서 보면 천덕꾸러기였던 모양이었습니다. 최루 가스가 캠퍼스를 뒤덮고 소위 짭새라고 하는 사람들이 강의실까지 진주해 있었습니다. 그때, 저에게 문학은 사회를 향해 목소리를 낼 수 있는 유일한 길이었습니다. 저는 그 당시 문학이 지닌 무한한 가능성을 믿고 있었음이 틀림없습니다. 그도 그럴 것이 문학은 곧 삶이며, 정치이고, 권력이며, 희망이고, 자유를 의미했기 때문입니다.

국어교육학자인 제가 지금에 와서 돌이켜보면, 몇 가지 전제 조건이 있지만, 문학이 삶이라는 명제는 여전히 유효하다고 생각합니다. 다만 거기에는 학문적 의미의 '교육'이 빠져 있었습니다. 그러기에 국어교육학의 정립을 말씀하셨던 은사님들의 목소리는 묻힐 수밖에 없었습니다.

졸업을 앞두고 교육대학원이 일반대학원으로 재편되면서 국어교육과에 박사과정이 개설된다는 소식이 들려왔습니다. 그 소식은 저뿐만 아니라 많은 사람들에게 흥분과 충격을 주었습니다. 당시에 공부를 하려는 사람들이 갈 수 있는 곳은 오직 대학원 국어국문학과였기 때문입니다. 아시다시피 당시의 교육대학원은 야간에 운영하는 교사 재교육 중심이었습니다. 시쳇말로 학문하는 곳이 아니었던 것입니다. 그런 터에 대학원에 박사과정이 신설된다는 사실은 국어교육학 역사에서 획기적인 사건이었습니다.

이 시기가 저에게는 학문 선택의 기로에서 오는 정체성의 혼란기라 할 수 있습니다. 대학원 국문과 진학과 국어교육학에 대한 기대감과 도전 의식이 저를 뒤흔들어 놓았습니다. 어쨌든 저는 대학원 국문과 석사과정에 지원했지만 보기 좋게 떨어졌습니다. 그것은 제가 못나서 그렇게 된 사필귀정이었지만, 그 사실이 오히려 저의 마음을 편하게 해 주었습니다. 이 자리에 계신 어느 선배님께서는 군

징집을 피하고 재수를 할 수 있도록 다른 대학 대학원에 낼 등록금을 마련해 주시기도 했습니다. 물론 그 돈은 제가 교사로 취직해서 갚아드렸습니다. 이 자리를 빌려 감사의 말씀을 드립니다.

대학을 졸업하고 잠시 교사의 길을 가다가 군에 입대하게 되었습니다. 군대는 혼란에 빠진 저에게 저를 돌아볼 수 있는 시간을 주었습니다. 군을 제대하고 교사로 복귀하면서 대학원 국어교육과 석사과정에 입학하였습니다. 당시 대학원 분위기는 학문 텃밭에 국어교육학이라는 나무의 싹을 틔우기 위해 혼신의 힘을 쏟고 있었습니다. 그런 상황에서 저는 학교와 대학원을 오갔습니다. 소위 양다리를 걸친 셈입니다. 양다리 걸치기가 의미 있기 위해서는 이론과 실천이 변증법적인 관계에 놓일 때입니다. 그러나 그 때는 학문의 싹을 틔우는 일이 급선무이었기 때문에 그럴만한 겨를이 없었던 것도 사실입니다. 따라서 은사님들의 열정과 동학들의 처절한 몸부림 속에서 학문의 길을 걸어가야 했습니다.

석사과정을 마치고 박사과정에 입학하면서 교사로서의 생활을 접었습니다. 박사과정 내내 탁월한 여러 선배 학자로 인해 주눅이 들었고, 국어교육학의 발전을 바라는 여러 시선으로 인해 압박을 받았습니다. 거기다가 은사님들의 가열찬 채찍이 있었습니다. 당시의 여러 은사님들의 심정을 헤아릴 길이 없습니다만, 제가 이제 교수가 되어 대학원 학생들을 지도하다 보니 이제서야 조금이나마 그 뜻을 알 듯도 합니다. 이 자리를 빌려 은사님들께 다시 한번 감사의 말씀을 올립니다.

지금 생각해 보면, 저는 적지 않은 시간 동안 국어를 배우고 가르치면서 살아왔습니다. 살아 온 나날로 보면 그리 짧은 세월도 아니며, 앞으로 살아갈 날을 생각하면 국어야말로 저를 살게 하는 그 무엇임에 틀림없습니다.

비전공학도들은 그리 큰 불편 없이 늘 쓰고 있는 우리말을 가지고 뭐 그리 연구할 게 많겠는가고 반문하기도 합니다. 또한 국어를 잘 한다고 돈을 잘 버는 것도 아니고, 명예를 얻는 것도 아니며, 권력을 쥐는 것도 아니라고 생각하기도 합니다.

그러나 조금만 생각을 달리하면, 국어를 잘하고 못하는 일은 돈, 권력, 명예를 얻는 것과 관련되며, 그것은 일상의 언어적 삶의 편이, 나아가 삶의 질을 결정하는 일과 관련됨을 알 수 있습니다. 사람들은 국어를 가지고 생각하고, 남과 더불어 의미를 공유하고 논쟁해 가면서 목적하는 바를 이루어 나갑니다. 그 속에는 온갖 이념과 감정이 녹아 있으며, 인간이 이룩해 놓은 문화적 자산이 놓여 있습니다. 요컨대 사람들은 국어로 살아가고 있으며, 나아가 삶이 곧 국어라 할 수 있습니다.

그런데 한걸음 물러서서 우리말과 삶의 질의 관계를 생각해 보면 문제는 그리 단순해 보이지 않습니다. 물신화가 전면적 진리인 양 인간의 사적 영역 깊숙이 침투해 있고 의미가 추락하고 있는 현실 속에 국어교육(학)은 놓여 있다고 생각합니다. 우리에게 소중한 것은 바로 그런 상황 속에 놓여 있는 인격체로서의 '사람'이라 생각합니다. 따라서 제가 국어교육을 한다는 것은 욕망이라는 폭주 기관차를 타고 사막을 질주하는 현실의 삶 속에서 국어로서 삶의 길트기에 해당한다 하겠습니다.

그러나 그것은 쉽지만은 않은 듯합니다. 과학적인 이론을 추구하는 저 자신조차도 현실의 굴레에서 벗어나기가 힘들 때가 많으며, 저 자신의 우둔함으로 미처 깨닫지 못하는 경우도 많습니다.

저는 저의 학문의 족적들을 몇 권의 책에 담은 적이 있습니다. 그것은 부끄럽기 짝이 없는 저의 국어적인 길트기를 보여주는 작은 흔적들입니다. 그 흔적들을 관통하는 화두는 삶·서사·교육을 꼽을 수 있을 것입니다.

생각건대 서사라는 화두를 처음 대했을 때 망설임과 설렘이 교차하였던 것 같습니다. 그것은 이야기에 대한 단순한 사유방식으로는 교육의 의미망을 온전히 담아낼 수 없을 것이라는 현실적인 문제와 함께 다양한 매체로의 확장과 국어교육의 영역을 확장시킬 수 있을 것이라는 가능성 때문이었습니다. 인간의 삶이 이야기를 떠나서는 존재할 수 없다는 논의를 대했을 때 저의 눈은 거기에 붙들렸고, 무엇보다 삶이 곧 이야기라는 논지의 말을 접했을 때 저는 전율했습니다. 그러나 저는 한동안 거기에서 서성거려야 했습니다. 이야기론을 저의 목소리로 육화시키는 문제와 함께 거기에는 교육이라는 관문이 가로놓여 있었기 때문이었습니다.

제가 그 당시 고민했던 흔적이 여러 논문에 담겨 있습니다만, 이 문제는 앞으로 제가 해결해나가야 할 학문적 과제임에는 틀림없습니다. 저는 그때 가졌던 생각들, 이를테면 인간의 근원적인 사고 방식에는 크게 보면 논리적인 사고 방식과 이야기적인 사고 방식이 있으며, 국어교육학은 이러한 사고 방식과 관련한 교육적인 학적 체계를 세워나가는 일이라는 점을 아직도 갖고 있습니다. 그것은 국어교육학, 문학교육학, 국어지식교육학이 어떤 식으로든 학적인 체계를 갖추어 나갈 수 있도록 할 것이라 믿습니다.

한편 제 앞에는 외국어로서의 한국어교육이 놓여 있습니다. 제가 몸담고 있는 학교에만 해당되는 것은 아니지만, 국어교육에서 이룩한 성과를 한국어교육과도 적극적으로 나눌 때라 생각합니다.

끝으로 부족한 저에게 과분한 상을 허락하여 주신 여러 선생님과 해암 선생님 유족들께 다시 한번 감사드립니다. 또한 이 자리에 참석해 주신 여러분께도 학적 성취가 일취월장하시기를 기원합니다. 감사합니다.

그날 교육정보관 103호 강의실에는 대학원 후학들이 많았다. 그들에게 해암상 수상에 대한 열정과 학문적 두려움을 심어주었는지는 알 수 없다. 그날 이후 1년이 조금 넘었다. 가끔 이런 꿈을 꾼다.

유령 : 그 사이 당신은 뭘 했소?

나 : 몇 편의 논문을 썼고, 학회 활동도 하고, 제자들을 가르쳐 왔소. 연구와 논문 집필에 대해 좀더 구체적으로 말하자면, 국어기능교육에 대한 단견

을 몇 차례 밝힌 적이 있고, 무엇보다 나의 전공인 문학(서사)교육학 분야에서 최신 연구 동향을 반영한 입문서가 절실히 필요하다고 느껴 저술 작업을 틈틈이 해 왔소. 그리고 뜻하지 않게 순전히 학부 때 이두현 교수님께 한국민속학을 배웠고 문화인류학을 기웃거렸다는 점과 문학교육을 하면서 문화이론을 뒤적였다는 일로 '한국문화의 이해' 강의를 수락하게 되었는데, 강의를 하면서 마땅한 교재가 없다는 점에 놀라면서 강의록을 단행본으로 출간하는 일을 준비하고 있소. 그리고 또 문학과 문화적인 관점에서 외국어로서의 한국어교육 논문을 몇 편 썼던 듯하오. 그러고 보니 본의 아니게 꾀 잡다한 글들을 써온 듯하오. 이제는 내 연구의 본령인 서사(이야기, 스토리텔링)교육에 집중하려 하오.

유령 : 무엇 때문에 그런 일을 하는 거요?

나 : 내가 하는 일은 국어(문학)교육과 관련된 일이오. 그것은 적어도 인간이 잘 먹고 잘 사는 일과 관련되어 있다는 것은 확실하지요. 일전에 '국어교육과 삶의 질'이라는 내용의 논문을 발표한 적이 있음에도 불구하고, 그 '잘'이라는 것이 무엇을 의미하는지 아직도 잘 모르겠소.

유령 : 당신은 좀더 친절해질 수 없는가요?

나 : 그것은 '국어(문학)교육과 삶의 질'의 문제라 할 수 있고, '국어(문학), 교육, 삶, 질'을 엮을 수 있는 말을 '국어(문학)능력'이라 해둔다면, 이는 긍정적인 가치 지향태를 함유하고 있는 개념이지요.

유령 : 잘은 모르겠지만, 당신은 국어(문학)교육에서 심상치 않은 의미를 찾고 그것을 실천해 나가야 한다는 신념을 갖고 있는 듯한데……

나 : 그래도 내가 상대적으로 조금 더 알고 있다고 할 수 있는 분야는 이야기(서사, 스토리텔링)이지요. 이야기를 잘 하고 못하는 일이 죽느냐 사느냐는 사건과 관련되어 있고, 감동을 주기도 하고, 갈등을 조장하기도 하고, 사람들을 현혹시킬 수도 있고, 일깨울 수도 있는 것이지요. 먹고 사는 일

이라면야 '이야기를 세일즈 하세요, 스토리텔링으로 성공하라'라는 저서 제목을 기억하면 될 듯하고, 가르치는 일이라면야 '강요하는 초보 감동시키는 프로'라는 저서 제목을 기억하면 이야기의 교육적 기능이 얼마나 지대한지를 알 수 있을 것이오. 이밖에도 이야기가 지닌 가능성과 위력을 헤아릴 수 없지만, 무엇보다 중요한 건 삶 속에서 의미를 찾고 그것을 어떻게 그리고 왜 그렇게 엮어갈 것인가라는 문제이지요.

유령 : 그것이 그렇게 중요한 일인가요?

나 : 그렇습니다. 당신이 살아가는 삶이라는 스토리텔링은 명작이 될 수도 있고, 삼류이야기로 전락할 수도 있지요. 당신은 후세들이 당신의 이야기를 기록하고 기억할 수 있다는 사실을 종종 망각하고 있더군요. 좋습니다. 나 같은 민초들이야 그렇다고 치더라도 당신과 같이 역사에 약간의 부끄러움과 수치심을 느낄 사람이라면야 사정은 달라지는 게지요. 지금까지 존재해 왔고, 존재하고 있고, 존재하게 될 이야기들의 옥석을 가려 그것을 삶의 자양분으로 삼고 더 나은 이야기를 쓸 수 있도록 하는 일이 삶의 질적 고양과 관련된다는 점을 인정한다면, 그것을 적절하게 수행할 수 있는 제도적 장치를 인류는 교육이라는 이름으로 마련하고 있다는 점을 기억할 필요가 있을 것입니다.

유령 : 할 일이 많겠군요. 그렇다면 앞으로의 행보를 귀띔해 줄 수 있는지요?

나 : 지금까지의 국어(문학)교육은 넓게 보면 민족어(문학)교육이라 할 수 있지요. 물론 이 테제는 여전히 유효하고도 중요합니다. 그렇지만 그것을 망각하거나 무시해 온 것도 사실이고 거기에만 안주할 수는 없을 것입니다. 또한 헤게모니의 관건은 권력과 돈일지도 모르지요. 제아무리 굳센 신념도 돈과 권력 앞에서는 무력화되는 모습을 숱하게 봐 왔지 않습니까. 여기에 거리를 두면서 심오한 문학(서사)교육학이 될 수 있도록 연구를 하려 합니다. 또 하나, 세계로 눈을 돌리면 많은 사람들이 더불어 살고 있다

는 점을 상기할 필요가 있지요. 전지구가 자본주의라는 폭주 기관차에 동승하고 있고, 객실에서는 생존을 위한 활극이 벌어지고 있는 형국입니다. 그 속에서 우리가 할 수 있는 일이란 기껏 문학과 문화를 알고 가르치는 일이지요. 다행히 문학/문학교육과 문화/문화교육에서 어느 정도 심연을 확보할 수 있다면, 한국 시민/세계 시민과 더불어 잘 사는 길을 모색할 수도 있을 것입니다.

해암상(海巖賞)에 담긴 선생님의 가르침

장 윤 희(張允熙)
한남대 교수, 국어교육과 84학번(41회)

"예? 해암상(海巖賞)이라구요?……."

작년 말 내가 해암상(海巖賞) 수상자로 결정되었다고 통보해 주는 전화 음성 속에서 그동안 기억의 저편에 자리잡고 있던 '해암(海巖)'이라는 존호(尊號)가 새삼 선명해졌다. 해암(海巖) 김형규(金亨奎) 선생님. 해방 이후 황무지와 같았던 국어학계(國語學界)에 현대적 국어학 연구의 초석(礎石)을 다지셨던 국어학의 개척자. 일석(一石), 심악(心岳) 두 분과 함께 국어학의 세 태두(泰斗)로 일컬어져 오셨던 분이 아니시던가? 비록 그 선생님을 직접 사사(師事)하지는 못했지만 그 분께서 몸 담으셨던 과에서 공부한다는 사실만으로도 뿌듯한 긍지를 안겨주셨던 그런 분이 바로 해암 선생님이셨다.

대학원에 진학하여 본격적인 국어학 연구에 입문하면서부터는 오히려 일석(一石), 심악(心岳)이라는 존호가 더욱더 친숙해졌고 그러면서 점차 해암(海巖)이라는 존호는 기억의 전면에서 희미해져 왔던 것이 사실이다. 이러한 나였기에 선생님께서 만드신 상을 수상한다는 사실이 그렇게 송구스러울 수가 없었다. 그 소식을 듣고 "제가 이 상을 수상할 자격이 있는지 모르겠습니다."라고 말을 한 것은 결코 가식적인 겸손의 소치가 아니요, 솔직한 그때의 심정이었다. 더욱이 선생님께서 이러한 상을 마련하신 뜻이 국어교육과(國語敎育科)의 발전(發展)을 위한 것이었음이 분명할 터인데 지금까지는 나 자신의 앞가림에 급급해 모과(母科)에 그리 큰 도움이 되지 못했다는 자격지심(自激之心)까지 더해져, 전화기를 들고 서 있던 그 순간이 그렇게 어색하게 느껴질 수가 없었다.

수년 전 고전문학(古典文學) 교육(敎育)은 정확한 해독의 기반 위에서, 고전 원문의 독해 능력을 기초로 이루어져야 함을 주장하는 글을 쓸 때의 일이다. 기존에는 왜 이런 사실을 깊이 고민한 적이 없었을까 하는 생각에 신이 나서 글을 써 가면서 선생님의 "고가요주석(古歌謠註釋)"도 참고한 적이 있었다. 이 때 관심의 대상이 된 작품에 대한 주석 부분만을 가지고 선생님의 주석에는 이러이러한 문제가 있다는 식으로 얼개를 잡아 얼마만큼은 들뜬 마음으로 글을 풀어 나갔다.

그런데 글을 발표하고 나서 다시 그 책을 찬찬히 살펴보면서 얼굴이 붉어지지 않을 수 없었다. 나만의 문제의식이라고 한껏 뽐냈던 그 문제의식(問題意識)은 30여 년 전에 저술하신 그 책의 바로 서문(序文)에 선명하게 드러나 있었던 것이다. 뿐만 아니라 바로 그러한 문제의식 위에서, 나로서는 아직 엄두도 내지 못했던 악장(樂章), 가사작품(歌詞作品)까지도 이미 주석(註釋)을 달아 놓으신 것이 아닌가? 국어학(國語學) 연구(硏究)가 양질(量質) 모든 면에서 만족스럽지 못했던 당시에 문학 작품들을 두루 주석하기 위해서 기울이셨을 고민의 깊이와 두께가 어떠하셨을까? 고전문학(古典文學) 작품(作品)의 어학적(語學的) 주석이라는 그리 녹녹치 않은 선구적 연구의 시대적 의의는 전혀 생각지도 못하고 선생님의 문제의식은 더더욱 간파하지도 못한 채 극히 일부분만을 문제 삼아 나부댄 꼴이 되어 버린 것이다. 여기에 생각이 미쳐 나의 경솔함에 대한 자괴감(自愧感)과 선생님에 대한 송구스러움에 고개를 들기가 어려웠던 적이 있었다. 이는 선생님께서 나대는 후학(後學)에게 학문하는 자세가 어떠해야 하는지를 크게 일깨워 주신 것이라 생각하니 더더욱 그러했다.

이렇게 항상 선생님께 왠지 빚진 듯했던 내가 해암상(海巖賞) 수상자로 결정되었다니……. 자랑스럽고 고마운 마음이 전혀 없는 것은 아니었지만 오히려 이보다 송구스럽고 죄송한 생각이 앞선 것은 당연한 일이었다. 그러나 해암상을 수상하는 자리, 그리고 그 이후 있었던 저녁 모임을 통해서 해암상의 의미가 어떠한 것인지 분명히 깨닫게 되었다. 수상 소감을 밝히는 자리에서 보잘것없긴 하지만 지금까지 수행해 왔던 연구 결과들을 정리하여 보고한 뒤, 앞으로 모과(母科)의 발전(發展)을 위해 노력하겠노라며 모과(母科) 선생님들과 선배님, 여러 후배들 앞에서 공개적으로 다짐을 했던 것이다. 이를 통해 앞으로의 연구 방향과 태도가 어떠해야 하는지 다시금 분명히 확인할 수 있었음은 물론, 지금 나의 자리에서 모과(母科)의 발전을 위하여 어떠한 일을 해야 하는지 돌아볼 수 있는 기회가 되었음은 물론이다.

그때 나는 깨달았다. 아하, 선생님께서 해암상을 제정하셨던 깊은 뜻이 바로 여기에 있으셨구나. 나만이 최고인 양 진중하지 못한 후학에게 자기 자신을 돌아볼 것을, 그래서 자신의 실상을 스스로 확인해 볼 것을 가르치고자 하신 것이로구나. 항상 바쁘다고, 또 이러저러한 일이 있다고 여러 가지 구실을 들어가면서 모과(母科)의 소중함을 잊고 살아가는 후학들에게 모과(母科)는 너희들이 나 몰라라 할 수 있는 존재가 아니라 바로 너희들이 소중하게 보듬고 키워나가야 할 뿌리라는 사실을 다시금 새겨주고자 하신 것이로구나. 돌아가신 뒤에도 지속적으로 가르침을 펴시고자 이러한 자리를 마련하신 것임에 틀림없을 것이다.

이렇게 보니 나는 항상 선생님에게 받기만 하는 존재라는 생각이 든다. 스승은 항상 베푸는 존재라는 말이 있기는 하지만, 만 가지를 받았다면 한 가지라도 보답을 드리는 것이 사람의 도리가 아닐까? 해서 나는 선생님의 가르침을 항상 새기리라, 해암 선생님의 건너뛴 제자이자 까마득한 후학으로서 높으신 선생님의 이름이 불명예스럽게 운위(云謂)되는 일이 없도록 하리라. 하긴 이것은 다짐일 뿐 이 가운데 하나도 아직까지 이룬 바가 없으니 나는 지금도 여전히 선생님께 받기만 하고 있구나.

믿음이라는 선물

최 인 자(崔仁子)
신라대 교수, 국어교육과 84학번(41회)

대학 전임이 되고 나서 1년이 지나서인가, 덜컥 해암 학술상을 받았다. 전임 자리를 얻은 것만으로도 세상의 꽃이 모두 내 눈 안에 있는데, 학술상이라니! 처음 수상 소식을 접하였을 때 나는 어리둥절하기만 하였다. 아직도 내겐 '학술상'이란 신문의 인물 동정란을 기웃거려야 만날 수 있는 단어였고, 주로 대가급 학자들에게만 어울린다고 생각했던 것이다.

그 때까지만 해도 나는 스스로를, 초보 딱지를 갓 떼어 낸, 애송이 학자라고 생각하고 있었다. 박사 학위 논문을 쓴 지 4, 5년이 지나고 있었지만, 나는 석사 논문을 쓸 때처럼 새롭게 해 보고 싶은 것이 많기만 하였다. 한 가지를 깊이 있게 파야 뭐라도 내 세울게 나올 터인데, 나는 매번 방법론을 달리하면서 국어교육 연구의 새로운 깃발을 쫓아다니곤 했던 것이다. 그러다 보니, 내 연구의 넓이와 깊이 모두가 만족스럽지가 않았었다.

그래서 해암상 수상 결정 소식은 더욱 난감하기만 하였다. 그런데 수소문 해 보니, '40세 이전'의 학자에게 준다는 내규가 있다고 하여 다소나마 안심할 수 있었다. 아무리 업적이 훌륭해도 마흔이 너무 넘으면 수상자에 포함될 수 없다고 하니, 아마도 나의 수상은 이 나이 조항과 관련이 있었을 것이라고 생각한 것이다. 그러면서도 나는 이 조항에 대해 흥미로움을 느꼈다. 왜 하필 '마흔'을 기준으로 삼으셨을까?

학자 인생에서 마흔은 학문적 일가를 이루기에는 아직 어리고 그렇다고 새내기만은 아닌, 그래서 자신의 이야기를 완성하기 위해 조심스러운 시작을 하는 나이이다. 사람이나 영역에 따라 다양할 수는 있겠지만, 이 나이에 자신의 최고 걸작을 완성하는 사람은 드물 것이다. 이렇게 보면 이 상은 잘 해서 주는 상이라기보다는 믿고 있으니 잘 하라고 주는 격려의 상이 아닐 수 없다.

교육학에서는 '믿어 주는 마음'을 중요하게 생각한다. 널리 알려진 피그말리온 효과가 그것이다. 사람의 미래는 나 자신이, 그리고 다른 사람들이 믿어 주는 마음들이 신통하게 효력을 발휘한다고 한다. 그러나 내가 직접 부모가 되고, 학생들을 가르쳐 보니 이 믿어 주는 마음이 얼마나 힘든 것인지를 알게 되었다. 근대적 인식을 훈련 받은 나는 따지고 측정하고, 확인하여 뭔가 안심할 수 있어야 믿음의 발걸음을 옮기려고 했었다. 믿기 전에 조바심을 내고 먼저 가능성의 확인부터 요구했다. 그래서 수업 시간에도 믿어 주는 격려의 말보다는 미래를 미끼로 위협하고 협박하는 말이 더 많았던 것 같다. "너희들! 이러면 이러저러하게 될 것이다!"와 같은 날선 말을 하면 학생들의 얼굴은 긴장한다. 이런 말들로 학생들의 자기 신뢰를 키울 수가 있겠는가.

관례상, 해암상을 받은 사람은, 은사님을 모시고 후배 앞에서 하는 수상 연설을 해야 하는 절차가 있었다. 해암 선생님께 드리는 감사의 인사를, 은사님과 후배가 함께 하는 자리에서 자신의 학문적 관심을 표명하는 것으로 대신하는 것이다. 은사님들 앞에서 수상 기념 연설을 한다는 것은 대단히 곤혹스러운 일이다. 나는 무려 5번 이상이나 초고를 고쳐 쓰면서, 무슨 말을 해야 할까 고민했었다. 어떻게 쓰면 논문 발표 같고, 또 어떻게 쓰면 노교수의 은퇴 기념 연설 같았다. 그러나가 문득, 왜 연설을 하라고 하셨을까? 연설이 왜 필요했었을까 생각하니 의외로 생각의 가닥이 잡히기 시작했다.

내가 생각한 건 이런 것이었다. 수상 연설은 일종의 '제의'와 같은 것이다. 자기 연구실에서 고된 학문적 노동을 하는 이들은, 가끔 자신이 왜 이 자리에 서 있는지, 앞으로 어떤 자리에 서게 될 지를 궁금해 하며 불안해 질 때가 있다. 이 때 함께 이 길을 가는 사람들과 만나 이야기를 나누는 이벤트는 힘이 될 수 있다. 사실, 우리들은 학문 공동체의 역사와 족보 속에서 성장해 왔으면서도 정작 바쁜 일상에서는 이를 잊고 지내기 일쑤이다. 이 때, 나를 키운 것이 무엇이었던가, 나는 무엇을 키워 낼 수 있는가를, 내가 함께 한 공동체의 역사 속에서 떠 올리는 것은 꽤 괜찮은 방법이다. '제의'는 언제나 역사 속에서 자신을 든든하게 만드는 방법이 아니었던가.

나는 연설문을 쓰면서 나의 문제의식의 역사를 정리할 수 있었고, 또 나를 믿어 주고 있는 사람들, 또 내가 믿고 있고 앞으로도 믿을 사람들을 떠 올릴 수 있었다. 나 자신 얼마나 많은 믿음의 빚을 지고 있던지. 이 믿음 속에서 나는 한 걸음씩 걸어 왔던 것이다. '이번은 아니지만, 다음은 더 잘 할 수 있겠지.' '나는 자신 없지만 저렇게 기대해 주시니 한 번 해보자' '부족하더라도 이렇게 조금씩 배워 가면서 하는 거야'와 같은 작은 시간들이 모여 나의 연구 경력을 만들었다. 나는 결코 나 혼자의 힘으로, 나 혼자의 아이디어로 공부한 것이 아니라 믿어 주면서 함께 책을 읽고 이야기를 나누었던 사람들의 품에서 작업했던 것이다.

연설문을 읽어 나가는 나의 목소리는 떨렸지만, 점차, 후배들과 눈빛을 맞추면서 내 목소리에도 열정이 실리기 시작했다. 혹시, 나의 연설이 그 때 참석했던 후배들에게 작은 믿음을 선물로 준다면, 얼마나 황홀할까. 시간이 지나 이런 제의들이 쌓이고 역대 수상자들의 소감이 모인다면, 이는 자연스럽게 살아 있는 국어교육의 역사가 될 수 있을 것이다. 믿어 주는 마음이 흘러넘치면 분명, 국어교육의 큰 흐름이 만들어지리라.

한나 아렌트가 그랬던가? "진리는 소통 속에만 존재할 수 있다"고. 공부를 처음 시작하였을 때에는 어떻게 해야 남 다른 글을 쓸 수 있을까를 많이 생각했었다. 그러나 해가 지날수록, 어떻게 해야 읽힐 수 있는 글을 쓸 수 있을까를 고민한다. 그리고 내가 쓴 글을 읽어주는 사람들이 그렇게 고마울 수가 없다. 해암 학술상은 나의 글을 읽어 주는 사람들이 내게 주는 믿음을 느낄 수 있었던, 내 삶의 아름다운 순간으로 기억될 것이다. 학문 공동체, 특히 은사님, 선후배들의 애정과 믿음을 일깨워 주신 해암 선생님과 유족 분들께 다시 한 번 감사드린다.

멀리가는 향기

세계 사(四)대 성인의 자취를 더듬다

곽 도 현(郭都鉉)
전 안양중 교장, 국어교육과 54학번(11회)

신록이 제법 피어난 봄이다. 봄길 따라 하루를 내서 간 곳이 강원도 영월에 있는 '김삿갓 묘'다. 그의 멋들어진 시비가 죽 늘어서 세워져 있다. 너무 멋들어져서인지, 돌아오는 길에 막상 하나를 끄집어 외우려 했더니, 다 좋을 뿐 하나라도 뚜렷이 생각이 안 난다. 그래도 그 하나를 곰곰이 골라낸 것이 '백발' 7언 절구로 된 한시이다.

"나는 젊은 시절, 벼슬아치도 해 보았지. 그러나 세상을 알만하여 일하려 하였더니. 이 웬일이냐, 백발이 머리를 덮고 있지 않느냐?"

"—우주는 영원하겠지만, 내 인생은 끝에 와 있다—"

백발이 성성하도록, 비교적 오랜 세상에 산 분을 든다면 근래에는 초대 대통령 이승만 박사님을 들 수 있고, 재계의 정주영 회장, 그리고 얼마

전 작고한 이병철 회장이 아니었을까? 그들은 백발에 무슨 신념으로 살았을까? 아니, 세계적인 과학자 아인슈타인, 문학가 톨스토이, 음악가 베토벤, 미술가 피카소, 그들은 인생의 마지막에는 무엇을 안고 마쳤을까?

나는 교원으로서 외길 교직에만 전념하고 보니, 아는 것이 좁다. 이제 인생의 황혼을 맞았으나 한 번 밖에 없는 인생이기에 세상을 조금이라도 깨닫고 마치자 하고, 여비를 챙겨 여행을 즐겨 다녔다. 다만 여기서는 지면 관계로 4대 성인의 유적지를 찾은 이야기만 하기로 한다. 나는 부모로부터 기독교를 유산으로 받았다. 그래서 예수님의 자취를 찾아, 이스라엘, 이집트, 이태리, 그리고 터키, 전 유럽, 남북 아메리카를 두루 다녔다.

예수님은 33세 짧은 인생을 사셨는데, 이스라엘에는 기념교회 정도로 있지만, 세계 각 곳에는 웅장한 교회와 건축물들이 즐비하다. 하늘의 복음을 12제자에게 심어주려 전력을 다 했으나, 위기에는 그마저 흐트러져 십자가 앞에서 "아버지여, 어찌하여 나를 버리시나이까?"하며 하늘에 호소하다. 죽음으로 그 복음을 세상에 확인시키려 순교한 것이 그의 행적이요, 어록, 곧, 성경은 오늘날 많은 사람들의 삶의 소망으로 남고 있다. 곧, 8복음 "심령이 가난한자, 애통하고 참회하는 자, 온유한 자, 의를 사모하는 자, 남을 긍휼히 여겨는 자, 마음이 청결한 자, 화평케 하는 자, 의를 위해 핍박을 받는 자는 천국이 저희의 것이요"라는 것, 이것이 핵심의 하나로 삶의 참 길이자, 우주의 원리와 연결되어, 사후에도 부활까지 이어진다고 외친 것이 핵심이 아닌가?

이제는 불교를 알기 위해 인도를 찾았다. 그런데 석가모니님의 불교를 찾기보다는 그들의 전통 종교인 힌두교 일색이다. 석가는 힌두교의 아홉째 성인이란다. 다만, '게임즈' 강변의 '바라나시'의 '사르나트', 곧, 첫 설파지를 찾았고 그리고 '아잔타'의 '엘로라 석굴'에서 석가모니님의 모습을 발견하였는데, 그것도 천년 동안 정글로 묻혀 있다가, 영국인의 탐험가에 의해서 발견 개척되어, 오늘날 유적을 찾는 관광객을 끌어 모으고 있었다. 그러나 한국에 와서는 승화되어, 그의 8정도(正道) 곧, 정견(正見), 정어(正語), 정업(正業), 정명(正命), 정념(正念), 정정(正定), 정사유(正思惟), 정정진(正精進)으로 다시 꽃피어, 그 신념은 윤회 신앙으로 이어져, 불교로서 한국의 전통 종교로 남아 있는 것이 아닌가?

다음은 공자님을 찾아 중국에 갔다. 북경, 상해, 서안을 가 보았더니, 온통 한자 어귀, 유교 윤리로 가득한 것 같다. 우리나라와 일본도 마찬가지겠지만, 베트남에 가보니, 초등학교 교문에 "먼저 사람이 되고 글을 배워라."라는 공자님의 글귀가 적혀 있다. 이처럼 그의 사상은 아마 전 동양에 뿌리 깊이 생활 철학이 되고 있는 것 같다.

소크라테스를 찾아 그리스의 아테네를 찾았다. '소크라테스 바위 감옥'을 찾았다. 그저 초라하게 철문으로 닫혀 있지만 "먼저 너 자신을 알라." 하는 문답법으로 새 진리를 찾는다는 희랍 철학의 근원을 형성했다. 하지만 반대파 '소피스트'들의 '신의 모독'이란 죄의 형벌 사약을 자기철학을 지키기 위해 받아들여, 위대하게 마지막을 장식한 고인이다. 머리를 숙였다. 오늘날 세계학술 학문의 기원을 만든 분이 그분이 아니신가?

나는 4대 성인의 자취를 내 형편 되는 대로 돌아보고 또한, 그 외에도 명승고적을 찾아 세계 40여 개 나라를 다녀 보았다. 내게는 대단한 일이다. 그래서 그렇게 다닌 결과는 무엇이냐고 묻는다면, 그래도 무슨 말이라도 남겨야 하지 않을까? 지구는 다양한 생성 변화 속에 인간에게 새로운 창조의 볼거리를 제공해 주고 있었고, 그 속에서 인간은 그 특유의 독점 의욕과 그에 대항한 새로운 참 진리 창조 이야기의 거룩함을 보여 주어, 후인에게 감격과 바른 길을 가야 함을 제시해 주고 있다. 그래서 나는 지금 이 시점에서 이렇게 정리해 본다. 무신론보다는 그저 내가 본 참 창조주를 찾고 그 존재를 믿고, 또한 그 조물주의 뜻의 일부로 태어난 이 몸, 그 뜻, 곧 자연법칙에 순응해서, 그가 나를 창조한 뜻, 그의 창조를 더 아름답게 돋는 사명으로 여생을 살다가 가야되는 것을 나의 마지막 값있는 삶으로 삼아야 하겠다.

행복(幸福)

변 재 호(卞在浩)
전 서울고, 국어교육과 55학번(12회)

A군과 B군이 같이 명문 사립인 Y대학에 지원하여 둘 다 합격을 했다. 그 이튿날 A군의 어머니가 음료수 여러 박스를 사들고 교무실로 찾아와 선생님들 앞을 일일이 찾아다니며 감사를 표하고는 돌아갔다. 우리는 기쁜 마음으로 음료수 캔을 하나씩 뽑아들고 A군의 합격을 진심으로 축하했다. 오후에는 B군의 어머니가 나를 찾아왔다. 축하한다는 말을 하려다 그 어머니의 굳어 있는 얼굴을 보고는 놀라 얼른 입을 다물었다. 그 어머니는 원망 어린 낯빛으로 나를 한참이나 바라보다가 입을 열었다. 어제 밤새도록 모자가 붙들고 울었다는 것이다. 정말 얼굴이 퉁퉁 부어 있었다. B군보다 성적이 못한 B군의 친구가 S대학을 지원하여 합격을 했다는 것이다. B군도 S대학을 지원했으면 틀림없이 합격했을 텐데 나 때문에 좋은 기회를 놓쳐서 내가 원망스럽다는 것이었다. 분해서라도 재수를 해서 기어코 S대학에 가고 말겠다고 한참 푸념을 하고 돌아갔다. 처음 당하는 일은 아니었지만 입이 쓰고 맥이 풀려, 나는 그 자리에 주저앉고 말았다.

30년쯤 전이던가 내가 명문 K고등학교에 근무할 때의 일이다.

나는 그 날 참으로 행복한 어머니와 참으로 불행한 어머니와 이렇게 두 어머니를 만났다. 한 어머니는 아들이 Y대학에 합격해서 행복했고, 한 어머니는 아들이 Y대학에 합격해서 불행했다.

수백만 프랑의 재산을 가진 부자가 갑자기 죽었다. 그 재산을 상속받은 아들은 그 재산을 관리할 능력도 의욕도 없는 천하의 난봉꾼이었다. 갑자기 많은 돈을 갖게 된 그 아들의 난봉은 그 돈 때문에 더욱 도를 더하게 되었다. 몇 해를 진탕만탕 그렇게 지내다가 차츰 그런 생활도 싫증이 나기 시작했다. 노는 것도 지겹고 돈 쓰는 것도 시들해진 것이다. 무슨 새로운 일이라도 시작해 볼까 하고 어느 날 그는 남은 재산을 정리해 보았다. 그런데 이게 웬일인가? 그 많던 재산이 어느 틈에 다 사라지고 겨우 십만 프랑 정도만 남아 있을 뿐이 아닌가? 큰 충격이 아닐 수 없었다. 그 충격 때문에 그는 그 자리에서 심장마비를 일으켜 그만 죽고 말았다.

그가 남겨놓은 십만 프랑의 유산은 당국의 주선으로 가난한 먼 친척에게 상속되었다. 끼니조차 제대로 잇지 못하고 있던 이 가난뱅이 친척은 하루아침에 십만 프랑의 부자가 된 것이다. 이 엄청난 변화를 감당할 수 없어 어쩔 줄을 몰라 하다가 이 불쌍한 가난뱅이 친척도 심장마비를 일으켰다.

두 사람이 십만 프랑의 돈 때문에 죽었다. 한 사람은 그것이 너무 적어서 죽었고, 한 사람은 그것이 너무 많아서 죽었다.

어느 날 공자가 하급 관리로 일하는 조카 공멸에게 물었다.

"네가 이 자리에서 얻은 것이 무엇이며, 잃은 것은 무엇이냐?"

공멸이 대답했다.

"얻은 것은 하나도 없고, 세 가지를 잃었습니다. 일이 많아 공부를 못했고, 보수가 적어 친척 대접을 못했으며, 공무가 다급해서 친구들과 사이가 멀어졌습니다."

그 후 공자는 조카와 같은 벼슬을 살고 있던 제자 자천에게 같은 질문을 던졌다. 자천은 다음과 같이 말했다.

"잃은 것은 하나도 없고, 세 가지를 얻었습니다. 배운 것을 실행에 옮겨 학문의 내용이 더욱 충실해졌고, 보수를 아껴 친척을 접대하니 더욱 친밀해졌으며, 공부의 여가에 친구들과 교제하니 우정이 더욱 두터워졌습니다."

똑같은 사정인데도 한 사람에게는 그것이 세 가지를 잃는 원인이 되었고, 한 사람에게는 세 가지를 얻는 행복한 조건이 되었다.

마음먹기에 따라서 사람은 행복해질 수도 있고 불행해질 수도 있다. 철없는 나를 붙들고 '모든 것이 마음먹기 나름'이라고 곧잘 내 불만을 달래 주시던 외할머니 생각이 난다. 설마 어린 나에게 행복의 이치를 가르치시려고 하신 것일까마는 일체유심조(一切唯心造)라는 불교의 가르침을 처음 접했을 때만큼이나 깊은 인상으로 나에게 남아 있다.

나는 내 아이들이 잘되기를 바라고 행복해지기를 원하고 있다. 잘된다는 것은 세상의 잣대고 행복해진다는 것은 마음의 경영이다. 내 아이들이 이 두 가지를 다 갖기를 원한다는 것은 속기(俗氣)에 절을 대로 절은 못난 아비의 한심한 욕심인 줄 모르는 바가 아니다. 마음으로 행복을 만끽하며 세속적인 풍요까지 누린다는 것은 하늘의 이치에도 어긋나는 일이다. 좋은 것만을 골라 가질 수 없는 것이 천지의 이치라고 이인로(李仁老)는 다음과 같이 타이르고 있다.

"천지는 먼물이 그 좋은 것만을 독차지할 수 없게 하였다. 그래서 뿔 있는 놈은 날카로운 이빨이 없고, 날개가 있는 놈은 다리가 두 개뿐이다. 예쁜 꽃은 열매가 변변치 않고, 채색 구름은 쉽게 흩어진다. 사람의 경우도 다를 바가 없다. 재주와 기예로 뛰어나게 되면 공명이 떠나가 함께 하지 않는 것은 이치가 그러하기 때문이다.(天地之於萬物也 使不得專其美 故角者去齒 翼則兩其足 名花無實 彩雲易散 至於人亦然 畀之以奇才茂藝 則革功名而不與 理則然矣 '破閑集')"

마음을 다스리는 것이 지혜다. '마음이 지혜로운 자가 명철하다(잠 16:21).'고 성경은 가르치고 있다. 마음을 다스리는 데 가장 좋은 것이 마음속에 감사함을 지니고 사는 것이다. 감사하는 마음을 잃지 않은 사람은 언제나 행복하다. 그래서 행복은 주어지는 것이 아니라 스스로 창조하는 것이다. 안톤 체홉은 '인간만이 자신의 행복을 창조한다.'고 했다. 스스로 행복을 창조하는 지혜가 주님이 말하는 명철이 아닌가 한다.

어떤 사람이 국회의원이 되었다. 그런데 그는 지독한 눌변이었다. 연설할 일이 있을 때마다 걱정이 되어 견딜 수가 없었다. 국회의원 된 것이 후회스럽기까지 했다. 자기에게 이런 눌변을 안겨준 하늘이 원망스러웠다. 그러다가 어느 날 그는 문득 하나의 이치를 깨달았다. "내 연설이 성공해서 청중의 열광을 받거나 실패해서 청중의 빈축을 사거나 간에 내일 아침 해는 뜰 것이고 내일 저녁 해는 질 것이다."라고. 이것은 러셀이 그의 "행복의 철학"에서 전해 주는 이야기다. 그는 스스로 행복을 창조할 줄 아는 명철을 지닌 사람일 것이다. 그의 깨달음은 그가 평소에 길러온 감사할 줄 아는 마음에서 나왔을 것이기 때문이다. 누군가가 '내가 가진 작은 것에 감사하는 마음'을 가지는 것이 진정한 지혜요 명철이라고 했고, 러셀은 그것이 곧 행복이라고 가르치고 있다.

나는 참으로 어려운 시기(50년대 말)에 교사가 되었다. 그 당시 서울에서 교사직을 갖는다는 것은 그야말로 하늘의 별 따기였다. 졸업을 앞두고 다행히 서울에 배정을 받기는 했으나 전후좌우 아무리 둘러보아도 붙들 가지 하나 없는 시골 태생인 나에게 서울은 얼음같이 차가운 곳이었다. 서울시 교육 위원회 중등교육과장이 내 고향 사람이라고 일러 주는 사람이 있어 아는 분의 소개장을 들고 용기를 내어 그분을 찾아갔다가 "미련하게 서울 배정을 왜 받는단 말이냐? 서울에는 꿈도 꾸지 말라."는 호통만 듣고 돌아 왔다. 더 기다린다고 나에게 돌아올 자리가 있을 리가 없었다.

할 수 없이 고향으로 내려가기로 하고 짐을 꾸리고 있는데 땀을 뻘뻘 흘리며 내 하숙집을 찾아온 사람이 있었다. 뜻밖에도 해암(海巖) 선생님께서 보내신 인편이었다. 집을 찾느라 몇 시간을 헤맸는지 모른다고 투덜대며 쪽지 한 장을 건네주었다. "내일 아침 서울고등학교 조좌호 교장을 찾아보게." 낯익은 선생님의 필적을 보고 나는 하마터면 눈물을 흘릴 뻔했다. 낙향을 하루 미루기로 하고 다음날 서울고등학교 교장실로 찾아갔다. 조 교장 선생님은 나를 한번 훑어보시더니 "선생이 춘향전에 조예가 깊으시다며?" 밑도 끝도 없는 이 말 한 마디를 던지고는 어리둥절해 하고 있는 나를 세워둔 채 교무주임을 불러 시간 배정을 지시하는 것이었다. 이렇게 하여 나는 첫 근무처가 서울고등학교가 되었다. 나는 해암 선생님이 조 교장 선생님께 어떤 식으로 나를 소개하셨는지 전혀 아는 바가 없다. 어쩌다가 선생님을 뵈면 "잘 하고 있지?"하고 웃으실 뿐 거기에 대해서는 일절 말씀이 없으셨고 나도 감히 여쭈어 보지 못했다. 느닷없이 춘향전 이야기가 나오는 것으로 보아 내 졸업 논문 '춘향전 연구'에 대하여도 언급이 계셨던 것이 아닌가 어렴풋이 짐작할 뿐이었다.

아무튼 이때 내 마음 속에 새겨진 선생님에 대한 감사한 마음은 그 후 내 40년 교원 생활뿐만 아니라 내 삶을 지탱하는 흔들리지 않는 좌표가 되었다. 선생님께서는 나에게 첫 근무처를 주선해 주신 것이 아니라 세상 살아가는 마음가짐을 심어 주신 것이었다. 무심한 듯 하시면서도 제자들에 대한 세심한 배려가 유난했던 분으로 정평이 나 있는 선생님이셨지만 그 배려가 불초 나에게까지 미칠 것이라고는 상상도 못했었다. 내 처지를 선생님께 하소연해 본 적이 한 번도 없었기 때문이었다. 그런데도 선생님께서는 내 첫길을 이렇게 열어 주신 것이었다. 나는 선생님에게서 따듯한 마음씨를 배웠고 모든 사람에게 항상 감사하며 살라는 가르침을 받았다. 그리고 나는 선생님께서 베풀어 주신 이 무언의 가르침을 놓지 않으려고 기를 쓰며 내 인생을 살아 왔다. '항상 기뻐하라, 끊임없이 기도하라, 범사에 감사하라"는 성경 마씀을 접한 것은 훨씬 뒤의 일이었다.

나는 내 교원생활을 한 번도 불행하다고 생각해 본 적이 없었다. 감당하기 힘든 어려움과 좌절을 겪은 것이 한두 번이 아니었지만 그때마다 선생님을 생각하며 내 마음을 다스렸다. 그래서 기뻐하며 감사하며 그렇게 나는 40년 교원 생활을 보낼 수가 있었다. 나는 내가 참으로 행복한 교사였다고 지금도 생각하고 있다. 선생님께서 나에게 심어 주신 그 감사심이 바로 나를 행복하게 하는 씨앗이 되었기 때문이었다.

선생님이 가신 지 어언 10년, "행복이란 것은 결국 감사하는 마음으로 세상을 바라보는 것이다." 선생님의 다정한 목소리가 옆에서 들리는 것만 같다.

문득 되돌아 보니

—제9회 동숭학술상 수상 소감—

최 창 렬(崔昌烈)

전북대 명예교수, 국어교육과 56학번(13회)

고맙습니다. 시골에서 조용히 공부하는 제가 우리나라에서 가장 권위 있는 학술재단의 학술 공로상을 받는다는 것은 제 생애에 가장 큰 보람이고 영광입니다.

이름도 빛도 없이 그늘에서 조용히 제 앞 감당이나 가까스로 꾸려가자고 사는 사람을 발굴하여 뜻밖에도 이렇게 과분한 큰 상을 내리시니 참으로 눈물겹습니다.

지리상 덕두봉 자락, 하늘 아래 첫 동네 첫 집인 대나무 숲 안집에서 태어나, 아버지 어머니가 선산에서 베어 내린 아름드리 소나무도 동네 사람들과 더불어 땀 흘려 지으신 '노루목 예배당'의 종치기 소년으로 자라 사범학교에 들어갔을 때 동네 이웃 사람들이 퍼부어 주던 성원에 목이 메던 때가 절로 생각납니다. '내가 이 좁은 내 이웃에게 무엇으로 보답하며 내 삶을 살아갈꼬?' 하는 마음의 짐을 지기 시작했습니다.

'나를 키워주는 힘은 과연 어디서 오는 것일까? 그것은 하늘이 내게 내려주신 이 땅 우리 고장의 우리말이다.'라는 생각으로 '농가월령가'의 구절처럼 전개되는 농가의 아름다운 풍습과 풍경을 더 유의미하게 새기며 살리라는 다짐으로 서울대학에 들어갈 때도 우리말을 공부하는 과를 찾아 갔습니다. 이희승 은사님의 조용조용한, 그러면서도 명쾌한 우리말 강의, 최현배 은사님의 무섭고도 단호한 우리말 사랑의 절대 명령, 그리고 김형규 은사님의 우리말 공부의 보람과 다정다감한 제자 사랑과 아르바이트 안내, 피천득 은사님의 부드러운 옛날 영시 감상, 이휘영 은사님의 어려우면서도 더 배우고 싶은 불어 강의, 이탁 은사님의 인생을 걸고 펼치는 듯한 우리말의 뿌리 강의……. 이 모두가 저의 대학 시절의 황홀경이었습니다.

문득 되돌아보면 그 가운데에서도 해암 김형규 은사님은 세 가지 면에서 나의 공부하고 연구하는 삶의 의지가 되시고 길잡이가 되신 분으로서 그 분을 잊을 수가 없습니다. 첫째, 은사님의 강의 시간에는 강의 내용에도 빠져 들었지만 강의 시간마다 내 머릿속에 맴도는 생각은 저 분이 꼭 우리 아버지 같다는 것이었습니다. 내 아버지, 어머니는 함께 동갑이신 1911년생이어서, 은사님이 바로 우리 부모와 동갑이시라는 데서 생긴 애정 어린 연상일지도 모를 일입니다. 게다가 그 어려운 시절에 은사님께서는 내게 아르바이트 안내도 자주 해 주시곤 했습니다.

둘째, 은사님의 고향은 삼팔선 이북에 있는 원산이시지만 고향에는 가실 수가 없어서 그러셨는지 여름방학 때면 으레 처가가 있는 전주를 방문하셨습니다. 그리고 그때마다 매번 내게 전화를 주셨습니다. 그러면 은사님의 처남이 살고 있는 전주시 중앙동 유(柳) 변호사 댁에 수박이라도 한 덩이 사들고 찾아가 뵙곤 했습니다. 은사님께서는 사모님과 나란히 하이얀 모시옷을 입고 마루에 앉으셔서 나의 절도 받으시고 덕담도 해 주셨습니다. 그리고 인사를 마치고 가려던 나를 꼭 붙들어 앉히시면서 기어코 점심으로 감자수제비 한 그릇이라도 먹고 가라 하셨습니다. 지금도 그 사랑을 잊을 수가 없습니다.

셋째, 은사님의 고려가요 강의, 국어사 강의는 어느 새인지 모르게 나로 하여금 한 생애를 바쳐 우리말 어원 연구에 몰입할 수 있도록 해 주셨습니다. 내가 우리말 연구자로 평생을 살아오는 데 은사님의 강의는 좋은 길잡이가 되었습니다.

이 땅의 사나이가 가야 하는 군복무를 마치고 나서 보니 제가 감당하여 짊어지고 갈 무거운 짐들이 제가 공부하는 길도 조정해 주었습니다. 이때에 의미론 공부도, 우리말 공부를 좀 새롭게 접근해 보자는 과분한 욕심으로, 이을환 선배님, 이용주 선배님, 박갑수 선배님, 김민수 선배님, 심재기 동기의 글들을 모조리 탐독하면서 어렵기만 한 일을 시작했는데, 여기에서 한 걸음 더 나아가는 방법은 '우리말의 근원적인 의미'를 찾아서 밝혀보는 일이라고 생각하여 우리말 어원 연구에 돌입하게 되었고, 가면 갈수록 그것이 그처럼 재미나고 신날 수가 없었습니다.

이 신나는 공부를 해 가면서 "우리말 어원연구", "어원의 오솔길", "아름다운 민속 어원", "어원 산책" 등의 책이 나오는 동안에, 그늘에 묻혀 있는 저에게 어느 날 갑자기 철도청 기관지 '한국철도'에서, 한국일보에서, MBC와 KBS 라디오에서, 한국교총 기관지 '새교육'에서, '전통문화'지에서 원고 청탁이 들어오게 되어, 저는 더욱 눈코 뜰 사이 없이 바빠져서 날 밤을 새우는 일이 잦아졌고, 또 그것이 재미있었습니다. 이때 한글학회에서 우리말 글 연구와 실천의 공로를 표창 받게도 되고, 문화공보부에서 "어원의 오솔길"을 우수 도서로 추천하여 청소년 필독도서로 선정 구입, 국내외 공관에 배본 비치한 것이 저에겐 큰 격려가 되었습니다. 그러다가 우리가 가장 값진 언어 유산으로 꼽는 우리 '속담'의 어원에도 관심을 가져보자고 하여, 쓴 논문이 30여 편 나오게 되어 이것을 "우리말 속담 연구"로 묶어내게 되었습니다. 이것이 대한민국 학술원에서 가장 우수한 도서로 추천받게 된 것이 저에겐 또 한 번의 격려요, 큰 영광이 아닐 수 없었습니다.

이렇게 그늘진 시골에서 우리말의 어원을 찾아 신나서 공부하는 동안에 정년이라는 이정표를 지나오면서 아직 꿈속에서 그려보며 이루지 못한 것 또 하나가 부각되어 이것이 길 안내를 하기 시작했습니다. 우리말 사전의 과반수에 이르는 한자어의 어원을 캐자면 '자원(字源) 탐구'를 해야 한다는 생각으로 정년 이후 줄곧 찾아본 것이 40편 정도의 논문 원고가 되어 지금 편집 교정 중에 있습니다. 옥편의 기술도 바로잡아야 할 데가 많이 보이기 시작했습니다.

아무튼 이번 이 상은 제가 게으름 피우지 말고 여생을 우리말 어원 공부에 힘닿는 데까지 정진하라는 격려로 받겠습니다. 고맙습니다.

2005년 11월 23일, 동숭학술상 시상식에서.

경성제국대학 재학시절

경성제국대학 재학시절

졸업(1936년) 직전에 찍은 것으로 추정됨.
경성제국대학 법문학부 조선어문화과 교수님과 동기생

전주사범(1936. 6~1939. 7) 교사시절

40代

50代

80代

해암 선생님 연보

1911. 7. 21.(음) 함경남도 원산 출생

1918. 4. 서당에서 한학 수학

1920. 4.~1926. 3. 원산 제일보통학교 졸업

1926. 4.~1931. 3. 원산중학교 졸업

1931. 4.~1933. 3. 경성제국대학 예과 문과 수료

1933. 4.~1936. 3. 경성제국대학 법문학부 조선어문학과 졸업

1936. 6. 전주사범 교유에 취임.

1937. 1. 전주인 류삼환씨 차녀 류기주와 결혼

1937. 12. 일녀 명숙 출생(7세에 사망)

1939. 7. 조선일보에 발표한 "조선어의 과거와 미래"로 인하여 교유직을 파면 당함.

1939. 9. 일남 종인 출생(10세에 사망)

1939. 10. 경성제국대학 부속도서관 촉탁(한국서적 정리)에 취임.

1941. 9. 장남 종오 출생

1941. 12. 위의 직을 사임하고 고향 원산에 돌아가 가사를 돌봄.

1942. 3. 부친 별세

1943. 4. 차남 종철 출생

1944. 12. 삼남 종화 출생

1945. 8. 해방과 더불어 모교 원산중학교 재건을 추진

1945. 9. 원산중학교 교장에 취임

1946. 1. 반탁운동으로 말미암아 1개월 간 투옥과 동시에 위의 직을 파면 당함.

1946. 3.~54. 8. 고려대학교 교수

1952. 5.~76. 8. 서울대학교 사범대학 교수

1952. 10.~1961. 중학교 및 고등학교 국어과교원자격시험위원

1953. 5.~1958. 4. 한글학회 이사

1953. 7.~1969. 12.까지 4차례에 걸쳐 국어심의회위원

1954. 8. 문교부의 겸직불허 방침에 따라 고려대학교 교수를 사임

1955. 3. 동대학 국어과 주임교수로 이후 10년 가까이 이 일을 맡음.

1957. 9. 서울대학교 사범대학 학생과장에 취임함.

1957. 10. 문교부 교수요목 제정위원회(고등학교 국어과)위원에 임명됨. 국정 교과용 도서 편찬 심의회 위원에 임명됨.

1957. 11. 대학 입학 자격 검정고시 중앙위원 위원에 임명됨.

1958. 8. 서울대학교 사범대학 안면도 학술조사단에 참가하여 그곳 방언을 조사함.

1958. 12. 대학 입학 자격 검정고시 중앙위원회 위원에 임명됨.

1959. 4. 함경남도 장학회 장학생 선발위원이 됨.

1959. 5. 한글학회 이사에 피선(至 1963. 5)

1959. 9. 사범대학 학생과장을 면함.

1960. 7. 문교부 국어과 담당 장학위원에 임명됨.

1961. 10. 일본 천리대학 초청으로 조선학회 총회에 참석 연구 논문을 발표함.

1962. 4. 문교부 편수관 임용후보 전형 국어과

1962. 7. 민족 문화 과학 연구원 설치위원에 임명됨.

1962. 8. 서울대학교에서 문학박사 학위를 받음.

1962. 9. 문교부 교수자격 심사위원회 위원에 임명됨.

1962. 10. 문교부 학교교육문법통일 제정위원회위원

1962. 11. 62학년도 학사자격 고시위원에 임명됨.

1963. 3. 삼일문화상을 받음.

1963. 11. 대학 입학 예비교사 위원회 위원에 임명됨.

1964. 4. 서울대학교 연구조성비로 경상남북도 방언 조사연구를 함.

1965. 6. 국어학회 부리사장 피선

1965. 12. 제6회 사법 및 행정요원 예비시험 위원에 임명됨.

1966. 10. 문교부 국어과 교육과정 심의회 위원에 임명되고, 위원장에 뽑힘.

1967. 8. 하와이 소재 미국동서문화연구소(East-west Center)초청 특별연구원으로 10개월간 연구.

1968. 3.~4. 미국필라델피아에서 열린 국제동양학자회의에 참석. 11월에 한글전용 연구위원회 위원으로 임명.

1969. 1. 서울대학교 Harvard - Yenching Institute의 New program위원에 임명

1968. 11. 한글전용 연구위원회 위원에 임명됨.

1969. 1. 서울대학교 Havard-Yenching Institute의 New program 위원에 임명됨.

1969. 12. 국어심의회 위원에 임명되고, 한글분과 위원장에 뽑힘. 후에 국어조사연구위원회를 구성하여 '한글 맞춤법 개정 시안'(73년)과 '표준말 재사정 시안'(75년)을 작성, 정부에 제출함.

1970. 4. 문교부 연구조성비로 전라남북도 방언 조사연구를 함.

1970. 7. 학술원 회원에 뽑힘.

1973. 12. 정부로부터 동백장을 받음.

1974. 9. '한국 방언 연구'로 학술원상을 받음.

1976. 8. 서울대학교 교수 정년 퇴임

1977. 3. 덕성여자대학 교수로 취임

1979. 11. 서울대학교 명예교수로 임명

1980. 8. 덕성여자대학 교수 사임

1980. 9. 세종대학 교수에 취임

1981. 8. 학술원 회원 재임용 〈"김형규 박사 고희기념논총"(1981)에 의거〉

1984. 2. 세종대학 교수 사임

1984. 3. 국어연구소 초대 소장 취임

1986. 3. 국어연구소 2대 소장 취임

1988. 3. 국어연구소 소장 사임

1996. 12. 수필집 '세월은 가고' 발간

1996. 12. 6. 작고

문집을 엮고 나서

2006년 9월 서울대학교 사범대학 국어교육과 동문회 임원 회의에서 작고하신 해암(海巖) 김형규(金亨奎) 선생님을 추모하는 문집을 간행하기로 의결하였다. 그 후 이메일과 우편으로 원고를 청탁하여 동문의 글 42편, 유가족의 글 6편 등 모두 48편을 모았다.

김형규 선생님과 함께 근무하셨던 동료 교수님, 선생님에게 지도를 받은 제자, 해암 학술상을 받은 후학들, 선생님의 유가족 —자제 · 자부 · 손녀 —등이 선생님에 대한 추모의 정을 진솔하게 표현한 문집을 펴내게 되어 무척 기쁘다. 옥고(玉稿)를 보내 주시고 편집하여 아름다운 열매를 맺도록 도와주신 여러분께 깊이 감사의 마음을 표한다.

'해암(海巖)'은 선생님께서 40대이실 적에 몸소 지으신 아호(雅號)이다. 선생님께서는 당신의 고향 원산의 명사십리(明沙十里) 끝에 솟아 있는 바위를 연상하여 '해암(海巖)'이라고 지었다고 하신다. 선생님께서는 돌아가실 때까지 남북의 분단으로 말미암아 고향에 가시지 못하지만 고향에 대한 그리움을 안고 마음 속 깊이 간직하시고 사셨던 것 같다. 하루바삐 선생님의 간절한 소원인 남한과 북한의 통일이 이루어져 저승에 계신 선생님께서 기뻐하시길 기원한다.

옥고(玉稿)를 보내 주신 분들 중 대부분은 김형규 선생님의 사랑과 보살

핌을 받은 분들임을 옥고(玉稿)의 내용을 통해 알 수 있었다. 아름다운 삶은 남을 배려하고 따뜻하게 보살펴 주는 것임을 절감하였다. 독자들이 봉사와 사랑 속에서 행복을 느끼는 삶을 영위하길 기원한다.

앞으로 다른 스승님의 추모 문집은 그 스승님께서 작고하신 후 되도록 가까운 시일 내에 발간하였으면 한다. 어느 스승님께서 돌아가시고 세월이 많이 흐른 뒤에 추모 문집을 발간하게 되면 그 스승님에 관한 일을 회고하기가 쉽지 않아서 추모의 글을 쓰기가 어렵고, 그러한 글을 쓸 수 있는 제자가 적어지기 때문이다.

이 문집이 모든 동문을 비롯하여 비동문들에게도 스승의 은혜를 잊지 않고 스승에게 늘 감사하며 살아가는 데 자극제가 되고, 동문 간의 정을 더욱 돈독히 하는 기폭제 역할을 하길 간절히 바란다.

2007년 9월 6일

李 周 行(20회, 중앙대 교수)